어쩌다    마주친    철학

# 어쩌다 마주친 철학

일상적
고민에 대한
철학적 답변

황진규 지음

지경사

결국 모든 사람은 그의 직업적인 활동 이외의 부분에서도 어떠한 형태로든지 지적인 활동을 한다. 즉, 그는 '철학자'이며 예술가이고 멋을 아는 사람이다. 그래서 그는 세계에 대한 특수한 구성에 참여하고 도덕적 행동에 대한 의식적 방침을 지켜낸다. 그는 세계에 대한 구상을 유지하거나 그것을 변용시킨다. 즉, 새로운 사고방식을 창출하는 데 기여하고 있다.

— 안토니오 그람시, 《옥중수고》

## 기쁜 마음으로, 다시 처음부터

### 1

"형님은 왜 거울 앞에서 계속 원투 연습하세요?" 체육관에서

한 회원이 의아한 듯 제게 물었습니다. 그 질문의 의미를 단박에 알아챘습니다. 그는 제가 복싱을 오래 했고, 꽤 잘해서 프로 시합까지 뛰었다는 사실을 알고 있었습니다. 그러니 그 자신이 보기에 제가 충분히 잘하는 것 같은데, 왜 거울 앞에서 초보처럼 땀을 뚝뚝 흘리며 기본자세를 연습하고 있는지 의아했을 테지요. 무엇인가 할 말이 있는데, 딱히 명료한 말이 생각나지 않아 얼버무렸습니다. "뭔가 조금씩 부족한 것 같아서요." 얼마 뒤 어느 주짓수 관장과 짧은 대화를 나누었습니다.

"블루벨트는 주짓수 기술의 조각들을 익히고, 퍼플벨트는 그 기술의 조각들이 이어지는 다양한 연결 고리들을 단단하게 만드는 시기라고 생각해요. 브라운벨트는 자신의 색을 거의 완성하는 단계 같아요. 그리고 블랙벨트가 되면 다시 기본기부터 되짚어나가고요."

그는 주짓수 띠 체계에 대한 자신의 생각을 이야기했습니다. 그의 이야기를 듣고 제 복싱을 되돌아보았습니다. 저는 왜 다시 기본기를 연습하고 있었을까요? 복싱에는 띠 체계가 없습니다. 즉, 자신의 실력을 증명해줄 상징이 없지요. 그저 매 순간 상대와 주먹을 섞으며 상대의 실력과 자신의 실력을 가늠해볼 수 있을 따름입니다. 이는 체육관에 위계적 구조를 만들지 않는다는 측면에서 좋은 점이지만, 자신이 어디쯤 왔는지 성찰하기 어렵다는 측면에서 단점이기도 합니다.

복싱 기술의 조각들을 알고 있습니다. 그리고 그 조각들의 다양한 연결 고리도 몸에 익히고 있습니다. 그렇게 익힌 것들은 어느 정도 제 복싱 스타일(색)이 되었습니다. 하지만 어느 순간부터 뭔가 조금씩 부족한 것처럼 느껴졌습니다. 아니, 더 정직하게 말해, 전부 잘못하고 있는 것처럼 느껴졌습니다. 미세한 움직임, 중심 이동, 주먹과 팔의 각도, 호흡, 리듬이 조금씩 틀어져 전부 다 잘못된 것처럼 느껴졌습니다. 그래서 저도 모르게 자꾸만 거울 앞에서 초보처럼 기본기를 연습하고 있었던 것이지요.

띠가 없어서 몰랐지만, 저는 아마 복싱의 '검은 띠'가 되었던 것 아닐까요. 이것은 민망한 자화자찬만이 아닐 겁니다. '검은 띠'는 완성이 아니라 이제 겨우 시작하는 상태(1단!)이기 때문이지요. 검은 띠는 다시 기본부터 '되짚어나가는' 시기라는 관장의 말은 조금 수정되어야 할 것 같습니다. 검은 띠는 다시 기본부터 '되짚어나갈 수밖에 없는' 시기라고요. 검은 띠는 '안다'고 생각했던 것이 사실은 진짜로 아는 것이 아니라는 사실을 깨달은 시기인 것은 아닐까요. 그러니 검은 띠가 되면 다시 기본으로 돌아가 하나씩 되짚어볼 수밖에 없는 것이지요. 그런 측면에서 저는 이제 겨우 복싱의 시작점에 올라선 셈입니다.

# 2

저의 철학은 복싱과 닮아 있습니다. 저는 어디에 소속되어 철학을 공부해본 적이 없습니다. 학교도 없고, 선배도 없고, 지도교수도 없고, 논문 심사를 받은 적도 없지요. 그러니 저의 철학도 복싱처럼 띠가 없는 셈입니다. 저의 철학적 역량이 어디쯤 왔는지 누구도 알려주지 않는 긴 시간을 보냈고 지금도 그렇습니다. 그래서 저의 철학적 앎이 어디까지 왔는지 언제나 불투명하고 모호했습니다. 그저 어느 철학자의 글을 읽고, 저의 글을 쓰며, 또 그것을 누군가에게 가르치는 순간마다 저의 철학적 역량을 가늠해볼 수밖에 없었지요. 마치 매번 스파링으로 자신의 실력을 가늠해볼 수밖에 없는 복싱처럼 말이지요.

어느 철학자의 글이 이해되지 않는다면 혹은 이해된다면 "이것이 내 수준이구나." 제가 알고 있는 철학을 저의 언어로 표현할 수 없거나 혹은 있다면 "이것이 내 수준이구나." 그것이 더 할 것도 뺄 것도 없는 제 철학의 위치라고 받아들여 왔습니다. 그렇게 제가 어디쯤 있는지 명확히 알지 못한 채, 철학을 향한 아슬아슬한 한 걸음, 한 걸음을 걸어왔던 셈이지요. 아슬아슬하지만 그 길을 잘 걸어오고 있다고 믿고 있었습니다. 하지만 인생이 그리 순탄하기만 할까요?

어느 날이었습니다. '형이상학이 뭐지?' 한동안 머릿속에서 떠나지 않았습니다. 형이상학, 형이상학. 얼마나 많이 떠들었던 이야기였을까요. "서양철학의 시작은 탈레스이고, 탈레스가 형이상학을 기초 세웠다. 하여, 서양철학은 형이상학으로부터 시작된다." 다 알고 있었습니다. 하지만 어느 순간부터 제가 알고 있다고 생각했던 철학적 개념들이 다 낯설게 보이는 경험을 했습니다. 처음에는 당황스러웠고 조금 더 지나서는 혼란스러웠습니다. 진지하게 철학을 공부해왔다고 자부했습니다. 그런데 다 안다고 생각했던 것이 사실은 진짜로 아는 것이 아니었음을 깨닫게 되었으니 당황스럽고 혼란스러웠던 것은 당연한 일이었지요.

철학을 공부하며 복싱을 해서 얼마나 다행인가요. 저의 당황과 혼란이 제 삶에 어떤 의미였는지 너무 늦지 않게 알게 되었으니까 말입니다. 아마 저는 철학의 '검은 띠' 어디쯤 와 있었던 것일 겁니다. 이것 역시 민망한 자화자찬은 아닐 겁니다. 저는 철학의 기본으로 돌아가려는 게 아니라 돌아갈 수밖에 없다고 느끼고 있기 때문입니다. 이제껏 분명히 안다고 여겼던 모든 것이 전부 잘못 알고 있는 것 같은데 어찌 그러지 않을 수 있을까요. 하지만 어느 날 철학 앞에서 느꼈던 당황과 혼란은 결코 슬픈 사건이 아니었습니다.

그것은 기쁨의 사건이었지요. 그 당황과 혼란은 좌충우돌하며 철학을 공부했지만, 나름 그 길을 잘 걸어왔다는 반증이었으니까요. 그 좌충우돌의 길 끝에서 드디어 다시 기본(1단!)으로 돌아갈 수 있는 순간이 찾아왔으니 어찌 기쁘지 않을 수 있을까요. 철학에 띠가 있다면, 아마 저는 이제 겨우 '검은 띠(1단!)'가 된 셈일 겁니다. 그래서 저는 기쁜 마음으로 다시 처음으로 돌아가려 합니다. 좌충우돌하며 이런저런 철학을 공부했던 긴 시간을 돌아 이제 다시 처음으로 돌아가야 할 시간입니다.

이 책은 서양철학의 시작인 고대와 중세에 관한 이야기입니다. 이것이 제가 이 책을 집필하기로 마음먹은 이유입니다. 거울 앞에서 땀을 뚝뚝 흘리며 다시 '원투'를 연습하는 마음으로 다시 철학의 기본으로 돌아가야 합니다. 여러분께 닿은 이 책은 여러분들을 위한 책입니다. 하지만 동시에 좌충우돌했던 어느 근본 없는 철학자가 철학의 기본으로 돌아가 다시 처음부터 시작하는 이야기이기도 합니다. 세월이 지나 제 삶을 돌아보았을 때, 철학과 글쓰기를 업으로 삼은 것은 제 인생에서 가장 잘한 일 중 하나일 겁니다. 기쁜 마음으로 처음부터 다시 할 수 있는 일을 찾은 것보다 더 행복한 삶이 어디 있을까요. 기쁜 마음으로, 다시 처음부터.

2021년 12월 2일
기쁜 마음으로 다시 처음으로 돌아가려는, 황진규

# 차례

"행복하다는 것은, 소스라치게 놀라는 일 없이 자기 자신에 대해서 깨닫게 되는 것을 의미한다."

— 발터 벤야민,《일방통행로》

### 1

사기 좀 쳤습니다. 그것도 두 번이나. 잠시 이 책의 목차를 볼까요? '반복되는 삶이 지겨운가요?', '일하지 않고 돈 벌고 싶은가요?', '변덕스러운 마음을 어떻게 해야 할까요?' 등등 우리네 삶의 일상적 물음들로 구성된 소제목들이 있지요? 이 책은 우리의 일상적 질문에 어느 철학자가 나름의 답을 해주는 방식으로 구성되어 있습니다. 그런데 그 내용을 차분히 읽어가다 보면 살짝 화가 나거나 짜증이 날 수도 있습니다. 단순하고 쉽고 가벼운 질문과는 달리 복잡하고 어렵고 무거운 답변을 만나게 되기 때문입니다.

먼저 사과드립니다. 사기 쳐서 죄송합니다. 사기 친 이유에 대해서 조금의 변명을 하고 싶습니다. 우리 시대 많은 이들은 복잡하고 어렵고 무거운 이야기들을 회피합니다. 많은 이들이 단순하고 쉽고 가벼운 이야기들을 원하지요. 이것이 우리 시대에 인문서적들은 조금씩 사라져 가고, 단순하고 쉽고 가벼운 실용서적들이나 혹은 그보다 더 짧고 자극적인 영상들이 점차 많아지는 이유일 겁니다. '한 번 사는 인생 즐겁게 살자'는 흔한 구호처럼, 그저 단순하고 쉽고 가벼운 이야기들로 삶을 채워나가도 아무 상관없는 것일까요?

우리는 많은 고민을 안고 살죠. 아무리 작은 고민이라 할지라도, 그것은 결코 단순하고 쉽고 가벼운 고민이 아닙니다. 예를 들어볼까요? 성적이 떨어지는 것이 고민인 아이가 있다고 해보죠. 그 아이가 자신의 고민을 해결하기 위해 자기계발서나 짧은 유튜브 영상을 찾았고, 거기에 '생생하게 꿈꾸며 노력하라!'는 답변이 있었다고 해봅시다. 그 아이는 자신의 고민을 해결할 수 있을까요? 그런 일은 거의 일어나지 않습니다. 단순하고 쉽고 가벼운 질문에 단순하고 쉽고 가벼운 답변은 잠시의 위안은 될 수 있을지 모르지만, 근본적인 해결책은 되지 않죠. 그래서 우리를 더 공허하고 허망한 느낌에 빠져들게 합니다.

왜 이런 일이 벌어지는 걸까요? 이유는 간명합니다. 겉보기에 단순하고 쉽고 가벼운 고민이라 할지라도 그것은 결코 단순하고 쉽고 가벼운 문제가 아니기 때문입니다. 아이의 고민('왜 성적이 자꾸만 떨어질까?')은 정말 단순하고 쉽고 가벼운 문제일까요? 아닙니다. 그 고민에는 타인(부모·선생·사회)의 욕망을 자신의 욕망으로 내면화하는 문제, 그래서 진정으로 자신이 무엇을 욕망하는지 알지 못하는 문제, 공부로 아이를 평가하는 교육 제도의 문제, 모든 성취를 숫자로 환원하는 성취 지향적 사회의 문제 등등이 중첩되어 있죠. 아이의 단순하고 쉽고 가벼운 고민에는 이처럼 복잡하고 어렵고 무거운 문제들이 뒤엉켜 있는 겁니다.

바로 이것이 제가 사기를 칠 수밖에 없었던 이유입니다. 우리가 갖고 있는 고민이 무엇이든 그것을 진정으로 해소하기 위해서는 복잡하고 어렵고 무거운 문제까지 기꺼이 고민해봐야 합니다. 그런 진지한 고민이 없다면, 우리는 같은 고민에 발목 잡혀 늘 제자리를 맴도는 삶에서 벗어날 수 없을지도 모릅니다. 이쯤 되면 누가 사기꾼인지 모호해지지 않나요? 단순하고 쉽고 가벼운 질문에 단순하고 쉽고 가벼운 답을 하는 이들이 사기꾼일까요? 아니면 단순하고 쉽고 가벼운 질문에 복잡하고 어렵고 무거운 답을 하는 이들이 사기꾼일까요?

사기 좀 쳤습니다. 이번엔 또 무슨 사기일까요? 첫 번째 사기는, 단순하고 쉽고 가벼운 이야기를 할 것처럼 해놓고 복잡하고 어렵고 무거운 이야기를 한 사기였죠. 두 번째 사기는 그보다 더 죄질이 나쁠 수도 있겠습니다. 이 책은 고민 상담의 형식을 표방하고 있지요? 하지만 이 책을 다 읽으면 여러분들은 서양철학사, 정확히는 서양의 고대·중세철학사를 개략적으로 공부한 셈이 될 겁니다. 여러분들도 모른 채 서양철학사를 공부한 것이지요. 저는 여러분들을 속인 채 서양철학사를 공부하게 만든 것이고요.

철학사는 왜 중요할까요? 달리 말해, 저는 왜 사기를 치면서까지 여러분들께 철학사(철학의 역사)를 전하려고 애를 썼던 것일까요? 교양의 함양을 위해서? 지식을 채우기 위해서? 뭔가 있어 보이려고? 아닙니다. 이는 제가 첫 번째 사기를 치려고 했던 이유와 같습니다. 우리네 일상의 고민에 대해서 답하고 싶었기 때문입니다. 저는 일상의 고민에 대해서 답할 수 없다면 철학은 쓸모가 없다고 생각하는 철학자입니다. 그렇다면 첫 번째 사기, 즉 고민 상담(일상적 질문과 철학적 답변)으로 충분하지 않을까요? 굳이 두 번째 사기, 즉 철학사까지 알 필요는 없는 것 아닐까요? 아닐 겁니다.

철학의 쓸모는 무엇일까요? 일상의 고민에 답하는 것입

니다. 어떤 고민에 어느 철학자의 답을 듣는 것으로 철학은 쓸모 있는 것이 되지요. 하지만 이것으로 충분할까요? 아닐 겁니다. 철학의 궁극적인 쓸모는 무엇일까요? 그것은 일상의 고민에 '스스로' 답하는 것입니다. 바로 여기에 철학사의 중요성이 있습니다. 철학사는 무엇일까요? 한 시대를 풍미했던 당대 최고의 지성들이 이어갔던 사유의 역사. 그것이 철학사입니다. 쉽게 말해, 철학사는 생각의 역사라고 말할 수 있지요. 이 생각의 역사를 익히면 스스로 생각할 수 있는 힘을 얻게 됩니다. 스스로 생각할 수 있는 힘을 얻은 이들은 자신의 고민에 대해서 '스스로' 답할 수 있게 되지요.

다시 성적이 떨어지는 것이 고민인 아이의 이야기로 돌아가볼까요? 그 아이가 철학사를 진지하게 공부하게 되었다고 해보죠. 그 아이는 소크라테스가 공부(학문)를 어떻게 생각했는지, 또 플라톤, 아리스토텔레스는 공부를 어떻게 생각했는지 그 생각의 역사를 조망해볼 수 있겠죠. 그 과정에서 아이는 공부라는 것이 성적을 올리기 위해서 하는 것이 아니라는 사실을 깨닫게 되겠죠. 더 나아가 공부는 나의 기쁨을 위해서 하는 것이고, 또 공부라는 것이 꼭 책상 앞에 앉아서만 하는 것이 아니라는 답 역시 스스로 찾아낼 수 있을 겁니다. 그렇게 성숙해진 아이는 어느 순간 자신에게 또 다른 고민이 생기더라도, 스스로 그 고민에 답할 수 있는 힘을 갖게 될 겁니다.

탁월했던 철학자들의 생각의 역사를 공부하다 보면, 자연스레 스스로 생각할 수 있는 힘을 얻게 됩니다. 이것이 제가 두 번째 사기를 친 이유입니다. 저는 세상에서 가장 쉬운 서양철학사를 쓰고 싶다는 야심으로 이 책을 썼습니다. 탈레스부터 소크라테스, 플라톤, 더 나아가 아우구스티누스와 아퀴나스, 오컴에 이르기까지 서양의 고대와 중세 철학사를 가로지르는 경험을 전해주고 싶었습니다. 달콤한 사탕(고민 상담) 안에 쓴 약(철학사)을 넣어서 여러분께 선물하고 싶었습니다. 철학사를 통해 여러분의 고민에 대해 스스로 답할 수 있기를 바라는 마음으로 두 번의 사기를 친 셈입니다.

### 3

진정한 기쁨은 단순하고 쉽고 가벼운 것에 있지 않습니다. 짧은 영상을 볼 때 혹은 술을 마시거나 게임을 할 때 잠시는 좋지만 그 삶을 계속 이어가다 보면 어느 순간 공허하고 허무해지는 것처럼 말입니다. 그렇다면 진정한 기쁨은 어디에 있는 것일까요? 우리 시대의 철학자, 발터 벤야민Walter Benjamin은 진정한 기쁨, 즉 행복에 대해 이렇게 말합니다. "행복하다는 것은, 소스라치게 놀라는 일(경악) 없이 자기 자신에 대해서 깨닫게 되는 것을 의미한다." 쉽게 말해, 행복은 놀라지 않고 자신이 어떤 사람인지 깨닫게 된 상태라는 것이죠.

벤야민의 이야기에 비춰 우리의 삶을 돌아볼까요? 지금 우리는 행복할까요? 아닐 겁니다. 우리는 예상치 못한 어떤 사건(해고·이별·사랑·죽음…)이 들이닥치면 소스라치게 놀라며 자신의 진짜 모습을 깨닫게 되니까요. 갑작스레 해고·이별을 당하면 언제나 자신감 넘칠 것이라 믿던 '나'는 온데간데없고, 잔뜩 위축되고 겁먹은 '나'를 깨닫게 되어 소스라치게 놀라죠. 갑작스레 사랑이 찾아오면 언제나 냉철할 것이라 믿던 '나'는 온데간데없고, 하루 종일 감정의 요동에 휩싸인 '나'를 발견하곤 소스라치게 놀라죠. 죽음 역시 마찬가지일 겁니다.

우리는 왜 행복하지 못할까요? 그건 '나'를 진정으로 알지 못해서입니다. 그렇다면 왜 그리 '나'를 알기 어려운 것일까요? 진짜 '나'의 모습은 우리가 긴 시간 외면해왔던, 복잡하고 어렵고 무거운 이야기 속에 숨어 있기 때문입니다. 이것이 우리가 조금 고되고 불편하더라도, 복잡하고 어렵고 무거운 이야기들을 피하지 말고 직면하며 살아가야 할 이유일 겁니다. 이것이 제가 여러분에게 두 번의 사기를 친 이유이기도 합니다. 가벼운 질문으로 무거운 답변을 돌려 드리려 했던 사기도, 또 그 속에 철학사를 몰래 숨겨 놓았던 사기도 모두 같은 마음이었습니다.

복잡하고 어렵고 무거운 이야기를 통해, 더 이상 소스라치게 놀라는 일 없이 여러분 자신을 깨닫게 되길 바라는 마음이었습니다. 그렇게 어제보다 조금 더 기뻐지기를 바라는 마음이었습니다. 그러니 저의 두 번의 사기를 넓은 마음으로 이해해주셨으면 좋겠습니다. 저의 진심이 여러분들께 닿았다면, 조금 복잡하고 어렵고 무거운 이야기가 나오더라도 너무 쉽게 책을 덮지 않으셨으면 좋겠습니다. 진정한 기쁨을 찾으려는 진지한 마음으로 이 책을 읽어나가셨으면 좋겠습니다. 그렇게 진정한 기쁨을 찾아나가는 길 어디쯤 있을 교차로에서 언젠가 서로 만나게 되었으면 좋겠습니다.

4

저자는 세 번 완성됩니다. 한 번은 저자 자신에 의해서, 또 한 번은 독자들에 의해서 완성됩니다. 당연합니다. 자신이 혼신의 힘을 다해 글을 쓰지 않는다면, 저자는 결코 완성되지 않겠지요. 또한 혼신의 힘을 다해 글을 써도 그 글을 읽어줄 사람이 없다면 글쓴이는 저자로 완성될 수 없을 겁니다. 이것이 일기로 저자가 될 수 없는 이유이겠지요. 그렇다면 자신이 힘껏 글을 쓰고, 누군가 그 글을 정성껏 읽어준다면 그는 조금 더 나은 저자가 될 수 있을까요? 아닐 겁니다. 또 한 번의 계기가 필요합니다.

저자와 독자 사이에는 엮은이(편집자)가 있습니다. 저자는 이 엮은이를 통해서 완성되는 지점이 있습니다. 제대로 된 저자라면, 독자를 바로 만날 수는 없습니다. 항상 엮은이를 통해 만나게 됩니다. 말하자면, 엮은이는 저자에게 최초의 독자인 셈입니다. 하지만 엮은이는 여느 독자와 다릅니다. 엮은이는 누구보다 저자의 세계에 많은 영향을 주는 독자라고 말할 수 있습니다. 좋은 엮은이는 저자를 어제보다 더 나은 저자로 완성시켜줍니다. 생각해보면 이는 당연합니다. 어떤 저자도 완벽하지 않습니다. 저자의 그 불완전함을 최초로 채워주는 존재가 바로 엮은이입니다.

열 권이 훌쩍 넘는 책을 썼습니다. 다시는 글을 쓰지 못할 것 같다는 느낌이 들 정도로 힘껏 썼습니다. 그렇게 쓰고 난 뒤 저자로서 조금 더 완전해졌다는 느낌을 받을 때가 있었습니다. 또 그렇게 쓴 책을 읽고 저를 찾아오는 몇몇 이들이 있었습니다. 그들을 만나 이야기를 나누면서 저는 독자에 의해 저자로서 조금 더 완전해졌다는 느낌을 받기도 했습니다. 하지만 그 많은 책을 내면서 늘 아쉬움이 남았습니다. '엮은이를 통해 저자로 조금 더 완성된 적이 있을까?' 이 질문에 쉬이 답하지 못했기 때문입니다.

이 책은 제게 유독 소중합니다. 좋은 엮은이를 만나 저자로서 조금 더 완성되었기 때문입니다. 저는 누가 뭐래도 복 받은 저자입니다. 요즘이 어떤 세상인가요? 글이 아니라 돈이 중요한 세상 아니던가요? 그러니 저자의 영혼을 그 자체로 존중

하며 저자의 글을 깊은 애정으로 편집해주는 엮은이는 드뭅니다. 저는 운 좋게도 그런 드문 편집자를 만났습니다. 그러니 저는 복 받은 저자입니다. 좋은 엮은이를 만나 저자로서 조금 더 완전해질 수 있는 기회를 얻은 것에 대한 고마움을 가슴에 담습니다. 아직 부족한 저자를 그 자체로 존중해주고, 깊은 애정으로 저자의 글을 엮어준 제자이자 편집자인 '김혜원'에게 진심으로 고맙다는 말을 전하고 싶습니다. 소중한 것을 당연한 것으로 여기지 않고, 소중한 것을 소중히 대할 수 있는 사람이 되려고 애를 쓰며 살아가겠습니다.

# 01

## 철학은 돈 버는 데
## 도움이 되나요?

## 탈레스의
## '형이상학'

# 철학을 시작하지 않는 이유

세상 사람들은 철학 공부를 시작조차 하지 않는다. 이유가 무엇일까? 어려워서? 일견 옳은 이야기이다. 철학은 분명 어렵다. 게임, 동영상, 수다, 맛집 탐방 등등 세상에 쉽고 재밌는 것들이 얼마나 많던가. 이런 세상에서 철학처럼 어려운 학문에 관심을 갖는 것은 결코 쉬운 일이 아니다. 하지만 이것이 철학을 시작조차 하지 않는 이유는 아니다. 철학이 어려운지 아닌지는 일단 책을 펼쳐봐야 알 수 있는 것이니까.

세상 사람들이 철학에 관심이 없는 이유는 따로 있다. 돈이 안 되기 때문이다. 달리 말해, 실용적이지 않기 때문이다. 인간은 기본적으로 새로운 것에 호기심이 있다. 하지만 철학은 예외적이다. 철학이 아무리 새로운 것이라 할지라도, 사람들은 철학에 호기심이 없거나 적다. 당연하지 않은가. 세상 사람들의 호기심은 대체로 실용적인 것, 달리 말해 돈이 되는 것을 향하게 마련이니까. 그렇게 철학은 시작부터 세상 사람들과 멀어져갔을 테다.


## 아주 오래된 철학의 오해


'철학은 먹고사는 데 아무 도움이 안 된다.' 이것이 철학의 가장 오래된 오해다. 흔히 철학은 우리네 일상과 동떨어진 이야기라고 여겨진다. 바로 이 오해가 철학이 최소한의 호기심의 대상조차 되지 못하는 이유다. 그렇게 철학은 시작조차 할 필요 없는 학문으로 전락하게 되었다.

믿지 못할 수도 있겠지만, 철학은 실용적이며 돈이 된다. 이 낯선, 아니 황당한 주장을 더 이어가기 위해서는 철학의 오래된 오해부터 풀어야 한다. 오해는 어떻게 풀어야 할까? "그것은 오해야!"라고 외치는 것으로 오해는 결코 풀리지 않는다. 오래된 오해일수록 더욱 그렇다. 사람들은 이미 오해하고 있으니까. 오해를 푸는 가장 좋은 방법은 오해의 시작으로 돌아가는 것이다. 그 오해가 어디서부터 생겼는지, 왜 생겼는지를 살펴야 한다.

# 탈레스, 서양철학의 시작

아주 오래된 철학의 오해를 풀기 위해 철학의 시작, 정확히는 서양철학의 시작으로 돌아가보자.

> 철학은 탈레스와 함께 시작되었다.
>
> — 버트런드 러셀,《서양철학사》

　서양철학의 시작은 탈레스Thales of Miletus이다. 탈레스는 이오니아 지방의 항구도시 밀레토스(현재 터키의 영토)에서 활동했던 철학자이다(이 지역에서 활동한 철학자들을 통칭해 '밀레토스학파'라고 한다). 현대철학자인 러셀뿐만 아니라, 고대철학자인 아리스토텔레스 역시 탈레스가 철학의 시작이라고 선언한 바 있다. 탈레스는 어떻게 서양철학의 시조始祖가 될 수 있었을까? 그가 '형이상학形而上學, metaphysics'이라는 개념을 최초로 기초 세웠기 때문이다. 형이상학이란 무엇일까? 아리스토텔레스는 형이상학에 대해 이렇게 말한다.

> 여러 학문들 가운데 가장 정확한 학문은 제1의 여러 원인들을 대상으로 삼는 학문이다. 그 이유는 더 근본적인 원리에서 출발하는 학문 쪽이 파생적이고 보조적인 여러 원리로부터 출발

하는 학문보다 … 더 정확하기 때문이다. … 즉, 그것은 제1의 원리나 원인을 연구하는 이론적 학문이어야 한다.

— 아리스토텔레스, 《형이상학》

아리스토텔레스가 말한 "가장 정확한 학문"이 바로 형이상학이다. 그의 말에 따르면, 형이상학은 다양한 대상들 사이에 존재하는 "더 근본적인 원리(제1의 원리)"를 연구하는 학문이다. 이는 '형이상학形而上學, metaphysics'이라는 단어 자체로도 설명할 수 있다. '형이상학'은 사물들의 특정한 형태形 너머而上에 있는 것을 탐구하는 학문學이다. 즉, 다양한 사물들이 존재하는 자연physics 너머meta-에 있으면서, 그 모든 사물들을 아우를 수 있는 어떤 본질을 탐구하는 학문이다.

예를 들어보자. 자연에는 수증기, 이슬, 눈, 얼음 같은 다양한 사물들이 있다. 이들은 다 다르기에 저마다 특정한 형태를 띠고 있다. 그런데 이 모든 형태들은 근본적으로 다 다른 것이 아니다. 그 다양한 형태들 너머에 보편적인 원리·원인인 물이 있기 때문이다. 즉, 물이라는 원리·원인이 있기 때문에 수증기, 이슬, 눈, 얼음이 존재할 수 있다. 이렇게 다양한 사물들 너머에 있는 보편적인 원리·원인을 밝히려는 학문이 바로 형이상학이다.

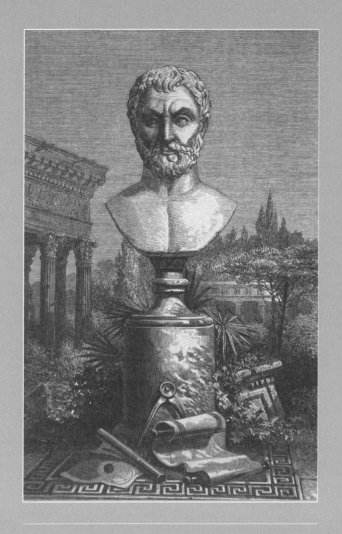

서양철학의 시조, 탈레스.
그는 형이상학적 사유의 틀을 최초로 만들었다.

# 형이상학을 기초 세운 탈레스

"인간이란 무엇인가?" 이는 형이상학이다. 기철, 민혜, 우진, 수민 등 수많은 인간들 속에서 그 모든 존재들이 '인간'일 수 있는 보편적인 원리를 찾으려는 질문이기 때문이다. "권력이란 무엇인가?" 이 역시 형이상학이다. 부모의 권력, 선생의 권력, 정치인의 권력 등 다양한 형태의 권력 속에 있는 권력의 보편적인 원리를 찾으려는 질문이기 때문이다. 즉, 다양한 개별자들 너머에 있으면서 그 존재들을 가능하게 하는 보편적인 원리·원인(본질)을 찾으려는 학문이 바로 형이상학이다. 탈레스는 이런 형이상학이라는 개념을 최초로 기초 세웠다. 이에 대해 서양철학사를 정리한 요한네스 힐쉬베르거Johannes Hirsch-berger는 이렇게 말한다.

> 탈레스가 행한 것 중 가장 중요한 것은, 오히려 모든 존재의 기본적인 근거라고 하는 개념이다. 이 개념은 그가 제일 처음으로 제기한 것이다.
>
> — 요한네스 힐쉬베르거, 《서양철학사》

힐쉬베르거의 말처럼, 탈레스는 "모든 존재의 기본적인 근거(제1의 원리)"라는 개념을 최초로 제기했다. 형이상학을 최초로 개념화한 것은 아리스토텔레스이다. 하지만 그 개념화의 토대를 제공한 것은 탈레스이다. 탈레스는 형이상학적으로 생각하는 인식의 틀을 만들었다. 그는 '형이상학'이란 말을 한 번도 사용한 적이 없지만, 형이상학이란 개념을 세상에 내놓았다. 탈레스가 '아이'를 낳고 아리스토텔레스가 그 '아이'에게 '형이상학'이라는 이름을 붙여준 셈이다. 이것이 탈레스가 서양철학의 시조로 인정받는 이유다.

## 형이상학은 정말 돈이 안 되는가

이제 우리의 오해로 돌아가자. 서양철학이 탈레스로부터 시작되었다는 것은 어떤 의미인가? 그것은 서양철학이 형이상학으로부터 시작되었다는 의미다. '형이상학'은 아주 쉽게 말하자면, '눈에 보이는 것(다양한 개별적 존재들)' 너머에 있는 '눈에 보이지 않는 것(본질)'을 탐구하는 학문이다. 이것이 '철학은 돈이 안 되는 비실용적인 학문'이라는 오해의 시작점이다.

흔히 돈이 된다고 여겨지는 학문들의 공통점이 있다. 바로 '눈에 보이는 것'들을 탐구하는 학문이라는 점이다. '기계공학 8주 완성', '주식 투자 완전 정복', '직장에서 인정받는 컴퓨터 활용법'. 이는 모두 눈에 보이는 것들에 대한 책이다. 흔히 이런 책들을 '실용서'라고 말한다. 책에 별 관심이 없는 사람이라 할지라도, 이런 '실용서'에는 관심을 갖는다. 그것이 돈 버는 데 도움이 된다고 믿기 때문이다.

　　같은 주제라도 형이상학적 태도로 접근하는 책들이 있다. '기계의 본질은 무엇인가?', '주식의 본질은 무엇인가?', '컴퓨터의 본질은 무엇인가?'. 세상 사람들은 이런 책들에 관심이 없다. 이런 책들은 우리네 일상과 동떨어진, 돈이 안 되는 비실용적인 내용이라고 믿기 때문이다. 이런 믿음은 심각한 오해다. 이제 철학의 오래된 오해를 바로잡을 시간이다. 다시 힐쉬베르거의 이야기를 들어보자.

> 형이상학은 특수(개별) 과학자들처럼 단지 존재의 한 부분만을 잘라내어 다루는 것이 아니라, 보편적인 존재 자체를 다룬다. 형이상학은 제1의 근거를 찾아 헤맨다. 그렇게 함으로써 감춰져 있는 곤란한 영역에까지 파고든다.
>
> — 요한네스 힐쉬베르거, 《서양철학사》

## '실용서'는 실용적이지 않다

형이상학은 실용적이지 않을까? 아니다. 오히려 흔해 빠진 '실용서'들이 실용적이지 않다. '기계 공학 8주 완성'을 읽고 기계 공학을 완성한 사람이 있을까? '주식 투자 완전 정복'을 읽고 주식 투자를 완전히 정복한 사람이 있을까? '직장에서 인정받는 컴퓨터 활용법'을 읽고 직장에서 인정받은 사람이 있을까? "없다!"라고 단언할 수 있을 정도로 드물 테다. 거의 모든 실용서들은 웃지 못할 역설을 갖고 있다. '실용서는 전혀 실용적이지 않다'는 역설이다.

그렇다면 '비실용적인 실용서'라는 역설이 넘쳐나는 이유는 무엇일까? 힐쉬베르거의 말처럼, "단지 존재의 한 부분만을 잘라내어" 원하는 앎에 도달하려 했기 때문이다. 그런 조각난 앎으로는 "감춰져 있는 곤란한 영역에까지 파고"들기 어렵다. 즉, 어떤 대상을 진정으로 알기 어렵다. 누구도 부정할 수 없는 삶의 진실이 하나 있다. 돈벌이든 실용성이든, 무엇인가를 진정으로 알아야 가능하다는 사실이다.

## 진정한 앎은 형이상학적 태도로 구성된다

진정한 앎은 어떻게 구성되는가? '눈에 보이는 것'과 '눈에 보이지 않는 것("감춰져 있는 곤란한 영역")'을 모두 통찰할 때 가능하다. 자동차의 '눈에 보이는 부분(핸들·시트…)'을 안다고 해서 자동차를 진짜로 안다고 말할 수 있을까? 아니다. 자동차의 '눈에 보이지 않는 부분(엔진·변속기…)'까지 알고 있어야 자동차에 대해 진정한 앎이 있다고 말할 수 있다.

모든 앎이 마찬가지다. '눈에 보이는 것'만 공부하려는 이들은 진정한 앎에 도달할 수 없다. 진정한 앎에 도달하려면 탈레스가 기초 세운 형이상학적 인식의 틀이 필요하다. 쉽게 말해, '눈에 보이지 않는 것'들을 파악하려는 태도가 필요하다. 이에 대해 힐쉬베르거는 다음과 같이 말한다.

> 그것(형이상학)은 실제적인 목적들을 위해서가 아니라 앎 자체를 위해서 추구하는 그런 앎이다. 탈레스가 얻으려고 애썼던 것은 바로 이런 앎이었다. 따라서 그의 학문은 이미 보통의 지식이 아니라, 지혜이고 형이상학이고 철학이었다.
>
> — 요한네스 힐쉬베르거, 《서양철학사》

분명 형이상학은 오해받을 여지가 있다. 형이상학은 "실제적인 목적들을 위해서가 아니라 앎 자체를 추구하는 그런 앎"이기 때문이다. "실제적인 목적들"에 중점을 두지 않는 형이상학은 얼핏 실용적이지 않아 보인다. 하지만 이는 중요한 사실을 놓치고 있는 관점이다. '형이상학적 앎('지식이란 무엇인가?')'은 실제적인 목적을 중점에 두는 앎, 달리 말해 '구체적인 앎(논리학·수학·과학)'과 상관없거나 별개로 존재하는 것이 아니라는 사실이다.

이는 자명하다. '형이상학적 앎'은 '눈에 보이는 것'들을 모두 꿰뚫어서 '눈에 보이지 않는 것'들까지 통찰해내는 앎이기 때문이다. 달리 말해, "앎 자체를 추구하는 앎(형이상학적 앎)"은 이미 구체적인 대상들을 모두 파악한 다음에야 도달할 수 있는 앎이다. '주식 투자 완전 정복(기계 공학 8주 완성)'을 다 읽어도 "주식의 본질은 무엇인가?(기계의 본질은 무엇인가?)"라는 질문에 답하지 못할 수 있다. 하지만 "주식의 본질은 무엇인가?(기계의 본질은 무엇인가?)"라는 질문에 분명하게 답할 수 있는 이들은 주식 투자(기계 공학)를 완전 정복(8주 완성)할 수 있다.


## 진정한 실용성은 철학에 있다

'스티브 잡스'로 상징되는, 누구보다 실용성을 추구하고 많은 돈을 버는 경영자들이 지극히 형이상학적인 철학책을 부여잡고 있었던 데는 다 이유가 있었던 셈이다. 이런 사실은 이미 탈레스의 삶이 보여주고 있다. 그가 추구했던 학문은 "보통의 지식이 아니라, 지혜이고 형이상학이고 철학"이었다. 그런 그는 돈 못 버는 삶을 살았을까? 아리스토텔레스는 탈레스에 관한 흥미로운 일화 하나를 소개한다.

> 탈레스는 가난하다고 비난받았는데, 아마도 사람들이 철학을 무용지물이라고 여겼기 때문일 것이다. 그런데 천문학에 밝던 그는 이듬해에 올리브 농사가 대풍이 들 것을 예견하고, 아직 겨울인데도 갖고 있던 얼마 안 되는 돈을 보증금으로 올리브유 짜는 모든 기구들을 싼값에 임차했다고 한다. 그 후 올리브 수확철이 되어 올리브유 짜는 기구들이 갑자기 한꺼번에 많이 필요하게 되었다. 그는 임차해둔 기구들을 자신이 원하는 값에 임대하여 큰돈을 벌었다고 한다.
>
> — 아리스토텔레스, 《정치학》

철학이 비실용적이고 돈 안 되는 학문이라 비난받는 것은 예나 지금이나 마찬가지였나 보다. 형이상학을 추구하던 탈레스 역시 돈을 못 번다고 비난받았다. 하지만 형이상학은 결코 비실용적이지 않다. 형이상학은 구체적인 대상들을 관통하는 원리를 탐구하는 학문 아닌가. 형이상학을 추구했던 탈레스가 천문학과 경제학(올리브유 기계 독점!)에 능통한 것은 당연한 일이었다. 그는 모든 세부 학문의 근본 원리를 알고자 했으니까 말이다. '눈에 보이는 것'들을 통찰할 수 있어야 '눈에 보이지 않는 것'들을 제대로 알 수 있는 법이다.

철학은 비실용적이어서 돈이 안 되는 학문이 아니다. 돈을 버는 것이 철학의 관심사가 아닐 뿐이다. 여기에 진정한 철학의 실용성이 있다. 돈이 전부가 아님을, 돈보다 소중한 것이 있음을 진정으로 깨닫게 해주는 앎보다 더 실제적인 쓸모가 있는 앎이 어디 있겠는가. 철학은 그 시작부터 단 한 번도 비실용적이었던 적이 없다. 다만 우리가 오해했을 뿐이다. '탈레스'라는 철학의 시조부터 이러한 사실을 잘 보여주고 있다.

> 탈레스는 원하기만 하면 철학자는 쉽게 부자가 될 수 있으나 그것은 그들의 관심사가 아니라는 것을 세상 사람들에게 보여주었다.
>
> — 아리스토텔레스, 《정치학》

철학을 바라보는 관점에 따라 삶의 하수, 중수, 고수를 구분해볼 수 있다. 삶의 하수는 '철학은 돈이 안 된다'고 단언하는 이들이다. 그들은 '돈(눈에 보이는 것)'만 보느라 정작 '철학(눈에 보이지 않는 것)'은 보지 못한다. 그래서 결국 '돈'조차 제대로 보지 못한다. 삶의 중수는 '철학'의 가치를 알아보고 그것으로 '돈'을 버는 이들이다. 이들이 중수인 이유는 '철학(눈에 보이지 않는 것)'의 가치를 알아보지만 결국 '돈(눈에 보이는 것)'에 머무르기 때문이다.

고수는 다르다. 무림의 고수를 생각해보라. 이들에게는 강력한 힘이 있다. 하지만 그 힘을 쓰지 않는다. 정확히는 힘쓰는 것에 관심이 없다. 그것이 무림의 고수다. 삶의 고수 역시 마찬가지다. 고수는 '철학'의 힘으로 '돈'을 벌 수 있게 되었지만 '돈'을 벌지 않는 이들이다. 이들은 '돈'을 버는 것에 큰 관심이 없다. 철학을 통해 삶의 진실에 도달하여 돈 너머에 있는 소중한 것들을 깨닫게 되었기 때문이다.

철학을 무시해서 돈조차 벌지 못하는 이들은 하수, 철학의 가치를 깨닫고 그것으로 돈을 버는 이들은 중수, 철학을 통해서 돈보다 소중한 가치를 깨달은 이들은 고수라고 할 수 있다. 철학의 시작으로 돌아가 철학의 오해를 해소할 수 있다면, 우리 역시 삶의 고수가 될 수 있다. 오직 돈만 보는 이들은 이렇게 딴죽을 걸지도 모르겠다. 왜 삶의 고수가 되어야 하는가? 답은 간명하다. 진정한 행복은 오직 삶의 고수들만이 향유할 수 있기 때문이다.

탈레스에게서 놓치지 말아야 할 개념이 하나 더 있다. 바로 '본질'이다. 먼저 탈레스가 남긴 유명한 말부터 들어보자.

"탈레스는 만물의 근원을 물로 보았다."
— 디오게네스 라에르티오스,《그리스철학자열전》

　탈레스는 우리 눈에 보이는 모든 것들은 (설사 물이 눈에 보이지 않더라도) 모두 물이 변한 모습이라고 생각했다. 탈레스의 이런 관점은 중요하다. 탈레스의 명제가 참이라서가 아니다. 세계의 근원이 정말 물인지 아닌지는 중요하지 않다. 중요한 것은 탈레스의 이 말이 형이상학적 사유의 틀을 최초로 만들었다는 사실이다.

형이상학은 '본질'을 찾는 학문이라고 말할 수 있다. '본질'이 무엇인가? '존재의 이유'다. 어려운 말이 아니다. 벤치, 소파, 책상 의자, 식탁 의자, 아기 의자 등 세상에는 수많은 의자들이 있다. 이 수많은 의자들의 '본질'은 무엇인가? '앉을 수 있음'이다. 앉을 수 없다면 의자로서 '존재의 이유'가 없다. 이처럼 형이상학은 수많은 대상들 너머에 있으면서 그 대상들을 존재하게 하는 이유(본질)를 찾으려는 학문이다. 탈레스는 세상의 모든 대상들의 '본질(존재의 이유)'을 물이라고 파악했다. 탈레스가 "만물의 근원은 물이다."라고 말했을 때, 형이상학으로서의 철학은 이미 촉발된 셈이다.

철학책을 읽으면, '본질'이란 단어가 수도 없이 나온다. 그것은 (형이상학으로부터 시작된) 서양철학사 자체가 세상의 다양한 대상들 속에서 '본질'을 찾으려는 지난한 과정이었기 때문이다. 탈레스 이래의 많은 서양철학자들은 이 '본질'을 보편적이고 불변하는 것이라 믿었다. 탈레스 이후 출현한 두 명의 걸출한 고대철학자, 플라톤과 아리스토텔레스 역시 예외는 아니다. 둘의 차이가 있다면, 플라톤은 보편적이고 불변하는 '본질'을 세계 '밖'에서 찾으려 했고, 아리스토텔레스는 세계 '안'에서 찾으려 했다는 점이다.

본질을 탐구하는 형이상학은 분명 지혜를 준다. 하지만 여기서 우리가 놓치지 말아야 할 사실이 있다. 탈레스로부터 촉발된 형이상학은 우리를 지혜로부터 멀어지게 할 수도 있다는 점이다. 탈레스의 '형이상학'은 후대 철학에 이르면서 '본질'에 대한 집착으로 나아가는 경향을 보인다. 이런 본질에 대한 집착은 '본질주의'에서 잘 드러난다. '본질주의'는 다른 무엇보다 '본질'이 중요하다는 사상이다. 이런 '본질주의'는 두 가지 치명적인 어리석음을 낳는다. '배타적 보수주의'와 '기만적 인간중심주의'가 바로 그것이다.

'배타적 보수주의'부터 이야기해보자. 본질에 집착하는 이들은 기본적으로 '꼰대'가 될 개연성이 높다. 본질주의자에게 의자가 주어졌다고 해보자. 그는 가장 먼저 의자의 '본질'을 찾을 것이다. 그리고 누구도 부정할 수 없는 의자의 본질, 즉 '앉을 수 있음'을 찾아낼 것이다. 만약 이런 본질주의자가 아이들이 의자 위에 올라가 뛰어노는 장면을 보게 된다면 어떻게 반응할까? 그는 아이들을 야단칠 것이 분명하다. '올라가서 뛰어놈'은 의자의 '본질'이 아니기 때문이다.

본질주의는 꼰대 같은 '배타적 보수주의'가 되기 쉽다. 하지만 이는 얼마나 어리석은 관점인가? 분명 '본질'은 있다. 하지만 그 '본질'은 잠정적으로 정해져 있는 것이지 불변하는 것이 아니다. 본질은 사후적으로 의미가 부여된 것일 뿐이다. 사람들이 오랜 시간 동안 의자에 앉았기에 의자의 본질이 '앉을 수 있음'으로 정해진 것일 뿐이다. 구두닦이의 작업실에서 의자의 본질은 '신발을 올려놓을 수 있음'이니까 말이다.

'본질주의'의 또 하나의 문제가 있다. '기만적 인간중심주의'다. 본질주의자는 본질을 찾는다. 하지만 그 본질은 전혀 보편적인 것이 아니다. 왜 그런가? 본질의 보편성은 엄밀히 말해, 인간중심적 관점의 보편성이기 때문이다. 자연에는 인간 이외에 동물, 식물, 바람, 파도 등 수없이 많은 존재들이 있다. 하지만 인간 이외에 그 어떤 존재도 본질에 대해서 이야기하지 않는다. 오직 인간만이 본질을 탐구한다. 의자의 본질은 '앉을 수 있음'이다. 하지만 이것이 정말 의자의 보편적 본질일까? 아니다. 이는 세계를 인간의 측면에서 해석한 관점일 뿐이다.

결국 '본질'의 보편성이란, 인간이라는 존재가 예외적이고 특수한 삶의 범주 안에서 파악한 세계의 질서일 뿐이다. 그러니 본질주의자들이 찾는 본질을 어찌 보편적이라 말할 수 있겠는가. 인간은 꽃을 꺾고, 소·돼지를 먹이로 사육하고, 끊임없이 자연을 파괴하면서 어떤 죄책감도 느끼지 않는다. 이는 인간중심적으로 파악한 자연의 '본질'을 완전히 내면화했기 때문이다. 인간이 꺾기 위한 꽃! 인간이 먹기 위한 소·돼지! 인간의 편리를 위해 존재하는 자연! 이런 기만적인 인간중심주의는 본질주의에서 잉태된다.

탈레스로부터 2,000년이 훌쩍 넘었다. 이제 '본질'의 본질을 물어야 할 시간이다. '본질'의 본질은 '유동성'과 '다양성'에 있다. '본질'은 사후적이기에 결코 불변하지 않으며(유동성), 관점에 따라 달라지기에 결코 보편적이지 않다(다양성). 역설적이게도, 본질주의자는 '본질'의 본질을 제대로 파악하지 못한 셈이다. 형이상학은 양날의 검이다. 눈에 보이지 않는 것들을 통찰해내는 지혜로움을 주는 동시에, 언제든지 '배타적 보수주의'와 '기만적 인간중심주의'로 나아갈 위험성을 갖고 있다. 형이상학으로부터 시작된 철학은 아주 조심스럽게 다뤄야 하는 검인 셈이다.

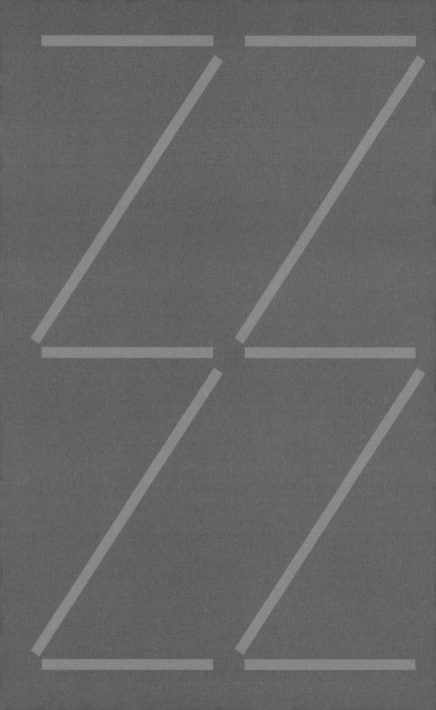

# 02

## 나와 다른 것은
## 왜 불편할까요?

생각의 시작

## 헤라클레이토스의
## '변화'

# 나와 다른 것들

나와 다른 사람들이 있다. 그 사람들은 크고 작은 불편함을 준다. 나는 클럽에 가서 신나게 놀고 싶은데, 조용한 카페에서 만나자는 친구는 불편하다. 나는 혼자 일하고 싶은데, 팀워크를 강조하는 팀장을 만날 때 피곤하다. 나는 파스타를 먹고 싶은데, 청국장을 먹으러 가자는 연인은 불편하다. 나는 늦잠을 자고 싶은데, 아침을 일찍 시작해야 하는 아버지는 여간 불편한 것이 아니다. 이것은 모두 '다름' 때문에 발생한 문제다.

　누군가의 성격, 취향, 생각, 습관이 나와 다를 때 불편하다. 비단 사람만 그럴까? 아니다. 사물도 마찬가지다. 오래 쓴 아이폰 대신 안드로이드폰을 써야 하는 상황을 생각해보자. 앱 사용법부터 정보 검색까지 이래저래 불편한 것이 한두 가지가 아닐 테다. 이것 역시 다름의 문제다. 그전에 쓰던 물건과 지금 쓰는 물건이 다르기 때문에 불편한 것이다.

## 다름=불편함, 같음=편안함

다름은 불편함을 준다. 동시에 같음은 편안함을 준다. 왜 그럴까? 다름은 낯섦이고, 같음은 익숙함이기 때문이다. 집이 편안한 이유는 익숙하기 때문이고, 여행지가 불편한 이유는 낯설기 때문이다. 이것이 세상 사람들이 다름을 피하고 같음을 좇으려는 이유다. 대부분의 사람들은 불편하지 않고 편안하게 살고 싶어 하니까 말이다.

　하지만 다름을 피하고 같음을 유지하는 삶은 지속될 수 있을까? 나와 다른 존재들을 피하고 나와 같은 존재들만 찾는 삶은 가능할까? 아니다. 그런 삶은 지속될 수 없고, 가능하지도 않다. 세상에는 나와 다른 것들이 곳곳에 존재하기 때문이다. 달리 말해, 살아가면서 다름을 피할 수는 없다. 그렇다면 우리는 다름이 주는 불편함과 불쾌감을 참으며 살 수밖에 없는 것일까? 이 질문에 너무 성급하게 답하기 전에 물어야 한다. "다름은 무엇일까요?"

## 세상을 변화하게 하는 원리, 불

이 질문에 대한 답은 헤라클레이토스Heraclitus of Ephesus에게 구해보자. 그는 기원전 6세기 말, 그러니까 우리가 잘 알고 있는 고대 그리스철학자 소크라테스보다 이전 시대의 철학자이다. 헤라클레이토스 철학의 핵심은 '변화'에 있다. 그는 "모든 것은 흐른다."라고 말하며 세상 만물이 끊임없이 변화한다는 사실을 강조했다. 그리고 그 모든 것이 흐르는 중심에는 불이 있다고 말하며, 더 나아가 만물의 근원이 불이라고 주장했다.

> "불이 (만물의) 구성요소이고, 만물은 불이 꺼지거나 세지는 과정에 의해 생기게 되는 불의 교환물이다."
> — 디오게네스 라에르티오스,《그리스철학자열전》

헤라클레이토스의 이러한 주장은 단순히 '세계를 구성하는 물질적 원소가 불과 관련 있다'는 의미만은 아니었다. 헤라클레이토스의 불에 관한 주장 역시 '변화'의 관점에서 해석하는 편이 더 적절하다. 고대 그리스철학자들의 철학을 정리한 라에르티오스를 통해서 헤라클레이토스의 이야기를 들어보자.

> "불은 농밀화됨으로써 습한 것이 되고 이것이 응축되면 물이 된다. 그러나 물은 더욱 응고하면 흙으로 전환하는 것인데, 이 과정이 '내리막길'이다. 역으로 또 흙이 녹여지면 그것에서 물

이 생기고 그리고 이 물에서 나머지의 것이 생기는 것인데 그
것은 헤라클레이토스가 거의 모든 것을 바다로부터의 증발로
돌리고 있기 때문이다. 그리고 이 과정이 '오르막길'이다."

— 디오게네스 라에르티오스, 《그리스철학자열전》

## 모든 것은 흐른다

헤라클레이토스의 입장은 다음과 같다. '불→습한 것→물→
흙→물→(세상의) 나머지 것'. 이 과정이 '내리막길'과 '오르막
길'처럼 순환되면서 세상 만물이 형성된다는 것이다. 헤라클
레이토스의 이야기를 과학 상식에 조금 더 부합되게 설명하자
면, 그는 세상 만물(자연)은 물로부터 만들어지고 사라지는데
이 물이 근본적으로 바다로부터 증발된 비에서 시작된다는 데
주목한다. 그 바다를 증발시키는 것이 '불'이라는 것이다.

헤라클레이토스는 불을 세계를 구성하는 요소가 아니라,
세계를 움직이는 원리로 이해한 것이다. 그는 무엇인가 나타
나고 사라지는 것은 그 이면에 항상 불이 나타나고 사라지기
때문이라고 생각했다. 즉, 그는 불을 세상 만물을 변화하게 하
는 원리로 이해했다. 세상이 끊임없는 변화의 과정에 있다는
결론에 도달한 헤라클레이토스는 자신의 철학을 이어나간다.

헤라클레이토스 철학의 핵심은 '변화'에 있다. 그는 모든 것은 흐른다고 말하며
세상 만물이 끊임없이 변화한다는 사실을 강조했다.

헤라클레이토스는 매일 뜨는 해마저 날마다 새롭다고 생각했다. 그는 해가 날마다 새롭게 바뀐다는 생각을 확장해 우주 전체가 항상 변화한다는 이론을 구축했다. 헤라클레이토스의 이론은 다음과 같이 정리할 수 있다. '모든 것은 계속 움직이며 어떤 것도 가만히 정지해 있지 않다. 그렇기 때문에 세계는 흐르는 만물과 같다.' 여기서 우리는 '세계는 흐르는 만물과 같다'는 말에 주목해야 한다. 이는 어떤 의미일까? 그것은 '세상 만물이 모두 다르다'는 의미다.

## '다름=같음'이라는 수수께끼

어제의 강물과 오늘의 강물은 다르다. 왜 그런가? 강물이 계속 흘렀기(변화했기) 때문이다. 이처럼 변화는 다름을 낳는다. 세상 만물이 흐른다면 같음은 어디에도 존재할 수 없다. 모든 것이 흐르는 세상에서 같은 것은 있을 수 없고, 모든 것은 다른 것일 수밖에 없다. 헤라클레이토스의 말이 옳다면, 우리는 영원히 불편함과 불쾌함 속에서 살아갈 수밖에 없다. 다름은 불편함과 불쾌함을 불러일으키니까 말이다. 여기서 헤라클레이토스의 흥미로운 이야기 하나를 되짚어볼 필요가 있다.

> 흐르는 강물이 의미하는 바는 무엇인가? 그것은 같은 강물에 발을 두 번 담글 수 없다는 것이 아니다. 그것의 진정한 의미는 어떤 것들은 변화함으로써만 같아진다는 의미다.
>
> ― 헤라클레이토스,《우주의 파편들》

지금 헤라클레이토스는 '다름=같음'이라고 말하고 있다. '수수께끼 같은 사람'. 헤라클레이토스의 별명이다. 그의 별명처럼 그의 철학은 수수께끼처럼 난해하다. 이제부터 '다름=같음'이라는 그 난해한 수수께끼를 천천히 풀어보자. 강물은 끊임없이 흘러간다. 거기서 우리는 무엇을 볼까? 두말할 필요 없이 끊임없는 변화를 본다. 달리 말해, 끊임없이 흘러가는 강물을 보며 "같은 강물에 발을 두 번 담글 수 없다"는 생각을 하게 된다. 어제 발을 담갔던 강물과 오늘 발을 담근 강물은 분명 다른 강물이니까 말이다.


## '강물=강물'인 이유

하지만 우리는 흐르는 강물을 보며 정작 중요한 사실 하나를 못 보고 있다. 어느 날 강물이 흐르지 않고 멈춰버렸다고 상상해보자. 그때 우리는 그것을 강물이라고 할 수 있을까? 아니다. 흐르지 않는 것을 강물이라고 말할 수는 없다. 이 가정은 너무 비현실적인가? 그렇다면 강물 옆에 수로를 파서 파이프를 연결해 매끈하게 물을 흐르게 해보자. 그것은 강물인가? 아니다. 그것 역시 강물이라고 말할 수 없다.

강물이 강물인 이유는 무엇인가? 끊임없이 흐르기 때문이다. 더 정확히 말하면 그 흐름이 만들어내는, 매 순간 변화하는 물살과 결코 매끈하지 않은 출렁임 때문이다. 그 끊임없는 '다름' 때문에 어제 본 그것도 강물이고 오늘 본 그것도 강물이라고 말할 수 있는 것이다. 즉, '강물(어제)=강물(오늘)'의 같음은 매 순간의 다름에서 온다. 당연하지만 동시에 역설적이게도, '다름' 때문에 '같음'이 존재한다. 헤라클레이토스의 말처럼 "어떤 것들은 변화함으로써만 같아진다."

이제 우리는 '다름=같음'이라는 헤라클레이토스의 수수께끼를 이해할 수 있다. 세상 만물은 다르기 때문에 같다. 월급을 받으면 기뻐하고, 이별을 하면 슬퍼하는 친구가 있다. 매 순간 그 친구의 감정과 표정은 다르다. 하지만 그 다름이 바로 그 친구의 한결'같음'이다. 생각해보라. 만약 그 친구가 월급을 받아도 기뻐하고 이별을 할 때도 기뻐하면, 즉 항상 같은 감정과 표정을 유지하면, 그 친구는 내가 알고 있는 한결'같은' 친구라고 말할 수 없다.

헤라클레이토스는 "우리는 같은 강물에 들어가면서 들어가지 못하고, 우리는 존재하면서 존재하지 않는다." 라고 말했다.

— 버트런드 러셀, 《서양철학사》

이제 우리는 헤라클레이토스의 난해한 이야기를 손쉽게 이해할 수 있다. 우리는 같은 강물에 들어가면서 들어가지 못한다. 강물은 다르기(흐르기)에 같다. 그래서 언제 강물에 들어가더라도 그것은 같은 강물이다. 하지만 동시에 강물은 매번 다르기(흘렀기)에 우리는 같은 강물에 결코 들어가지 못한다. 마찬가지로, 우리 역시 매 순간 변하기 때문에 같은 '나'로 존재한다. 하지만 동시에 그 '나'는 매 순간 변하기에 어느 순간에도 존재하지 않는다.

## 다름이 불편한 진짜 이유

이제 우리의 질문으로 돌아갈 수 있다. 다름은 무엇일까? 같음이다. 다르기 때문에 같아지는 것이다. 이제 나와 다른 것들이 왜 불편한지 말할 수 있다. 다름은 왜 불편할까? 앞서 말한 것처럼 다른 것은 낯설고, 낯선 것은 불편하기 때문이다. 하지만 이는 표면적인 이유일 뿐이다. 1년 동안 세계 일주를 떠났던 사람을 알고 있다. 그는 매일 다른 사람, 다른 숙소, 다른 음식, 다른 상황을 만났다. 하지만 그는 그 다름이 불편하고 불쾌하기보다 유쾌하고 즐거웠다.

세상을 둘러보면 '다름'을 유쾌함과 즐거움으로 받아들이는 사람들이 있다. 자신과 다른 사람을 불쾌함보다 유쾌함으로 만나는 이들. 익숙한 물건 대신 낯선 제품을 사용하며 불편함보다 즐거움을 느끼는 이들. 이들은 우리와 무엇이 다른 걸까? 그들은 의식적이든 무의식적이든 헤라클레이토스의 통찰을 받아들이고 있다. '세상 만물은 모두 변화하기 때문에 세상에 같은 것은 없다'는 통찰 말이다.

우리가 다름에서 불편함과 불쾌함을 느끼는 본질적인 이유는 무엇일까? 자명한 사실을 모르거나 받아들이지 못해서다. 어떤 이들은 '세상은 항상 변화하기에 같음은 없다'는 자명한 사실을 모르거나 받아들이지 않는다. 그런 이들은 필연적으로 어딘가에 나와 '같음'이 존재할 것이라고 의식적이든 무의식적이든 믿는다. 이것이 다름에서 불편함과 불쾌함을 느끼는 근본적인 이유다. 당연히 있어야 할 것이 지금 내게 없다고 생각하니 불편하고 불쾌할 수밖에 없는 것이다.

생각해보라. 어떤 사람도 자신의 팔이 세 개가 아니라는 사실에 불편함과 불쾌함을 느끼지는 않는다. 왜 그런가? 모든 사람의 팔은 두 개라는 사실을 자명한 것으로 받아들이기 때문이다. 자명한 것을 자명한 것으로 받아들이면 자명한 것 앞에서 불편하고 불쾌할 일이 없다. 자명한 것을 알지 못하거나 자명한 것으로 받아들이지 못할 때 불편하고 불쾌한 일들이 나타난다.

## '본질'이란 '차이'다

우리는 일찍이 헤라클레이토스가 보여준 삶의 진실로 돌아가야 한다. 세계는 흐르는 만물과 같다. 그래서 모든 것은 변화하게 마련이다. 그러니 세상에 고정된 같음은 존재할 수 없다. 세상 모든 것은 매 순간 달라지기 때문이다. 그 '다름'이 바로 '같음'이다. 매 순간 변화하는 '다름'에 의해 '같음'이 만들어진다. 이것이 삶의 진실이다. 이 삶의 진실을 깨닫게 될 때 '다름'에서 유쾌함과 즐거움을 만끽할 수 있는 문이 열린다. 누구보다 '다름'에 대해 깊이 고민했던 우리 시대의 철학자, 질 들뢰즈 Gilles Deleuze는 이에 대해 이렇게 말한다.

> 본질이란 본래 차이다. 그러나 또한 본질에게 반복함으로써 자기 자신과 동일해지는 능력이 없다면, 본질을 다양하게 만드는 능력, 다양해질 능력도 없을 것이다.

들뢰즈는 "본질이란 본래 차이"라고 말한다. 이것이 무슨 말인가? '본질'은 같은 것이고, '차이'는 다른 것이다. 지금 들뢰즈는 '같음(본질)'이 곧 '다름(차이)'이라고 말하고 있는 셈이다. 이것은 전혀 어려운 이야기가 아니다. 한 사람의 '본질'은 무엇인가? 즉, 언제 어디서나 그 사람을 그 사람으로 특징지을 수 있는 일관적인 성질(본질)은 무엇인가? 그것은 '차이'다.

'황진규'라는 사람의 본질은 무엇일까? 때로는 날 선 사유로 글 쓰는 철학자이며, 때로는 아이를 돌보는 부모이며, 때로는 사각 링에서 치고받는 복서이며, 때로는 낯선 사람들에게 주제넘은 호통을 치는 선생이며, 때로는 사랑하는 이들의 상처 앞에서 눈물짓는 소년이다. 그런 '차이'가 바로 '본질'이다. 그 모든 '차이'들이 '반복'되면서 만들어내는 자기동일성이 바로 '황진규'라는 사람의 '본질'이다.

이제 들뢰즈의 이야기를 더욱 분명하게 이해할 수 있다. ('황진규'라는) '본질'은 ('작가·철학자·부모·복서·선생·소년…'이라는) '차이'를 "반복함으로써 자기 자신과 동일해지는 능력"이다. 동시에 ('황진규'라는) '본질' 안에는 이미 ('작가·철학자·부모·복서·선생·소년…'이라는) '차이'를 반복함으로써 "본질을 다양하게 만드는 능력"이 있다. 들뢰즈는 헤라클레이토스의 이야기를 반복하고 있다. 흐르는 강물이 강물일 수 있는 이유는 그 강물이 매 순간 다르기 때문이듯, 한 사람이 한 사람일 수 있는 이유는 그 사람이 매 순간 다르기 때문이다.

## 다름에서 유쾌함과 즐거움을 찾는 법

친구, 팀장, 연인, 배우자도 마찬가지다. 조용한 것을 좋아하는 친구라고 항상 조용한 카페에만 갈 리는 없다. 그는 대화를 할 때는 카페에 가지만, 음악을 들을 때는 격정적인 공연장을 찾는 친구다. 팀워크를 중시하는 팀장이라고 항상 '함께'를 강조하지 않는다. 그는 업무 시간 외에는 '혼자' 있고 싶어 하는 팀장이다. 청국장을 좋아하는 연인, 아침형 인간인 아버지도 마찬가지다. 매번 청국장만 먹는 연인일 리가 없고, 늦잠을 잔다고 늘 타박만 하는 아버지일 리도 없다.

　매 순간 '다른(차이)' 그 모습들이 바로 늘 한결 '같은(본질)' 친구·팀장·연인·아버지다. 매 순간 다르기 때문에 같은 친구·팀장·연인·아버지일 수 있는 것이다. 나와 다른 사람을 볼 때 느껴지는 불편함과 불쾌함이 있다. 하지만 그 불편함과 불쾌함은 그 사람이 나와 달라서가 아니라, 우리가 '다름'을 제대로 이해하지 못해서 발생하는 문제다. '다름'은 '같음'이다.

'차이'가 바로 '본질'이다. 이 삶의 진실을 볼 수 있을 때 우리네 삶은 더욱 즐겁고 유쾌해질 수 있다.

'다르기' 때문에 '같은' 친구·팀장·연인·아버지를 볼 수 있다면, 그들과 함께하는 시간도 더 즐겁고 유쾌해질 수 있다. 그들이 우리와 다르기 때문에 종종 우리를 불편하게 하더라도, 그것 역시 곧 흘러갈 테니까 말이다. 설령 그들이 하나도 변하지 않더라도 그들은 결코 같을 수 없다. 그들을 만나는 '내'가 매 순간 달라지기 때문이다. 세상이 모두 그대로라도, 자신이 달라지면 모든 것이 변하게 마련이다. 서 있는 자리가 달라지면 같은 세상도 전혀 다르게 보이는 것처럼 말이다.

이렇듯 나도, 너도, 세상도, 모든 것은 변한다. 나와 완전히 같은 것은 그 어디에도 없다. 이러한 삶의 진실을 깨닫게 될 때, 나와 다른 존재들을 만나더라도 기쁨을 누릴 수 있다. 그리고 그 기쁨을 누리면 누릴수록 점점 더 나와 큰 차이가 있는 존재들(외국인, 장애인, 성소수자, 난민 등등)까지 긍정하게 된다. 그렇게 우리는 점점 더 지혜로운 존재가 된다. 그리고 지혜로운 자들은 점점 더 행복한 삶을 살게 된다.

'아르케arche'는 고대 그리스철학에서 우회할 수 없는 개념이다. '아르케'는 그리스어로 시작·원리·기원을 의미한다. 이는 '선두에 서다', '지휘하다', '지배하다' 등을 뜻하는 동사 'archo'에서 파생된 단어다(무정부주의anarchism는 '아르케arche'가 '없다·부정한다an'는 의미를 가진다). 고대 이오니아 자연철학자들은 이 아르케를 세상 여러 현상들의 '근본 원리' 혹은 '근본 물질'이라는 뜻으로 사용했다.

　　고대 그리스의 많은 철학자들이 이 '아르케' 대해 이야기했다. 탈레스는 '물'을 세계를 탄생시킨 근본 물질이자 원리, 즉 아르케로 보았다. 또한 아낙시메네스는 '공기'를 만물을 탄생시킨 근본 물질이자 원리라고 생각했다. 하지만 헤라클레이토스는 '불'이야말로 진정한 아르케라고 주장했다.

만물은 물과 교환되고, 불은 만물과 교환되는데, 상품이 금과
교환되고 금이 상품과 교환되는 것과 같은 이치다. … 불은 공
기가 멸해야 살고 공기는 불이 멸해야 살며, 물은 흙이 멸해야
살고 흙은 물이 멸해야 산다.

— 버트런드 러셀, 《서양철학사》

헤라클레이토스는 불이 아르케라고 말한다. 하지만 헤라
클레이토스의 아르케는 여타 철학자들의 아르케와는 조금 다
르다. 그에게 '아르케(불)'는 '근본 물질'이 아니라 '근본 원리'
다. '세상 만물은 모두 흘러서 변한다'고 본 헤라클레이토스에
게 불변하는 근본 물질 같은 것이 있을 리는 없다. '근본 물질'
이 있다면, 그것은 변하지 않는 것일 테니까 말이다. 헤라클레
이토스에게 불은 세상이 흘러가는 근본 원리를 보여주는 아르
케다. 그는 불이 모든 것을 파괴하고 변형시킴으로써 세상을
끊임없이 변하게 하는 원소(공기→불→재…)라고 보았다.

헤라클레이토스의 사상은 동양의 '음양陰陽' 사상과 유사
한 측면이 있다. 동양의 음양 사상은 대립하는 것들(음과 양) 사
이의 역동이 우주의 추동력이고, 이런 대립이 영원하다고 본
다. 헤라클레이토스의 관점 역시 마찬가지다. 그는 대립을 통
한 우주의 긴장 상태가 영원하며, 그 영원한 긴장 상태가 대립
중인 어느 쪽도 완전히 소멸되거나 파괴되지 않도록 만든다고

말한다. 헤라클이레토스에 따르면, 서로 대립하는 것들은 사라지지 않고 단지 지배력을 교대할 뿐이다.

당연히 헤라클레이토스는 세상에 존재하는 수많은 갈등과 대립을 필연적인 것으로 보았다. 그에게 갈등과 대립은 세상의 이치이자 순리이기 때문이다. 여기서부터 헤라클레이토스의 헛발질이 시작된다. 헤라클레이토스는 참담한 살육이 펼쳐지는 전쟁을 불가피한 것을 넘어 좋은 것이라 여겼다. 그는 전쟁에 대해 이렇게 말한다.

> "전쟁은 만물의 아버지요 만물의 제왕으로, 어떤 존재는 신이 되게 하고 어떤 존재는 인간이 되게 하며, 어떤 자는 노예가 되게 하고 어떤 자는 자유민이 되게 한다."
>
> — 버트런드 러셀, 《서양철학사》

후대의 작품에 따르면, 헤라클레이토스는 타인을 경멸하는 데 중독된 인물로, 더 나아가 인류를 경멸한 사람으로 기록되어 있다. 그는 인간을 강제력을 동원해야만 선을 위해 행동하게 할 수 있는 존재로 여겼다("가축들은 매로 쳐서 목초지로 몰아가야 한다."). 이런 헛발질은 그가 '불'을 아르케로 생각했던 시점에 이미 예견되어 있었는지도 모른다. 불은 모든 것을 태워버림으로써 변화를 이끌어내지 않던가. 이런 헤라클레이토스의 아르케를 단적으로 드러내는 것이 바로 전쟁(불! 화염!)이다.

헤라클레이토스는 철학사에서 이중적인 역할을 하고 있다. 헤라클레이토스 이후의 철학자인 아리스토텔레스는 철학을 세계의 원천(원리·원인)을 밝히는 '아르케의 학문'이라고 정의했다. 이런 '아르케'적인 흐름('세계의 중심 원리는 무엇인가?')은 그 후 서양철학사에서 2,000년 동안 이어지게 된다. 중심 원리는 중심이기에 결코 변하지 않는다. 수많은 철학자들이 결코 변하지 않는 중심 원리(진리!)에 집착하게 되었던 것도 바로 이런 이유에서였다. 하지만 한 사람을 보지 못하고 진리만을 외치는 철학은 위험하기 짝이 없다.

헤라클레이토스는 일찍이 이러한 단일한 중심(변하지 않는 진리)을 묻는 아르케적 논리에 틈을 냈다. '불'이 아르케라면, 그 '불'은 아르케(변하지 않는 진리)마저 파괴해버릴 테니까 말이다. 헤라클레이토스의 '불'은 단일한 중심을 태워서 다양한 중심의 세계를 열 가능성을 갖고 있다. 하지만 동시에 헤라클레이토스의 '불'은 인간다움마저 파괴해버릴 가능성도 품고 있다. 불은 모든 것을 태워버려야만 존재할 수 있는 것 아닌가. 갈등과 대립이 세계 그 자체라면, 세계는 피 튀기는 불꽃으로만 존재해야 하는 것 아닌가. 헤라클레이토스의 철학은 자칫 참혹한 살육이 일상이 되는 전쟁을 손쉽게 정당화하는 근거가 될 위험이 있다.

# 03

# 왜 쉽게 위축되거나
# 오만해질까요?

소크라테스의
'성찰'

## 슬픔의 원인, 위축과 오만

슬픔은 어디서 오는 걸까? 세상에는 다종다양한 슬픔이 있다. 하지만 그 근본을 따져 물으면 슬픔의 원인은 결국 두 가지로 귀결된다. '자신'과 '세상'이다. '세상'이 기쁨을 줄 준비가 되어 있어도, '자신'이 그 기쁨을 받아안을 수 없다면 필연적으로 슬퍼진다. 반대로, '자신'은 이미 기쁜 상태라도, '세상'이 온갖 슬픔을 준다면 그 역시 슬퍼지지 않을 도리가 없다. 구체적으로 어떤 경우에 이런 일이 벌어질까? 위축과 오만에 빠져 있을 때 그렇다.

'기철'과 '수진'이 있다. '기철'은 모자랄 것 없는 가정에서 자랐다. 공부도 곧잘 해서 주변 사람들에게 크고 작은 칭찬을 들었다. '기철'의 '세상'은 기쁨을 줄 준비가 된 '세상'이었다. 하지만 기철은 늘 슬펐다. 왜 그랬을까? '기철'은 늘 위축되어 있었기 때문이다. 누가 보아도 기뻐야 할 세상이었지만 기철에게는 그저 한없이 불안하고 두려운 세상일 뿐이었다. 스스로 위축된 이에게는 어떤 세상도 슬픔의 원인일 뿐이다.

'수진'은 반대의 경우다. 수진은 이미 스스로 충분히 기뻤다. 하지만 세상과 마주하면 슬퍼졌다. "넌 왜 항상 제멋대로야?" "너 혼자만 잘났어?" 주변 사람들이 '수진'에게 비난과 힐난을 쏟아냈기 때문이다. 이런 비난과 힐난에 수진은 분노하고 좌절했다. 그렇게 점점 슬픔에 빠졌다. 왜 이런 일이 벌어졌던 걸까? '수진'은 오만했기 때문이다. 오만한 이는 늘 자신은 옳고 모르는 것이 없다고 믿는다. 그래서 스스로 기쁘다. 하지만 그 기쁨은 곧 슬픔으로 전락한다. 세상은 오만한 이를 배척하기 때문이다. 오만한 이는 오직 홀로 있을 때 기쁠 뿐, 타인과 함께 살아야 하는 세상에서는 결코 기쁠 수 없다.

잘 산다는 것은 무엇일까? 슬픔을 작게 하고 기쁨을 크게 하는 것이다. 이것이 위축과 오만이라는 슬픔의 원인을 잘 극복해야 하는 이유다. 슬픔의 원인을 극복하는 만큼 슬픔은 작아질 테고 기쁨은 커질 테니까 말이다. 문제는 그것이 쉽지 않다는 것이다. 얼마나 많은 이들이 슬픔에 휩싸인 채로 살아가고 있는가. 이는 인간이 위축과 오만이라는 정서 상태를 극복하기가 얼마나 어려운지를 반증하는 것인지도 모르겠다. 잘 살기 위해 해야 할 질문이 있다. "위축과 오만을 어떻게 극복할 수 있을까요?"

# 소크라테스, 서양철학의 아버지

이 질문의 답은, 서양철학의 아버지라고 불리는 소크라테스에게 들어보자. "위축과 오만을 어떻게 극복할 수 있을까요?" 이 질문에 소크라테스는 자신의 그 유명한 말로 대답을 대신할 테다. "너 자신을 알라!(이는 원래 델포이의 신전 입구에 새겨져 있던 문구다)" 소크라테스의 답은 알 듯 말 듯 하다. 타인과 세상에 대해서 모를 수는 있어도, 자신에 대해서 모르는 사람이 어디 있단 말인가. 그렇다면 '철학의 아버지'는 왜 이런 당연한 말을 했던 걸까? 소크라테스에 대해서 조금 더 알아보자.

소크라테스는 아테네의 중간 계층 시민이었다. 그는 젊은 이들에게 철학을 가르치고 사람들과 논쟁하며 일생을 보냈다. 탈레스가 철학의 시조라면, 소크라테스는 철학의 아버지라고 할 수 있다. 탈레스가 '철학'을 기초 세웠다면, 소크라테스는 '철학함'을 기초 세웠기 때문이다. 탈레스가 '이론으로서의 철학'의 시작을 알렸다면, 소크라테스는 성찰하는 철학적 자세, 즉 '태도로서의 철학'의 시작을 알렸다. '철학'이라는 학문이 현재까지 자신을 돌아보고 성찰하는 분야로 남아 있는 것은 소크라테스의 영향이 크다. 이에 대해 힐쉬베르거는 이렇게 말한다.

소크라테스는 사람의 모습을 갖춘 철학 그 자체다. 그는 지성만 가지고 철학했던 것이 아니라, 살과 피를 가지고 철학했다. 우리들은 그의 본질(존재) 전체 속에서, 진리가 무엇이며, 가치가 무엇인가 하는 것을 구체적으로 체험하게 된다. 그의 철학은 실존적인 철학이었다.

— 요한네스 힐쉬베르거,《서양철학사》

## '산파술'과 '반어법'의 '대화'

소크라테스는 '철학함'을 어떻게 구현했을까? '대화'를 통해서였다. 그는 '산파술maieutik'과 '반어법eironeia'의 '대화'를 통해 제자들을 가르쳤다. 산파술은 산모의 출산을 돕는 것을 말한다. 산파가 아이를 낳는 것이 아니라 산모의 출산을 돕는 것처럼, 소크라테스는 제자들의 의문을 직접 해소해주기보다 대화를 통해 제자들 스스로 답을 찾도록 도와주었다. 또한 그는 반어법을 통해 대화했다. 이는 제자들로 하여금 자신의 모순을 스스로 발견하도록 도와주는 방법이었다. 소크라테스의 '대화'를 우리 시대의 언어로 각색하면 이런 식일 테다.

"스승님, 저는 지독한 가난 때문에 불행해졌어요."

"그렇구나. 그런데 가난이란 무엇인가?"

"돈 때문에 고통받는 것입니다."

"부자들도 돈 때문에 고통받는데, 그럼 그들도 가난한 것인가?"

"……."

이것이 소크라테스의 '산파술'과 '반어법'의 '대화'다. 소크라테스는 '산파술'로 제자가 아이(지혜)를 낳도록 '반어' 적으로 도왔을 뿐이다. 이 짧은 대화에서 제자는 지혜에 한 걸음 더 다가섰을 테다. 자신이 불행한 이유가 가난 때문만은 아니라는 사실을 깨우쳤을 테고, 동시에 자신이 정말 불행해 진 이유에 대해 고민하기 시작했을 테니까 말이다. 소크라테 스가 이런 '대화'를 통해 제자들에게 알려주고 싶던 것은 무엇이었을까? 그네들의 있는 그대로의 모습이었다. '나'를 진정으로 아는 것. 소크라테스는 바로 그것이 지혜라고 생각 했다.

## "너 자신을 알라!"의 진짜 의미

"너 자신을 알라!" 당연한 것으로 치부되는 이 말은 결코 당연 한 말이 아니다. 우리는 너무 쉽게 '나를 안다'고 확신한다. 하

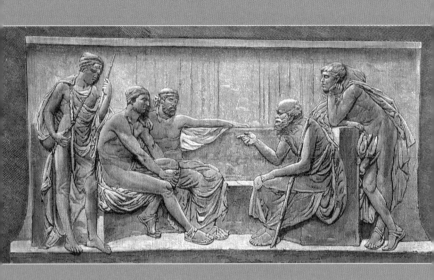

제자들과 대화하는 소크라테스.
소크라테스는 '대화'를 통해 제자들에게 '무지의 자각'을 알려주려고 했다.

지만 이런 확신은 틀렸다. 우리가 생각하는 '나에 대한 앎'은 무엇일까? '남자이며, 내성적이며, 경영학을 전공했고, 결혼했고, 아이가 둘이며, 주식을 공부하는 직장인이며⋯.' 우리는 이런 '나에 대한 앎'을 끝도 없이 나열할 수 있다. 하지만 이런 앎으로 정말 '나를 안다'고 확신할 수 있을까? 아니다. 우리가 안다고 확신하는 '나'는 반쪽짜리일 뿐이다.

'나에 대한 앎'은 두 가지로 구성된다. '내가 아는 것'과 '내가 모르는 것'. 흔히 '나를 안다'고 말할 때 '나에 대한 앎'은 '내가 아는 것'에 대한 앎이다. 하지만 '내가 아는 것'에 대해서 안다고 해서 '나를 안다'고 말할 수는 없다. '내가 모르는 것'에 대한 앎이 부재하기 때문이다. 예를 들어보자. '선규'는 직장인이다. 그는 '직장'과 '직장을 다니는 나'(내가 아는 것)에 대해서는 분명히 안다. 하지만 그는 여전히 '나'를 잘 모른다. '직장밖'과 '직장을 다니지 않는 나'(내가 모르는 것)에 대해서는 알지 못하기 때문이다.

"너 자신을 알라!" 이제 이 말의 진짜 의미를 알 수 있다. 이는 '무지의 자각'을 촉구하는 말이다. 쉽게 말해, '네가 무엇을 모르고 있는지를 알라!'는 것이다. 진정한 앎이라는 것은 내가 무엇을 모르는지에 대한 앎이다. 소크라테스는 지혜라는 것이 바로 여기에서부터 출발한다고 말한다. 당연하지 않은가. '나의 무지'를 절절하게 깨달은 이들만이 더 깊고 넓은 앎에 이르는 길에 들어설 수 있는 법이다. '무지의 자각!' 혹은 '모름의 앎!' 이것이 소크라테스가 제자들에게 진정으로 알려주고 싶었던 것이다.

## '나'를 알면 위축과 오만은 없다

이제 우리의 이야기로 돌아가자. 어떻게 위축과 오만을 극복할 수 있을까? '무지의 자각'으로 가능하다. 다시 '선규'의 이야기로 돌아가자. '선규'는 종종 위축과 오만에 휩싸인다. '선규'는 직장 일이 잘 풀리지 않으면 한없이 위축되고, 직장 일이 잘 풀리면 한없이 오만해진다. 이는 '선규'가 자신이 아는 것에 대해서만 알 뿐, 자신이 모르는 것에 대해서는 알지 못하기 때문에 발생한 사달이다.

'내가 아는 것(직장과 직장을 다니는 나)'밖에 모르는 '선규'가 직장 내의 성취에 따라 위축되거나 오만해지는 것은 너무도 당연한 일이다. '내가 아는 것'에 대해서만 알고, '내가 모르는 것'에 대해서는 알지 못하는 '선규'에게 직장은 세상 그 자체이니까. 세상 그 자체(직장)가 잘 풀릴 때 어떻게 오만해지지 않을 수 있을까. 또 세상 그 자체(직장)가 잘 풀리지 않을 때 어떻게 위축되지 않을 수 있을까.

'선규'는 위축과 오만 사이에서 휘청거리는 삶을 극복할 수 있을까? 가능하다. 자신이 무엇을 모르고 있는지에 대해 알면 된다. '선규'는 무엇을 모르고 있었던 걸까? 직장 밖의 삶과 그 삶을 살아낼 '나'에 대해 모른다. 그가 무지했던 것들을 진지하게 알려고 할 때 '선규'는 위축되지도 오만해지지도 않는다. 직장 밖에 다른 삶의 가능성이 있다는 사실을 아는 '선규'는 직장 일이 잘 풀리지 않아도 크게 위축되지 않는다. 또 직장은 삶의 여러 가능성들 중 하나의 작은 조각이라는 사실을 아는 '선규'는 직장 일이 잘 풀린다고 해도 크게 오만해지지 않는다.

## 뒷모습은 거울 없이 볼 수 없다

하지만 하나의 문제가 더 남아 있다. '무지의 자각'은 스스로 이르기 어렵다는 점이다. 무지는 모르는 것 아닌가? 모르는 것은 애초에 모르는 것이기에 그것을 스스로 깨우치기는 매우 어렵다. 우리가 가슴에 붙은 먼지는 쉽게 뗄 수 있지만 등에 붙은 먼지는 떼지 못하는 이유가 무엇인가? 먼지를 뗄 능력이 없어서가 아니다. 먼지가 붙어 있는지조차 모르기 때문이다. 직장생활에 휩쓸려 사는 '선규'가 스스로 자신의 무지를 깨닫는 것은 거의 불가능한 일일 테다.

소크라테스는 누구보다 이 점을 잘 알고 있었기에 세상 사람들과 지난한 대화를 이어갔던 것일 테다. 대화를 통해 사람들이 스스로 볼 수 없는 곳에 먼지가 붙어 있다는 사실을 깨닫게 해주려고 말이다. 하지만 소크라테스는 이미 죽었고 우리는 그와 대화할 수 없다. 그렇다면 우리는 어떻게 '나'를 알 수 있을까? 소크라테스의 삶을 조금 더 들여다보자. 플라톤이 쓴 《소크라테스의 변론》에 소크라테스에 관한 흥미로운 일화가 하나 등장한다. 소크라테스가 어떻게 자신의 지혜를 확인해가는지에 관한 일화다.

어느 날 델포이 신전에서 '소크라테스보다 더 현명한 자는 없다'는 신탁이 나왔다. 그때 소크라테스는 무척 당황했다. 스스로 생각하기에 자신은 무지한데, 신은 자신이 가장 현명하다고 말했기 때문이다. 소크라테스는 그 혼란을 해소하기 위해 하나의 방법을 생각해낸다. 지혜롭다고 인정받는 이들을 찾아다녀보는 것이었다. 그렇게 그는 정치가, 시인, 각 분야의 장인 등을 만나 이야기를 나누었다. 자신이 지혜롭지 않다는 것을 확인하려는 대화였다. 하지만 역설적이게도 그 대화에서 소크라테스는 자신의 지혜로움을 깨닫게 된다. 이에 대해 소크라테스는 이렇게 말한다.

그와 대화하면서 느낀 것이 있다. 그것은 다른 많은 사람이 그를 지혜롭다고 생각하고, 특히 자기 자신이 스스로 그렇게 생각하지만, 실제로는 그렇지 않다는 것이었다. … 우리 두 사람 모두 대단하고 고상한 무엇에 관해 아는 것이 전혀 없는 것은 동일하다. 하지만 그는 아무것도 모르면서 자기가 무엇인가를 안다고 착각하는 반면, 나는 그와 마찬가지로 아무것도 모르지만 내가 무엇인가를 안다고 착각하고 있지 않는 것을 보니 내가 그 사람보다 더 지혜롭기는 하구나.

— 플라톤,《소크라테스의 변론》

## 철학함만 있다면, 모든 타자는 거울이다

소크라테스 철학의 중심에는 대화가 있다. 그의 가르침과 배움은 모두 대화를 통해 이루어졌기 때문이다. 그는 산파술과 반어법의 대화를 통해 사람들에게 지혜를 가르쳤고, 그 역시 많은 이들과의 대화를 통해 지혜를 배워나갔다. 이는 소크라테스에게 당연한 일이었는지도 모르겠다. 소크라테스에게 지혜는 '내가 모르는 것'에 대한 앎 아닌가? 이런 '무지의 자각'은 홀로 할 수 있는 일이 아니다. 거울이 필요하다. 내가 보지 못하는(모르는) 곳을 비춰줄 거울. 그 거울이 바로 타자와의 대화다.

소크라테스와 '대화'할 수는 없지만, 우리 주변에는 수많은 타자들이 있다. 그들과의 대화를 통해 우리는 무지의 자각, 즉 '내가 모르는 것'에 대한 앎에 이를 수 있다. 그때 우리는 위축과 오만에서 벗어날 수 있다. 소크라테스가 이를 잘 보여주지 않는가. 소크라테스는 자신은 결코 현명한 사람이 아니라고 생각했다. 이것은 일종의 위축이다. 이는 타자와 대화해보지 않았기에 발생한 위축감이다. 하지만 그는 많은 이들과 만나 대화하면서 자신의 무지를 알게 된다('나보다 지혜로운 자가 많지 않구나!'). 그렇게 소크라테스는 위축과 오만에서 벗어나게 된다.

우리 역시 마찬가지다. 타자와의 대화를 통해 무지의 자각에 이르면 자연스럽게 위축과 오만에서 벗어날 수 있다. 그 타자가 산파술과 반어법의 대화로 우리에게 지혜를 알려줄 스승이면 더할 나위 없이 좋을 테다. 하지만 그런 스승이 없다고 해도 문제될 건 없다. 나와 전혀 다른 삶의 맥락을 지나왔던 타자와 대화를 나누는 것으로 충분하다.

'세상의 모든 사람이 스승이다.' 이 말은 반은 틀렸지만 반은 옳다. 세상에 무지하고 편협한 이들이 얼마나 많던가. 모든 타자가 스승일 수는 없다. 하지만 모든 타자가 스승은 아닐지라도, 스승의 역할을 해줄 수는 있다. 자신의 무지를 자각하게 해줄 스승의 역할. 무지하고 편협한 이들을 보며 자신의 무지와 편협함을 자각하게 된다면, 그들은 누구보다 훌륭한 스승의 역할을 해준 것이다.

　우리에게 슬픔이 찾아왔다면, 타자를 만나야 할 시간이다. 우리의 슬픔은 대개 위축과 오만 때문에 발생하니까 말이다. 돈이 없어서 위축될 때 맑은 눈을 가진 시인을 만나보라. 무지의 자각('돈과 행복은 상관없구나!')으로 위축감에서 벗어날 수 있다. 사업의 성공으로 오만해졌다면 최선을 다하지만 가난한 복서를 만나보라. 무지의 자각('자신의 노력만으로 성공하는 건 아니구나!')으로 오만함에서 벗어날 수 있다. 소크라테스는 죽지 않았다. 우리 주변의 모든 사람이 소크라테스다. 소크라테스가 남긴 '철학함!'만 있다면 말이다.

소크라테스의 '성찰'

소크라테스는 직접 쓴 기록을 남기지 않았다(지금 우리가 소크라
테스에 대해 알고 있는 것은 대부분 그의 제자 크세노폰과 플라톤이 남
긴 기록에 의존하고 있다). 그의 모든 가르침은 대화로 이루어졌
기 때문이다. 소크라테스는 왜 기록을 남기지 않고 휘발되는
대화로만 지혜를 전했을까? 소크라테스가 진정으로 남기고
싶었던 지혜는 '철학(이론)'이 아니라 '철학함(성찰적 태도)'이
었기 때문일 테다. 힐쉬베르거는 이러한 지점을 분명히 밝히
고 있다.

> 소크라테스는 일정한 학파의 교의(도그마)를 남겨주려고 했다
> 기보다, 오히려 철학하는 것 자체를 자극했다.
>
> — 요한네스 힐쉬베르거, 《서양철학사》

하지만 소크라테스의 이런 바람은 이루어지지 않았다. 소크라테스의 '대화'는 후대에 이르러 서양철학의 거대한 전통인 '변증법'으로 이어지기 때문이다. '변증법'은 무엇일까? 어원에서 알 수 있듯이, 변증법dialectic은 대화dialogue에서 유래한 개념이다. '대화'는 무엇인가? '나(주체)'와 '너(타자)' 사이에 일어나는 상호 작용이다. '대화'를 통해 '나'는 무지의 자각에 이르고 그로 인해 진정한 앎에 이를 수 있다. 큰 맥락에서 '변증법' 역시 마찬가지다. '주체'와 '대상'의 상호 작용(대화)을 통해 새로운(발전된) 인식이나 종합적인(진화된) 이해로 나아가는 것이 바로 변증법이다.

소크라테스의 '대화'로부터 시작된 '변증법'적 전통은 헤겔에 이르러 기묘한 국면으로 접어들게 된다. 헤겔은 역사나 세계 같은 형이상학적 차원의 대상들까지 대화(변증법)를 통해 점차 새로운(발전된·진화된) 모습으로 나아가게 된다고 역설했다. '나'와 '너'의 대화처럼, '과거(주체)'와 '현재(대상)'의 대화를 통해 역사(세계)가 발전한다는 것이다. 쉽게 말해, 수레(과거)가 있었기에 마차(현재)가 있고, 마차(과거)가 있었기에 자동차(현재)가 도래할 수 있다는 것이다. 이렇듯 (자동차의) 역사 역시 변증법(대화)적으로 진행된다는 것이 헤겔의 논리다.

헤겔의 변증법은 얼핏 들으면 그럴듯해 보인다. 하지만 여기에는 치명적 오류가 있다. '목적론'이 바로 그것이다. 목적론은 세상의 모든 사건과 자연 현상은 어떤 목적을 위해 일어 난다는 이론이다. 쉽게 말해, 세상 모든 것의 답(목적)은 이미 정해져 있다는 관점이다. 헤겔의 변증법은 목적론적이다. 답 이 이미 정해져 있다. 수레가 있었기에 마차가 있고, 마차가 있 었기에 자동차가 있다. 즉, '탈 것'의 역사는 '자동차'라는 정해 진 목적(답)을 향해 진행되었다는 것이다. 하지만 이는 명백한 오류다. 이는 자동차라는 결론에서 출발해 마차를 찾고 수레 를 찾아 끼워 맞춘 결과론적 해석에 지나지 않는다.

역사는 목적론적으로 흐르지 않는다. 역사는 우발적이 다. 수많은 우연과 우발이 중첩되어 어디로 향하는지 가늠할 수 없는 것이 바로 역사다. 현재(자동차)는 우연과 우발로 인해 그리 된 것일 뿐, 정해진 목적을 향해 나아가다 도착한 정답이 아니다. 만약 역사를 되돌릴 수 있다면 지금과 같은 현재가 반 복될 확률은 지나가는 개미가 벼락을 맞을 확률보다 낮다. 헤 겔의 이런 오류는 소크라테스에서부터 이미 예견된 일이었는 지도 모르겠다. 소크라테스는 분명 누구보다 지혜롭고 고결한 철학자였지만 한계가 없는 것은 아니었다. 비트겐슈타인은 소 크라테스를 이렇게 비판한 바 있다.

소크라테스의 대화들을 읽을 때, 사람들은 이런 느낌을 가진 다. : 얼마나 가공할만한 시간 낭비인가? 아무것도 증명하지 않으며, 또 아무것도 해명하지 않는 이 논증들은 도대체 무엇을 위한 것인가?

— 비트겐슈타인, 《문화와 가치》

소크라테스의 '산파술'의 '대화'를 생각해보라. 그 대화는 분명 목적론적 성격이 있다. 진정한 대화는 우연적이고 우발적인 상호 작용을 긍정하는 대화다. 하지만 소크라테스의 '대화' 안에는 그런 우연적이고 우발적인 상호 작용이 없거나 적다. 그의 '대화'의 결론은 이미 정해져 있으니까 말이다. 바로 '아이(지혜)'를 낳아야 한다는 것. 지혜는 분명 좋은 것이지만, 그 지혜는 어쨌거나 소크라테스가 지향하는 지혜일 수밖에 없다. 소크라테스의 '대화'는 자신이 정한 목적(정답)으로 몰고 가는 '답정너("답은 정해져 있으니 너는 대답만 해!")'식 대화였던 측면이 있다. 이에 대해 러셀은 이렇게 말한 바 있다.

소크라테스는 논증을 펼칠 때, 사심 없이 공정한 태도로 지식을 추구하지 않고 자신이 동의하는 결론을 증명하기 위해 지성을 사용하고, 사적인 사고를 전개할 때면 정직하지 않고 억지로 둘러대기도 한다.

— 버트런드 러셀, 《서양철학사》

헤겔의 '변증법dialectic'이 목적론적 오류를 범할 수밖에 없었던 이유는 소크라테스의 '대화dialogue'를 온전히 벗어나지 못했기 때문은 아니었을까? 세계의 역사든, 개인의 역사든, 모든 역사는 결코 목적론적이지 않다. 모든 역사는 우연적이며 우발적이다. 두 가지 대화(변증법)가 있다. 목적론적 대화(변증법)와 우발적 대화(변증법). 이 중 어떤 대화(변증법)를 하며 살 것인지는 매우 중요한 문제다. 전자는 활력을 잃은 우울한 삶을 초래하지만, 후자는 활력이 가득한 유쾌한 삶으로 우리를 이끌기 때문이다.

답이 정해진 대화는 우리가 능동적으로 개입할 여지가 없기에 지루하고 우울하다. 하지만 어디로 튈지 모르는 우발적 대화는 언제나 우리가 능동적으로 개입할 여지가 있기에 흥미롭고 유쾌하다. 이것이 소크라테스부터 헤겔로 이어지는 서양 철학의 변증법적 전통을 비판적으로 사유해야 할 이유다. 서양철학은 아버지의 유지를 잘 받들지 못한 측면이 있다. 소크라테스가 남긴 진정한 유산은 '대화(변증법)'가 아니다. '철학함!'이다. 내가 알고 있는 것 너머 내가 모르는 것을 성찰할 수 있는 철학적 태도로서의 철학함! 그의 '대화'는 '철학함'을 위한 도구일 뿐이다. 소크라테스의 진정한 유산을 넘겨받은 이들은, 목적론적 변증법을 설파하고 다니는 이들을 이렇게 꾸짖어야 할 테다. "너 자신을 알라!"

# 강박적인 마음을
# 어떻게 해야 할까요?

## 플라톤의
## '이데아'

# 강박적인 마음

"5분마다 손을 씻지 않으면 불안해요."

"매일 샤워를 한 시간씩 안 하면 잠이 안 와요."

"제 물건들이 정확한 위치에 정확한 순서로 있지 않으면 못 견디겠어요."

"다이어리에 할 일을 모두 기록해두지 않으면 불안해요."

크고 작은 결벽증이나 정리벽에 시달리는 사람은 흔하다. 이런 결벽증이나 정리벽은 강박적인 마음에서 온다. '강박'은 무엇일까? 어떤 생각에 사로잡혀 심하게 압박을 느끼는 마음이다. 과도한 손씻기와 샤워, 집착적인 정리정돈과 기록. 이는 모두 강박적인 마음의 결과다. 어떤 생각에 사로잡혀 강박적인 행동(손씻기, 샤워, 정리정돈, 기록)을 하지 않으면 짜증이 나거나 불안해서 견딜 수가 없는 것이다.

강박은 우리네 삶을 반드시 슬픔으로 몰고 간다. 강박적인 이들은 어떤 상황에서도 강박적인 행동을 해야만 짜증과 불안을 멈출 수 있기 때문이다. 결벽증이 있는 이는 아무리 피곤해도 반드시 씻어야 하고, 정리벽이 있는 이들은 아무리 바빠도 반드시 정리를 해야 한다. 그래야 짜증과 불안을 멈출 수 있다. 강박은 우리네 몸과 마음을 모두 피폐하게 한다. 지금은 이런 강박적인 마음이 도처를 배회하는 시대다.

## '나'와 '너', 모두를 괴롭히는 강박

더욱 심각한 문제가 있다. 강박은 '나'와 '너' 모두를 괴롭게 한다는 사실이다. 결벽증과 정리벽 있는 '나'를 생각해보라. 그런 강박은 '나'를 끊임없이 괴롭힌다. 그런데 그 괴로움은 '나'의 문제로 끝이 날까? 세상에 혼자 사는 사람은 없다. 누구든 타인들과 어느 정도 생활을 공유하며 살 수밖에 없다. 바로 그 때문에 강박적인 '나'는 필연적으로 '너'에게 괴로움을 주게 된다. 결벽증이 있는 '나(부모·남편)'는 '너(자녀·아내)'가 씻지 않는 것을 견딜 수 없다. 정리벽이 있는 '나(사장·선배)'는 '너(직원·후배)'가 정리정돈하지 않는 것을 견딜 수가 없다.

이는 강박적인 '나'에게 당연한 일이다. '너'와 함께 살아야 하는 일상에서, '나'의 강박적인 마음(결벽증·정리벽)은 '나'

의 노력(씻기·정리정돈)만으로 결코 만족될 수 없기 때문이다. 은근하게든 윽박을 지르든, 강박적인 '나'는 '너'에게 씻기나 정리정돈을 강요할 수밖에 없다. 강박적인 마음은 '나'와 '너', 나아가 '우리'까지 괴롭힌다. 그러니 조금 더 유쾌하고 기쁜 삶을 원한다면 강박적인 마음을 잘 극복해야만 한다. 강박에 지쳐버린 이들은 더 늦기 전에 물어야 한다. "강박적인 마음을 어떻게 극복할 수 있을까요?"

## 플라톤의 '이데아'

이 질문에 대한 답은 플라톤을 통해 알아보자. 플라톤은 소크라테스의 제자이자 최초의 고등교육기관이라 할 수 있는 '아카데미아'의 설립자이다. 플라톤은 단순히 고대 그리스철학자 중 한 명으로 치부하기는 어렵다. 현대철학자 화이트헤드는 "서양철학은 플라톤 이후 이어졌던 플라톤에 관한 풀이나 보충"이라고까지 말한 바 있다. 그만큼이나 서양철학에서 플라톤의 영향력은 크고 깊다. 강박적인 마음을 어떻게 극복할 수 있을까? 플라톤 사상의 핵심 개념인 '이데아'에서 그 답을 찾아보자. '이데아'란 무엇일까?

지금부터 내가 말하는 것이 맞는지 틀렸는지를 잘 생각해보게. 우리는 '같음'이라는 것이 존재한다고 말하는가? 내가 지금 '같음'이라고 했을 때, 그것은 이 통나무가 저 통나무와 같고, 이 돌이 저 돌과 같다고 말할 때의 그런 '같음'이 아니라네. 여기서는 그런 것들과는 완전히 다른 것, 즉 '같음' 그 자체를 가리키는 것이라네.

— 플라톤, 《파이돈》

플라톤은 '같음'이 무엇인지를 묻는 것으로 이데아를 설명하려 한다. 비슷하게 생긴 두 개의 통나무 A, B가 있다. 그때 우리는 그 둘을 같다고 말한다. 왜 그런가? A와 B 모두 통나무이기 때문이다. 하지만 플라톤의 '같음'은 그런 것이 아니다. 플라톤에게 A와 B가 같은 이유는 그 둘이 모두 통나무인 것과는 아무 상관이 없다. 그 둘이 같은 이유는 통나무 '그 자체' 때문이다.

통나무 '그 자체'는 무엇일까? 현실적으로 존재하지 않지만 누구나 머릿속에 떠올릴 수 있는 완벽한 통나무다. 그것이 통나무 '그 자체'다. 이 통나무 '그 자체'의 성질을 (현실적인 존재인) A와 B가 나누어 가지기 때문에 사람들이 A와 B를 같은 통나무로 인식하게 된다는 것이다. 이것을 플라톤의 '분유分有이론'이라고 한다. 분유分有이론은 세상에 존재하는 다양한 존

플라톤의 아카데미아를 표현한 모자이크 그림(기원전 1세기경).
"서양철학은 플라톤 이후 이어졌던 플라톤에 관한 풀이나 보충"이라는
화이트헤드의 말처럼 서양철학에서 플라톤의 영향력은 크고 깊다.

재들은 존재 '그 자체'의 성질을 나누어₅ 갖고 있다ᵧ는 이론이다. 여기서 말하는 '~ 그 자체'가 바로 플라톤의 '이데아'를 의미한다.


## 현실에 존재하지 않는 완벽한 원본, 이데아

하나의 예를 더 들어보자. 종이에 크고 작은 삼각형을 몇 개 그려보자. 그것들은 정말 삼각형일까? 아니다. 지구상에서 그려진 어떠한 삼각형도 완전한 삼각형일 수는 없다. 지구가 이미 곡선이기 때문에 그 위에 그려진 어떠한 삼각형도 내각의 합이 정확하게 180도가 될 수 없기 때문이다. 그런데 우리는 종이 위에 그려진 불완전한 삼각형들을 모두 삼각형이라고 파악할 수 있다. 어떻게 그럴 수 있을까?

플라톤은 그 이유를 삼각형 '그 자체' 덕분이라고 말한다. (현실에서는 결코 구현될 수 없는) 내각의 합이 한 치의 오차도 없이 180도인 완벽한 삼각형 '그 자체'가 있기 때문에, 우리는 현실세계의 불완전한 삼각형들을 보면서도 삼각형이라고 인식할 수 있다는 것이다. 즉, 현실에서 그려진 수많은 (불완전한) 삼각형들은 (완벽한) 삼각형 '그 자체'의 성질을 나누어 갖기 때문에 그 불완전함에도 불구하고 그것들을 삼각형으로 파악할 수 있다는 것이다.

여기서 말한 삼각형 '그 자체'가 바로 삼각형의 '이데아'다. 쉽게 말해, '이데아(삼각형 그 자체)'는 원본이고, '현실적 존재(그릴 수 있는 삼각형)'는 복사본이라고 할 수 있다. '이데아'는 실제로 볼 수는 없지만 어딘가에 존재하며 완벽한 원본이다. 반면에 '현실적 존재'들은 그런 '이데아'의 완벽함을 나누어 갖는 복사본이다. 그래서 '현실적 존재'들은 불완전할 수밖에 없다. 완벽한 원본(이데아)을 계속 복사하다 보면 복사본들이 조금씩 흐릿해지는 것처럼 말이다. 이에 대해 플라톤은 이렇게 말한다.

> 감각으로 인식되는 모든 것이 이데아에 도달하고자 하지만 그렇게 될 수 없고 항상 여전히 그보다 못한 것으로 남는다는 것은 틀림없네.
>
> ─ 플라톤,《파이돈》

플라톤에 따르면, 모든 현실적 존재들은 저마다의 이데아가 있고, 그 이데아로 인해서 현실에 존재하게 된다. 이런저런 통나무·삼각형·인간·개·꽃이 현실에 존재할 수 있는 이유는 통나무·삼각형·인간·개·꽃 '그 자체(이데아)'가 있기 때문이다. 플라톤의 이데아는 이런 물질적인 것에만 국한되지 않는다. 관념(추상)적인 것 역시 이데아의 지배 아래 있다.

어느 조각상을 보고 아름다움을, 어느 철학자를 보고 지혜로움을, 어느 할머니를 보고 인간다움을 인식할 수 있다. 이처럼 세상에는 이런저런 아름다움·지혜로움·인간다움이 있다. 이런 관념(추상)적인 것들이 존재할 수 있는 이유 역시 이데아 때문이다. 즉, 아름다움·지혜로움·인간다움 '그 자체(이데아)'가 있기 때문이다. 플라톤은 물질적이든 관념(추상)적이든 세상 모든 것이 존재하는 이유는 그 존재의 이데아가 있기 때문이라고 말한다.

## 모든 강박은 완벽에 대한 강박이다

이제 우리의 이야기로 돌아가자. 어떻게 강박적인 마음을 극복할 수 있을까? 강박은 어떤 생각에 사로잡혀 심하게 압박을 느끼는 마음이다. 여기서 중요한 것은 '어떤 생각'이다. 그 '어떤 생각'은 무엇일까? 바로 완벽함이다. 모든 강박은 완벽함에 대한 강박이다. 다종다양한 강박이 있지만, 이는 모두 근본적으로 완벽함에 대한 집착으로부터 시작된다. 모든 강박적인 증상은 완벽해야 한다는 마음에서 온다.

결벽증이나 정리벽이 이를 정확히 보여준다. 한 시간씩

샤워하고 5분마다 손을 씻지 않으면 짜증이 나고 불안한 이유가 무엇인가? '완벽한' 청결에 대한 집착 때문이다. 모든 물건들이 정확한 장소에 정확한 순서로 정리되지 않으면 견디지 못하는 이유는 무엇인가? '완벽한' 정돈에 대한 집착 때문이다. 강박적인 이들은 모든 것이 자신의 생각대로 되지 않으면 짜증이 나고 불안하다. 그 짜증과 불안은 무의식의 깊은 곳에 자리 잡은 완벽함에 대한 집착에서 온다.

강박적인 마음에서 쉬이 벗어나지 못하는 이유도 이제 알 수 있다. 강박적인 이들은 강박으로 인한 짜증과 불안만을 응시할 뿐, 그 강박을 불러일으키는 완벽에 대한 집착을 보지 못하기 때문이다. 이 역시 당연한 일이다. 완벽에 대한 집착은 무의식의 깊은 곳에 자리 잡고 있기에 쉬이 의식할 수 없다. 그러니 강박은 이렇게 정의하는 것이 더 적확할지도 모르겠다. 완벽에 대해 집착하고 있는지도 모른 채로 집착하고 있는 마음 상태.

플라톤 이후 2,000년이 훌쩍 넘었지만 우리는 여전히 플라톤의 세계에 산다. 강박적인 마음에 시달리는 사람은 더욱 그렇다. 강박적인 이들이 집착하는 완벽함, 그것이 바로 일종의 이데아 아닌가. 우리 눈에 보이지는 않지만 어딘가에 분명히 존재하는, 완벽하고 완전한 이데아. 강박에 시달리는 이들은 바로 이 이데아의 세계에 사는 사람이라고 말할 수 있다. 그들은 청결함의 이데아, 정리정돈의 이데아 등 저마다의 이데아의 세계에 살고 있다. 그러니 강박적인 마음을 극복하려면 이데아를 극복해야 한다.

## 이데아는 어디에 있을까

어떻게 이데아를 극복할 수 있을까? 먼저 이데아가 어디에 있는지부터 알아보자. 우리 눈에 보이지 않는 (플라톤의) 이데아는 어디에 있는 것일까? 너무 당연한 말이지만, 이데아는 이데아의 세계에 있다. 그렇다면 이데아의 세계는 어디일까? 플라톤의 이야기를 직접 들어보자.

> 우리가 지금까지 해온 논증은 단지 같음만이 아니라 아름다움 자체, 선함 자체, 옳음 자체에 해당되는 것이라네. 그러니 이 모든 것에 대한 지식을 우리가 태어나기 이전부터 가지고 있었다는 결론은 필연적일 수밖에 없네.
>
> — 플라톤, 《파이돈》

플라톤은 인간은 태어나기 전부터 이미 이데아를 알고 있다고 말한다. 어떻게 그럴 수 있을까? 플라톤은 사람들이 직관적으로 "아름답다", "인간답다", "삼각형 같다", "통나무 같다"라고 말하는 것에 주목한다. 이는 사람들이 이미 '이데아(아름다움·인간다움·삼각형·통나무 그 자체)'를 알고 있기 때문에 가능하다는 것이다. 플라톤에 따르면, 이데아의 세계는 인간의 영혼이 몸에 들어오기 전의 세계다(영혼이 몸에 들어오는 것이 '태어남'이다). 즉, 모든 인간은 태어나기 전에 '~ 그 자체'로 가득 찬 이데아의 세계에 살고 있다. 그래서 모든 인간의 영혼은 이미 이데아를 알고 있는 것이다.

이데아의 세계는 육체를 가지고 갈 수 없는 세계다. 쉽게 말해, 이데아는 이승이 아닌 저승에 있다. "철학이란 죽음의 연습이다." 플라톤이 죽음을 찬양하며 했던 말이다. 플라톤은 왜 이런 염세적인 말을 했던 것일까? 플라톤은 이데아의 세계를 인간이 궁극적으로 지향해야 할 곳이라고 보았다. 그런데 이데아의 세계는 순수한 영혼만이 되돌아갈 수 있는 세계 아닌가. 이는 죽음을 통해 육체를 벗어나야만 가능하다. 그러니 철학자인 플라톤에게 철학이 죽음의 연습인 것은 너무 당연한 일이었다.

강박적인 마음이 심한 이들이 죽음의 냄새가 짙게 밴 우울에 쉽사리 빠지는 것은 결코 우연이 아니다. 완벽하고 완전한 세계는 이승에는 결코 없기 때문이다. 아무리 씻고 아무리 정리정돈을 해도 타자들이 득실거리는 현실세계는 완벽하고 완전한 청결·정리정돈의 세계에 결코 도달할 수 없다. 그러니 강박적인 이들이 자꾸만 죽음에 눈길이 가는 것은 당연한 일이다.

이제 강박적인 마음을 극복할 수 있는 이론적인 방법을 알게 되었다. 우리들이 사는 현실세계에 '이데아는 없다'는 사실을 받아들이면 된다. 강박 자체가 완벽함(이데아)에 대한 집착에서 오는 것 아닌가. 그러니 그런 이데아가 없다는 사실을 받아들이면 강박적인 마음도 사라진다. 때로 이론적인 답은 이토록 공허하다. "이데아(완벽함)는 없으니 집착하지 말라!" 강박에 시달리는 이들에게 이렇게 말한다고 해보자. 그들은 강박에서 벗어날 수 있을까? 그리 쉽게 벗어날 수 있는 강박이었다면, 애초에 시달리지도 않았을 테다. 조금 더 현실적이고 구체적인 방법이 필요하다.

## 플라톤의 '이데아'가 없을 뿐, '이데아'는 있다

이데아는 없다. 이승과 저승 같은 허황된 이야기를 믿는 게 아니라면, 이는 별도의 논증도 필요 없는 말이다. 하지만 석연치 않는 지점이 있다. 우리는 종종 이데아를 느끼기 때문이다. 아름다운 꽃·그림·여인·음악이 있다고 해보자. 분명 우리는 그 모든 대상들을 보며 "저승에 있는 아름다움 '그 자체(이데아)' 때문에 저것들이 존재하는구나."라고 믿지 않는다. 하지만 만약 아름다움 '그 자체'란 관념이 없다면, 우리는 어떻게 그 다양한 대상(꽃·그림·여인·음악)들을 모두 '아름답다'고 느낄 수 있단 말인가?

이데아는 있다. 단 하나의 고정불변한 이데아가 없을 뿐, 이데아는 있다. 이데아는 사후적으로 구성되기 때문이다. 아름다움 '그 자체(이데아)'가 아름다운 꽃·그림·여인·음악을 만드는 것이 아니다. 아름다운 꽃·그림·여인·음악을 통해서 아름다움 '그 자체(이데아)'가 만들어지는 것이다. 플라톤 이래로 우리는 세상을 거꾸로 보고 있었던 것 아닐까? 우리는 '원본'에서 '복사본'이 나온다고 믿는다. 하지만 세상을 있는 그대로 보면 상황은 정반대다. 즉, 단 하나의 고정불변한 '원본(이데아)'이 '복사본(자연물)'들을 만드는 것이 아니라, 수많은 '복사본(자연물)'들을 통해 '원본(이데아)'이 구성된다고 말할 수 있다.

플라톤은 틀렸다. 진정한 이데아는 저승이 아니라 이승에 있다. 저승의 이데아는 선행적이어서 고정적이다. 이것은 허구다. 이승의 이데아는 사후적이어서 유동적이다. 이것이 진정한 이데아다. 아름다운 자연물들을 인식한 후에 아름다움의 이데아가 사후적으로 형성되는 것이다. 그래서 이데아는 유동적일 수밖에 없다. 나에게는 아름다운 꽃과 그림이 누군가에게는 전혀 아름답지 않을 수도 있다. 또 100년 전의 미인이 지금은 추녀일 수도 있다. 모든 아름다움을 가능하게 하는 단 하나의 고정불변한 아름다움 '그 자체(이데아)'는 없다. 하지만 이데아는 있다. 그것은 사후적이며 유동적으로 존재한다. 각 가지 아름다운 존재들에 대해 '아름답다'고 말할 수 있는 아름다움 '그 자체(이데아)'는 있기 때문이다.

## '지금, 나'의 '이데아'를 찾아서

여기에 강박으로부터 벗어날 수 있는 조금 더 현실적이고 구체적인 방법이 있다. "완벽함(이데아)은 없으니 집착하지 말라!" 이런 다그침으로는 강박에서 결코 벗어날 수 없다. 이는 오히려 강박을 더 강화할 뿐이다. 인간은 언제나 금지된 것을 더 욕망하게 마련이니까 말이다. 완벽함(이데아)에 대한 집착에서 벗어나려면 완벽함(이데아)가 있다는 사실을 인정하는 것부터 시작해야 한다. '플라톤의 완벽함(이데아)'이 아니라 '진정한 완벽함(이데아)' 말이다. 이제 우리는 완벽함(이데아)에 관한 질문을 바꿔야 한다.

"완벽한 청결(혹은 정리정돈)은 무엇인가?" 이것은 '플라톤의 이데아'에 갇힌 질문이다. 이런 질문으로는 강박으로부터 단 한 걸음도 벗어날 수 없다. 현실세계에 존재하지 않는 이데아(완벽함)를 쫓느라 끝도 없는 짜증과 불안, 우울에 빠져들게 될 테니까 말이다. 진정한 완벽함(이데아)은 사후적이어서 유동적인 완벽함(이데아)이다. 그런 완벽함은 상황과 조건에 따라 달라질 수밖에 없다. 그러니 이렇게 다시 물어야 한다.

"지금, 나에게 완벽한 청결(혹은 정리정돈)은 무엇인가?" 이 질문에 강박적인 이들은 저마다의 답을 낼 것이다. "피곤하지 않을 때는 한 명과 악수하고 손 씻고 샤워는 한 시간, 피곤할 때는 세 명과 악수하고 손 씻고 샤워는 20분만 하는 것이다." "혼자 있을 때는 물건의 위치와 순서를 모두 맞춰 정리하는 것이고, 누군가와 함께 있을 때는 물건의 위치만 맞춰 정리하는 것이다." 이는 모두 지혜로운 답이다.

이런 지혜가 있다면 조금 덜 강박적인 마음으로 조금 더 편안하게 살아갈 수 있다. 완벽함 자체를 거부하느라 짜증이나 불안에 시달리지도 않을 테고, 현실에 존재하지 않는 완벽함을 구현하느라 탈진하지도 않을 테니까 말이다. 이데아(완벽함)를 제거하려 하지 말고, '지금, 나'의 이데아(완벽함)를 찾아나가면 된다. 그때 우리는 강박으로부터 한 걸음씩 벗어날 수 있다. 지혜로운 삶은 정답을 찾는 과정이 아니라 균형을 찾는 과정이다.

강박적인 마음을 어떻게 해야 할까요?

플라톤은 서양철학뿐만 아니라 우리네 일상에도 여전히 큰 영향을 미치고 있다. 그중 대표적인 것이 사랑에 대한 관점이다. 흔히 우리는 사랑을 두 가지로 나눈다. 육체적인 사랑과 정신적인 사랑. 여기서 후자인, 정신적인 사랑을 '플라토닉platonic' 사랑이라고 한다. 이 '플라토닉platonic 사랑'은 '플라톤Platon의 사랑'이라는 의미다. 여기서 중요한 것은 많은 사람들이 의식적이든 무의식적이든 육체적인 사랑보다 플라토닉 사랑이 더 훌륭하고 고결하다는 인식을 갖고 있다는 점이다.

　　연인과 함께 음악을 듣고 대화를 나누고 편지를 주고받은 일은 쉽게 이야기할 수 있다. 반면, 어젯밤 연인과 뜨거운 섹스를 나누며 몇 차례나 황홀경에 빠졌던 것에 대해서는 쉽게 이야기하지 못한다. 개방적인 사람이건 보수적인 사람이건 정신적인 사랑이 육체적인 사랑보다 더 수준 높은 사랑이라고 인식하는 경향이 있다. 이런 사랑에 관한 인식이 플라톤이 남긴 영향이다. 이에 대해 플라톤은 이렇게 말한 바 있다.

"지혜를 사랑하는 사람의 영혼은 육체를 대수롭게 여기지 않는다."

— 플라톤,《파이돈》

플라톤은 지혜로운 자는 영혼(정신)을 중히 여기고 육체를 하찮게 여긴다고 말한다. 이런 인식은 플라톤에게는 당연한 귀결이었다. 그에게 지혜로움(진리를 보는 것)이란 육체를 벗어나 영혼만이 도달할 수 있는 이데아의 세계로 돌아가는 것이기 때문이다. 플라톤에게 육체는 진리를 볼 수 없게 만드는 감옥 같은 것이다. 그에 따르면, 모든 인간의 영혼(정신)은 원래 이데아(진리)를 알고 있다. 하지만 인간은 태어나면서(몸을 갖게 되면서) 이 진리를 더 이상 보지 못하게 되는데, 이는 '레테lethe 의 강(망각의 강)'을 건너면서 이데아를 잊게 되었기 때문이다. 즉, 인간은 몸을 가졌기에 이데아를 잊게 된 셈이다.

플라톤은 그 잊었던 이데아를 기억해내는 것이 진리에 도달하는 길이라고 보았다. 이것을 플라톤의 '상기론theory of recollection'이라고 한다. 이제 플라톤이 진리를 '알레테이아aletheia'

라고 표현한 이유도 알 수 있다. '알레테이아'는 부정을 의미하는 접두사 '아a-'와 망각을 뜻하는 단어 '레테lethe'가 합쳐진 말이기 때문이다. 플라톤은 '망각의 강'을 거슬러 올라가 이데아의 세계에 도달해야 진리를 볼 수 있다고 여겼다. 그러니 플라톤이 육체를 천한 것으로, 정신을 고결한 것으로 보는 것은 지극히 당연한 일이었다.

하지만 플라톤의 이런 관점은 틀렸다. 인간을 육체와 정신이 분리된 존재로 파악하는 관점 자체가 오류다. 근대 속에서 근대를 넘어버린 철학자, 스피노자Benedictus de Spinoza가 이를 잘 설명해준다.

> 정신과 신체는 동일한 것이며, 그러한 것이 때로는 사유의 속성 아래서, 때로는 연장의 속성 아래서 파악된다. … 우리 신체의 능동 및 수동의 질서는, 본성상, 정신의 능동 및 수동의 질서와 동시적이다.
>
> — 스피노자, 《에티카》

분명 인간은 정신과 신체로 구성되어 있다. 하지만 스피노자에 따르면 정신과 신체는 별도의 영역으로 분리되어 있지 않다. 스피노자는 정신과 신체는 동일하며 동시적이라고 말한다. 말하자면, '정신-신체'는 어떤 경우에도 평행을 유지하는 동전의 양면과 같다. 앞면(신체)이 움직일 때 뒷면(정신)도 같이 따라 움직이고, 그 반대 역시 마찬가지다. 즉, '정신-신체'는 지속적으로 평행을 유지하려는 상태라고 생각하면 된다(이것을 '심신평행론'이라고 한다). 이것이 삶의 진실이다. 이 삶의 진실을 깨닫게 되면 플라토닉 사랑이 얼마나 허구적이고 유해한지 여실히 확인할 수 있다.

우리네 사랑을 생각해보라. 육체적인 사랑과 정신적인 사랑이 정말 따로 있는가? 그런 일은 없다. 황홀경에 빠지는 섹스를 선사해주는 사람에게 정신적인 사랑을 느끼게 되고, 정신적으로 깊이 교감하는 상대와의 섹스는 좋을 수밖에 없다. 반대로 육체적 기쁨이 없는 상대에게 정신적 기쁨을 느끼기 어렵고, 정신적 교감이 없는 상대에게 육체적 기쁨을 느끼기도 어렵다. 이것이 사랑의 진실이다. '플라토닉 사랑'은 얼마나 유해한가? 플라토닉 사랑은 육체적인 사랑을 부정함으로써 정신적인 사랑마저 어렵게 만든다. 플라톤의 사랑을 믿으면 진정한 사랑에서 점점 멀어질 수밖에 없다. 진정한 사랑은 온몸으로 하는 것이니까. '플라톤의 사랑'은 없다. '스피노자의 사랑'이 있을 뿐이다.

# 05

## 왜 무기력해질까요?

플라톤의
'원인론'

# 강제되기를 바라는 마음

"비싼 PT를 왜 몇 년째 받고 있어?"

"헬스장만 끊으면 안 가잖아. 근데 PT를 끊어놓으면 어떻게든 나가게 되잖아."

'퍼스널 트레이너(PT)'라는 직업이 있다. 전문 지식을 활용해서 개인별로 운동을 지도해주는 직업이다. 이 PT는 어느 순간 유행처럼 번졌다. 이제는 헬스장에 가서 PT를 만나는 것이 아니라, PT를 만나기 위해 헬스장에 가야 할 만큼 PT는 대중화되었다. PT는 왜 이렇게 유행하게 된 걸까? 건강하게 살고 싶어서? 섹시한 외모를 원해서? 정확한 운동 방법을 알고 싶어서? 어느 하나 틀린 것은 없지만, 이는 모두 개별적이고 피상적인 이유일 뿐이다.

보편적이고 본질적인 이유는 따로 있다. 운동하고 싶지 않아서다. 예외적인 몇몇을 제외하면, 사람들이 PT를 찾는 이유는 강제로 운동 시켜주기를 바라기 때문이다. 운동 방법이나 식단 관리 같은 것은 부차적인 이유일 뿐이다. PT만이 그럴까? 많은 이들에게 강제되기를 바라는 은근한 마음이 있다. 어느 정도 여윳돈을 마련해놓고 퇴사를 했지만 이내 직장으로 다시 돌아가는 이는 흔하다. 또 혼자 읽어도 되는 책을 읽기 위해 함께 모여 읽는 독서 모임에 참석하는 이도 많다. 이는 모두 강제되기를 바라는 마음 때문이다.

## 강제되기를 바라는 것은 무기력 때문이다

인간은 자유를 원하는 존재 아닌가? 그런데 왜 우리는 종종 자발적으로 강제되기(부자유)를 바라는 걸까? 바로 무기력 때문이다. PT를 받는 이유가 무엇인가? 자신이 너무 쉽게 무기력해진다는 것을 알기 때문이다. 여윳돈이 있지만 황급히 직장으로 돌아가는 이유가 무엇인가? 직장이 없을 때 급격히 무기력해지는 자신을 발견하기 때문이다. 함께 책 읽는 모임도 마찬가지다. 예외적인 경우를 제외하면, 함께 읽는다는 강제성으로 무기력에서 벗어나려는 것이다.

우리는 종종 무기력해진다. 하지만 그 무기력을 보고만 있을 수는 없다. 무기력이 무엇인가? 어떤 일을 할 힘이 없어서 아무것도 하지 않는 상태에 머무는 것이다. 이런 무기력은 죽음의 냄새를 품고 있다. 무기력의 극한 상태는 죽음이기 때문이다. 그래서 어떻게든 살아보려는 이들은 이 무기력을 방치할 수 없다. 이것이 많은 이들이 인간이 누릴 수 있는 최고의 행복인 자유마저 쉽사리 포기하고 강제되기를 바라는 이유다.

어떻게 해야 할까? 무기력을 피하기 위해 부자유한(강제된) 삶을 이어가야 할까? 아니면 무기력한 상태로 죽음의 냄새가 자욱한 자유를 누려야 할까? 섣불리 답할 필요는 없다. 이 모든 문제들은 바로 무기력에서 시작된 것 아닌가? 그러니 처음으로 돌아가 질문해보자. "왜 무기력해지는 걸까요?"

## 플라톤의 '원인론'

이 질문에 대한 답은 플라톤의 '원인론aitiology'에서 찾을 수 있다. '원인론'이 무엇일까? 사물이나 세계를 존재하게 하는 원인을 찾으려는 이론이다. '컵은 어떻게 만들어지는가?' '눈은 어떻게 내리게 되는가?' '생명은 어떻게 만들어지는가?' 더 나아가 '지구와 우주는 어떻게 만들어졌는가?' 이와 같은 질문에 답하는 이론이 바로 '원인론'이다. 고대 그리스의 많은 철학자들이 저마다의 '원인론'을 주장했고, 이는 플라톤에 이르러 본격적인 체계를 갖추게 된다. 그렇다면 플라톤의 '원인론'은 무엇일까?

> 생성되는 모든 것은 또한 필연적으로 원인이 되는 어떤 것에 의해 생성됩니다. 어떤 경우에도 원인이 없이는 생성될 수 없기 때문입니다. 그런데 무엇을 '만드는 이demiourgos'이건 간에, 그가 '언제나 같은 상태로 있는 것'을 바라보며, 이런 것을 본本. paradeigma으로 삼고서, 자기가 만든 것이 그 형태idea와 성능 dynamis을 갖추게 할 경우에라야 또한 이렇게 완성되어야만 모든 것이 필연적으로 아름다운 것이 됩니다.
>
> ― 플라톤, 《티마이오스》

플라톤의 말처럼, "생성되는 모든 것은 필연적으로 원인이 되는 어떤 것에 의해 생성"되게 마련이다. 플라톤은 어떤 대상이든 그것이 발생하려면 세 가지 원인이 필요하다고 보았다. '제작자demiourgos', '형상eidos', '질료hyle'가 바로 그것이다. 어려운 이야기가 아니다. 집을 짓는다고 해보자. 거기에는 세 가지 원인이 필요하다. 먼저 집을 제작할 '건축가'가 필요하다. 그리고 어떤 집을 지을 것인지에 대한 '설계도'가 필요하다. 또 설계도에 맞춰 집을 지을 '재료(시멘트, 흙, 나무 등등)'도 필요하다.

여기서 건축가는 '제작자demiourgos', 설계도는 '형상eidos', 재료는 '질료hyle'에 해당한다. 건축가, 설계도, 재료가 있어야 집을 지을 수 있는 것처럼, 세계(우주) 역시 "만드는 이"인 '제작자', "언제나 같은 상태로 있는 것"으로서 본이 되는 '형상', 그리고 재료인 '질료'가 있어야 발생할 수 있다. 이것이 플라톤의 '원인론'이다.

## 가장 근본적이어서 가장 중요한 원인, '형상'

플라톤은 이 세 가지 원인 중 '형상'에 주목해야 한다고 말한다. 우리는 흔히 집을 지을 때 가장 중요한 것이 건축가(제작자)라고 여긴다. 재료(질료)는 흔한 것이고, 설계도(형상)는 건축가의 머릿속에 있다고 생각하기 때문이다. 하지만 플라톤은 그렇게 생각하지 않는다. 플라톤의 '제작자'는 모든 것을 창조할 수 있는 존재가 아니다. 그에 따르면, '제작자'는 '형상'과 '질료'를 창조할 수 없다. 플라톤에게 가장 중요한 것은 '형상'이다. 이 '형상eidos'이 바로 플라톤이 가장 중요하다고 여긴 '이데아idea'와 같은 것이다. 플라톤은 '형상(이데아)'에 대해 이렇게 설명한다.

신적이고, 영원하며, (감각이 아닌) 지성만이 관련될 수 있는 것
이고, 분리나 해체가 불가능하며, 언제나 자신의 원래 동일한
(자기동일성) 상태로 있는 것.

— 플라톤, 《파이돈》

플라톤에 따르면, '형상(이데아)'은 신적이고 영원하며, 분리·해체 불가능한 "언제나 자신의 원래 동일한 상태로 있는 것"이다. 그래서 보고 만지는 등의 감각으로는 파악할 수 없고 오직 예지(진리를 꿰뚫어보는 지성)로만 파악할 수 있다. 쉽게 말해, 플라톤에게 '형상'은 가장 근본적이어서 가장 중요한 것이다. 세상의 모든 사물들은 이런 '형상'의 그림자일 뿐이기 때문이다. 말하자면, 플라톤은 '건축가(제작자)'가 '설계도(형상·이데아)'를 만드는 것이 아니라, 완전하고 영원한 '설계도(형상·이데아)'가 '건축가(제작자)'를 만든다고 본 셈이다.

## 무기력은 세계관의 문제다

이제 우리의 이야기로 돌아가자. 우리는 왜 무기력해지는 걸까? 흔히 사람들은 무기력의 원인을 신체에서 찾으려고 한다. 쉽게 말해, 몸이 약해서 무기력해진다는 것이다. 이는 정확한

진단이 아니다. 몸이 약하면 무기력할 개연성이 커지는 것은 사실이다. 하지만 약한 신체가 무기력의 직접적인 원인인 것은 아니다. 힘이 넘치는 강한 신체를 가진 이가 어느 순간 극심한 무기력에 빠지는 일은 흔하다. 또 반대의 경우, 즉 약한 신체를 가졌지만 활력 넘치는 삶을 살아가는 경우도 흔하다. 이처럼 무기력은 신체의 상태만으로 결정되지 않는다.

무기력의 근본적 원인은 세계관이다. 즉, '내가 세계를 어떻게 보고 있느냐?'에 따라 무기력한 삶과 활력적인 삶이 결정된다. 종종 무기력해진다면 자신의 신체가 아니라 자신의 세계관을 점검해야 한다. 여기서 플라톤의 '원인론'이 문제가 된다. 플라톤의 '원인론'은 하나의 세계관이다. 어떤 세계관인가? 존재하는 모든 사물의 의미는 이미 결정되어 있다고 보는 세계관이다. 플라톤의 이야기를 직접 들어보자.

> '똑같은 상태로 있는 형상'이 있다는 데 동의해야만 한다. 이것은 생성되지도 소멸되지도 않는다. 자신 속에서 다른 것을 다른 곳에서 받아들이지도 않고 또한 자신이 그 어디 다른 것 속으로도 들어가지 않는다.
>
> — 플라톤, 《티마이오스》

플라톤에게 중요한 건, '제작자'도, '질료'도 아니다. '형상'이다. 이 '형상'은 "똑같은 상태로 있는 형상"이다. 즉, 이미 결정되어 있기에 "언제나 자신의 원래 동일한 상태로 있는" '형상'이다. 그래서 형상은 "생성되지도 소멸되지도 않고" 동시에 그것은 다른 곳으로 가지도 않고, 다른 것을 받아들이지도 않고, 다른 것 속으로 들어가지도 않는다. 즉, '형상'은 다른 어떤 것과도 연결되지 않는다. 그래서 변화가능성이 없다. 이는 우리 주변의 사물이든 세계 전체든, 존재하는 모든 것의 의미가 이미 결정되어 있다는 뜻이다.

## 무기력의 원인, '플라톤'적 세계관

이런 '플라톤'적 세계관을 갖고 있는 이들은 필연적으로 무기력해질 수밖에 없다. 모든 것의 의미는 이미 정해져 있다고 보는 이들에게 생기 넘치는 활력을 기대하기는 어렵다. 그들은 어떤 일이든 적극적이고 능동적으로 개입할 필요도, 이유도 없다고 생각하기 때문이다. '사랑'을 예로 들어보자. '플라톤' 적 세계관에서 사랑은 이미 결정되어 있는 운명(형상)이다. 내 (제작자)가 누군가(질료)를 만나 어떤 사랑을 하게 될지는 운명 (형상) 안에서 이미 다 정해져 있다.

　　이런 '플라톤'적 세계관을 갖고 있는 이들에게 활력이 있을 리 없다. 당연하지 않은가? 이들에게 사랑은 이미 예정되어 있다. 그러니 사랑을 시작하기 위한 이런저런 시도들을 해나 갈 활력은 애초에 필요치 않다. '플라톤'적 세계관을 가진 이들은 세상 밖으로 나가기보다 무기력하게 운명적 사랑을 기다린다. 이들의 유일한 활력은 숨겨진 사랑의 형상(운명)을 발견하기 위해 교회나 점집을 향할 때 잠시 꿈틀거릴 뿐이다. 하지만이런 퇴행적 활력은 이내 더 큰 무기력으로 되돌아오게 된다.

우리는 왜 무기력해지는 걸까? 종종 무기력에 빠진다면 그것은 우리가 의식적이든 무의식적이든 '플라톤'적 세계관으로 세상을 보고 있기 때문이다. 모든 사물의 의미는 세상 너머에 있는 '형상(이데아)'에 의해 이미 결정되어 있다는 '플라톤'적 세계관. 이제 우리의 무기력에 대해서 이렇게 말해도 좋겠다. '플라톤'적 세계관을 받아들인 만큼 무기력해진다!

## 활력 넘치는 삶을 위한 '들뢰즈'적 세계관

어떻게 무기력에서 벗어날 수 있을까? 간명하다. '플라톤'적 세계관에서 벗어나면 된다. 하지만 이 간명한 답은 결코 쉽지 않다. 2,000여 년 넘게 서양철학을 지배해온 이 '플라톤'적 세계관은 이미 우리 마음 깊숙한 곳에 자리 잡고 있기 때문이다.

명실공히 현대 서양철학의 최고봉이라고 평가받는 들뢰즈를 만나볼 시간이다. 그는 '형상' 혹은 '이데아'로 상징되는 '플라톤'적 세계관은 삶의 진실을 왜곡하는 거짓이라고 단언한다.

> 어디에서 출발하는가? 어디를 향해 가는가? 이런 물음은 정말 쓸데없는 물음이다. 백지상태를 가정하는 것, 0에서 출발하거나 다시 시작하는 것, 시작이나 기초를 찾는 것, 이 모든 것들은 여행이나 운동에 대한 거짓 개념을 함축한다.
> — 질 들뢰즈 & 펠릭스 가타리, 《천 개의 고원》

'어디에서 출발하는가?' '어디를 향해 가는가?' 들뢰즈는 이런 질문들이 정말 쓸데없다고 말한다. 이는 플라톤을 향한 날선 비판이다. 세상 만물의 출발점(시작·기초)이자, 그것들이 어디를 향해 나아갈지를 결정하는 것이 바로 플라톤의 '형상(이데아)' 아닌가. 또한 들뢰즈는 "시작이나 기초를 찾는 것", 즉 '형상(이데아)'을 찾는 것은 삶(여행이나 움직임)의 진실을 왜곡하는 거짓말이라고 진단한다. 들뢰즈는 '플라톤'적 세계관의 중심인 '형상(이데아)'을 해체한다. 그렇다면 플라톤적 세계관을 해체한 자리에서 들뢰즈는 어떤 세계를 보고 있었을까?

플라톤이 세상 만물을 세 가지 원인(제작자·형상·질료)의 결과물로 본다면, 들뢰즈는 세상 만물을 '다양체multiplicity'로 본다. 다시 집짓기의 예로 돌아가자. 집은 '건축가', '설계도', '재료'로 만들어진 것이 아니다. 수없이 많은 우발적 마주침에 의해서 만들어진 것이다. 어느 '건축가'가 자신의 '설계도'를 따라 집을 지었다고 해보자. 그 '건축가'가 그린 '설계도'는 그가 우연히 한 여인을 만나 사랑에 빠졌고 아이를 낳았기에 생성된 것이다. 또 그 집을 지을 때 우발적인 날씨 변화에 의해 '재료'들은 미세한 영향을 받았을 테다.

만약 그 '건축가'가 그 여인과 그 아이를 만나지 못했다면 그 '설계도'는 존재할 수 없다. 또 집을 지을 때 그 날씨가 아니었다면 그 '재료'는 그 재료가 아니었을 테다. 그 모든 우연적이고 우발적인 마주침이 없었다면 그 집은 존재할 수 없다. 이처럼 집은 세 가지 원인이 아니라, 그 세 가지 원인을 원인되게 하는 무수히 많은 우발적 마주침에 의해 만들어진다. 들뢰즈는 집뿐만 아니라 세계(우주) 역시 이런 수많은 우발적 사건들의 마주침에 의해 만들어진 '다양체'라고 보았다.

> 다양체는 연결접속들을 늘림에 따라 반드시 본성상의 변화를 겪게 된다.
>
> — 질 들뢰즈 & 펠릭스 가타리, 《천 개의 고원》

들뢰즈의 난해한 이야기를 이제 이해할 수 있다. 들뢰즈에게 세상 만물은 '다양체'이고, 그것들은 연결접속(마주침)이 일어날 때마다 본성(본질)이 변하게 된다. '사랑' 역시 그러하지 않은가? 10대의 사랑, 20대의 사랑, 30대의 사랑, 40·50대의 사랑은 다 다르다. 그것은 '사랑'이 바로 '다중체'이기 때문이다. 두 사람이 각자 어떤 삶을 살아왔는지, 또 그 두 사람이 어떤 조건과 어떤 상황에서 만났는지에 따라 '사랑'은 본성의 변화를 겪게 될 수밖에 없다. 그것이 진짜 '사랑'이다. 이미 존재하는, 그래서 결코 변하지 않는 본성을 갖고 있는 운명(형상·이데아)적 사랑 같은 건 없다.

## 모든 것은 '지층화'의 결과다

우리는 의미화하지도 의미화되지도 않는다. 우리는 지층화 된다.

— 질 들뢰즈 & 펠릭스 가타리, 《천 개의 고원》

들뢰즈는 "우리는 의미화하지도 의미화되지도 않는다."라고 말한다. 여기서 '의미화'는 '형상(이데아)'이라고 말할 수 있다. 즉, 우리는 결코 변하지 않는 '형상'을 만들지도 않고, '형상'화되지도 않는다. 쉽게 말해, 운명(형상)적 사랑을 만들

서양철학의 최고봉이라고 평가받는 질 들뢰즈.
들뢰즈는 세상 만물은 '다양체'라고 말하며
플라톤적 세계관의 중심인 형상(이데아)을 해체한다.

지도 않고, 그런 운명(형상)적 사랑에 포획되지도 않는다는 것이다. "우리는 지층화"될 뿐이다. '지층화'가 무엇인가? 우발적 마주침에 의해 지층이 쌓이고 이리저리 끊어지고(단층작용) 휘어지는(습곡작용) 과정이다. 이런 '지층화'에 의해 지구가 형성되듯, 우리 역시 그렇게 '지층화'된다.

우리의 사랑 역시 그러하지 않은가? 수없는 우연적 만남, 그리고 우발적인 흔들림에 의해 '지층화'되는 것. 그렇게 끊임없이 본성의 변화를 겪게 되는 것. 그것이 사랑 아닌가. '플라톤'적 세계관으로 세상을 보는 이들은 '사랑의 의미'를 찾느라 '사랑의 기쁨'을 놓치고 만다. 그렇게 무기력해진다. 하지만 '들뢰즈'적 세계관으로 세상을 보는 이들은 다르다. 이들은 카페에서 우연히 만난 매혹적인 사람에게 조심스레 말을 걸거나, 하다못해 친구에게 소개팅을 해달라고 조르기라도 한다. 그렇게 그들은 '사랑의 기쁨'을 통해, 진정한 '사랑의 의미'까지 발견하게 된다. 그렇게 그들은 활력적인 삶을 살아간다.

'들뢰즈'적 세계관으로 세상을 보는 이들은 유쾌하고 활력적일 수밖에 없다. 이들은 정해져 있는 삶의 의미 같은 것은 없고, 우연한 마주침에 의해서 삶의 의미가 구성된다고 여기기 때문이다. 이들에게 '오늘'과 '내일'은 주어진 '형상(운명)'을 발견해야 할, 퇴행적이어서 우울한 시간이 아니다. '어제'와 다른 삶의 의미를 만들어갈 새로운 '지층(마주침)'을 형성할 기쁘고 유쾌한 시간이다. 세상에 존재하는 모든 것에 정해진 의미는 없다는 것. 대상의 의미는 오직 우발적 마주침에 의해 끊임없이 변해간다는 것. 이것이 삶의 진실이다. 무기력에서 벗어나 활력 넘치는 삶을 원한다면, 과감하게 '들뢰즈'의 세계로 들어서야 한다.

플라톤의 '좋음의 이데아'에 대해서 알아보자. 플라톤에 따르면, 세상 만물에는 저마다의 이데아가 있다. 현실에 책상·꽃·새·인간·사랑이 있다면, 세상 너머 이데아(형상)의 세계에도 각각 책상·꽃·새·인간·사랑의 이데아가 있다. 플라톤은 이런 개별적인 이데아들을 모두 아우르는 이데아 중의 이데아가 있다고 말한다. 바로 '좋음의 이데아'다. 이에 대해 플라톤은 이렇게 말한다.

인식할 수 있는 영역에 있어서 최종적으로 그리고 각고 끝에 보게 되는 것이 '좋음의 이데아'이네. … 이것이 모든 것에 있어서 모든 옳고 아름다운(훌륭한) 것의 원인이라고, … 또 장차

사적으로나 공적으로나 슬기롭게 행하고자 하는 자는 이 이데아를 보아야만 한다고 결론을 내려야만 하네.

— 플라톤, 《국가》

'좋음의 이데아'는 궁극의 이데아다. 그래서 "인식할 수 있는 최종적"인 것이고, "각고 끝에 보게 되는 것"이다. 플라톤은 이것이 모든 아름다운(훌륭한) 것의 원인이라고 말한다. 세상에는 수많은 음악과 사람과 사랑이 있다. 그중 가장 아름답고 훌륭한 음악, 사람, 사랑이 있다고 해보자. 이는 '음악의 이데아(형상)', '사람의 이데아(형상)', '사랑의 이데아(형상)'를 넘어 그 모든 이데아가 수렴되는 궁극의 이데아, 즉 '좋음의 이데아'를 원인으로 삼았기 때문이다. 쉽게 말해, 우리가 아름답고 참되다고 느끼는 것은 모두 '좋음의 이데아'에서 왔다는 것이다.

'좋음의 이데아'에서 '좋음to agathon'은 '선善(착함)'이다. 이는 플라톤이 '진眞(참됨)', '선善(착함)', '미美(아름다움)'라는 세 가지 가치를 '선' 중심으로 통일했음을 의미한다. 플라톤에 따르면, '참된 것(진), '아름다운 것(미)', '착한 것(선)'은 모두 같은 것이고, 이 세 가지의 중심에는 착함(선)이 있다. 쉽게 말해, 착한 것이 아름답고 참된 것이라는 의미다. 이는 정말 옳은 이야기인 걸까? 이런 플라톤적 가치 체계는 1,700년대에 이르러 칸트Immanuel Kant에 의해 해체된다.

> 만약 누군가 자신의 취향이 뭔가 특별하다고 자부하는 사람이
> 그것을 정당화하기 위해, '이 대상(건물, 옷, 협주곡, 시)은 나에
> 게 아름답다'고 생각한다면, 그것은 우스운 일이다. … 그는 단
> 지 자기를 위해서만이 아니라 모든 사람들을 대신해서 판단하
> 고, 아름다움에 대해서 그것이 마치 사물의 속성인 것처럼 말
> 하는 것이다.
>
> ― 칸트, 《판단력 비판》

누군가 '격식에 맞춰 입은 정장이 아름답다(근사하다·멋
있다)'고 판단했다고 해보자. 이때 그는 그 정장의 아름다움이
자신뿐만 아니라 모든 타인들에게도 적용된다고 생각할 수 있
다. 이는 칸트의 말처럼, 얼마나 우스운 일인가? 그것은 정장
의 "아름다움에 대해서 그것이 마치 사물의 속성인 것처럼 말
하는 것"이니까 말이다. 칸트는 "모든 사람은 각자의 고유한
취향을 갖고 있다."라고 말하며, 아름다움에 대해 이렇게 설명
한다.

> 취향은 어떤 대상이나 표상방식을 일체의 관심 없이 만족이나
> 불만족에 의해 판단하는 능력이다. 그러한 만족의 대상을 아

름답다고 일컫는다.

— 칸트,《판단력 비판》

칸트에 따르면 취향(미美-추醜의 구분)은 어떤 대상 자체와 아무 상관이 없다. 그것은 개인의 만족(쾌적함)과 불만족(불쾌함)에 의해 판단된다. 아름다움이라는 것은 어떤 대상에 대해 느끼는 만족(쾌적함)이다. 칸트의 위대한 업적은 바로 여기에 있다. 칸트는 플라톤 이래로 '선善' 중심으로 통합되어 있던 '진선미眞善美' 삼위일체 체계를 해체했다. 그는 '선함-아름다움-참됨'이 서로 독립된 가치라는 사실을 입증했다. 칸트 이래로 '미(아름다움)'는 개인의 만족과 불만족의 의해 판단되는 것이지, '선(착함)'과는 아무 상관없는 것이 되었다.

하지만 칸트 이후 200년이 흘러도 우리는 여전히 플라톤의 자장에서 온전히 벗어나지 못했다. 쓰레기를 줍거나 노약자에게 자리를 양보하는 착한 사람이 참되고 아름다워(만족·쾌적함) 보이지 않는가. 반대로, 소리를 지르고 욕설을 해대는 나쁜(것처럼 보이는) 이는 거짓되고 추해(불만족·불쾌함) 보이지 않는가. 선(착함)과 악(나쁨)은 우리가 결정하지 않는다. 사회가 결정한다. 역사적으로 '선'이라는 가치가 얼마나 급격하게 변해왔는지가 이를 반증한다. 자본주의적 역사를 보라. 한때는 '생산(근면성실·근검절약)'이 선한 행동이었다면, 지금은 적절

플라톤의 '원인론'

하게 '소비'하는 것이 선한 행동이지 않은가. 여기에 플라톤의 위험성이 있다. 플라톤을 따를 때 아름다움과 참됨을 느끼는 감성마저 우리의 주체적 결정에서 벗어나게 되기 때문이다.

이는 얼마나 우울한 일인가? 사회가 지정한 '선(착함)'에 의해 우리의 참됨의 감수성("쓰레기를 줍는 사람이 참된 사람이지.")과 미적 감수성("욕하지 않는 사람이 아름다운 사람이지.")마저 강제되는 것이니까 말이다. 쓰레기를 줍는 사람도 거짓될 수 있고, 욕설을 하는 사람도 아름다울 수 있다. '선善' 중심의 '진선미眞善美' 삼위일체 체계를 해체하지 못한다면 진정한 참됨과 아름다움은 결코 느낄 수 없다.

칸트가 있어서 얼마나 다행인가? 칸트 덕분에 적어도 사회로부터 참됨과 아름다움의 가치는 지켜낼 수 있게 되었으니 말이다. 사회가 어떤 사람과 어떤 행동을 착한(선) 것으로 지정하는 것은 어쩔 수 없다 하더라도, 어떤 사람과 어떤 행동이 진짜(참)이고 아름다운(미) 것인지에 대한 판단은 오롯이 우리 것이어야 하지 않겠는가? 만약 참됨과 아름다움의 감수성마저 사회가 정한 착함에 의해 지배되고 있다면 그는 여전히 플라톤의 시대에 머무르고 있는 것일지도 모르겠다.

# 06

## 어떻게 당당해질 수 있을까요?

생각의 생각

디오게네스의
'시니시즘'

# 불행의 진짜 이유

불행한 이들이 넘쳐난다. 고개를 끄덕일 수밖에 없는 불행의 이유들이 있기 때문이다. 못생겨서, 키가 작아서, 몸이 약해서, 못 배워서, 직장이 없어서, 가난해서, 이혼해서, 부모가 없어서. 그런데 가끔 의아하다. 명백한 불행의 이유에도 불구하고 그다지 불행하지 않은 이들을 만나게 될 때 그렇다. 하지만 그 의아함은 오래가지 않는다. 사람들은 그것을 불행한 이들의 '자포자기("이렇게 생겨먹었는데 어쩌겠어.")'나 '정신승리("그래도 나 정도면 괜찮지.")'로 손쉽게 치부하기 때문이다.

　이는 안목의 부재다. 명백한 불행의 이유에도 불구하고 불행하지 않을 수 있다. 넘쳐나는 불행의 이유(작은 키·약한 몸·가난·이혼 등등)는 불행의 진짜 이유가 아니다. 우리를 진짜 불행하게 하는 것은 무엇일까? 위축감이다. 세상 사람들의 차가운 시선 때문에 생긴 위축감. 못생기고 가난하고 직장이 없어서 불행한 것이 아니다. "넌 왜 그리 못생겼니?" "넌 돈도 없니?"

"넌 아직도 취업을 못 했니?" 이런 세상의 차가운 시선에 점점 위축되었기에 불행해진다. 이것이 불행의 진짜 이유다.

## 불행에서 벗어날 두 가지 방법

불행에서 벗어날 두 가지 방법이 있다. 첫 번째는 세상 사람들의 차가운 시선을 제거하는 일이다. 못생긴 이, 몸이 약한 이, 못 배운 이, 직장이 없는 이, 가난한 이에게 세상 사람들이 차가운 시선을 보내지 않으면 된다. 결국 불행은 위축감에서 오는 것 아닌가. 그러니 세상 사람들의 차가운 시선을 제거하면 위축될 일도 불행해질 일도 없다. 이는 불행에서 벗어나는 근본적인 방법이다. 하지만 이는 실현 불가능하다. 서글프게도, 세속에 치여 사는 많은 이들은 타인의 불행을 먹고 살기 때문이다.

두 번째 방법이 있다. 위축되지 않기. 결국 우리는 이 방법으로 불행에서 벗어날 수밖에 없다. 세상 사람들의 차가운 시선은 쉬이 제거되지 않는다. 그러니 그 차가운 시선 앞에서도 위축되지 않고 당당함을 유지하는 법을 익혀야 한다. 그것이 불행에서 벗어날 수 있는 현실적인 대안이다. 화가 날지도 모르겠다. 세상 사람들의 비난과 차가운 시선 앞에서 어떻게 위축되지 않을 수 있단 말인가! 이는 분명 쉬운 일은 아니지만 불가능한 일도 아니다. 불행에서 벗어나고 싶다면 물어야 한다. "어떻게 당당해질 수 있을까요?"

## '개' 같은 철학자, 디오게네스

이 질문의 답은 디오게네스Diogenes에게 들어보자. 디오게네스는 아리스토텔레스와 동시대 철학자다. 하지만 그는 명망과 품위를 유지하려는 당대의 철학자들과는 사뭇 달랐다. 그는 기행을 일삼는 괴짜 중의 괴짜였다. "어떻게 당당해질 수 있을까요?" 이 질문에 디오게네스는 이렇게 답해줄 것이다. "개처럼 살아가라!" 이 황당한 대답의 진의를 이해하기 위해서 디오게네스에 대해 조금 더 알아보자.

전해지는 디오게네스의 기행들은 황당함을 넘어 당황스러울 정도다. 그가 매일 기거했던 집은 시신 매장에 쓰이던 커다란 독이었다(이는 마치 개집처럼 보였다). 또한 그는 늘 남루한 옷을 입고 구걸을 하면서 생계를 이어갔다. 그의 기행은 여기서 멈추지 않았다. 디오게네스는 군중들이 모인 곳에서 자위행위를 하기도 했다. 디오게네스는 정말 '개'처럼 살았던 셈이다. 하지만 디오게네스의 이런 기행들은 단순히 미친 행동은 아니었다. 디오게네스의 모든 기행은 그의 철학을 실천하는 일이었다. 디오게네스의 철학은 어떤 것이었을까?

디오게네스의 철학을 이해하기 위해서는 먼저 그가 행복을 어떻게 규정하고 있는지부터 살펴보아야 한다. 그는 행복을 '인간의 본성에 따라 자연스럽게 생활하는 것'이라 여겼다. 그리고 그 행복을 추구하기 위해서는 인간이 인위적으로 정한 관습·전통·제도·교육·도덕·윤리·법률 같은 것들을 부정해야 한다고 말했다. 디오게네스의 황당과 당황을 넘나드는 기행은 이러한 그의 철학을 실천하는 삶이었던 셈이다. 디오게네스는 단순한 미치광이가 아니었다. 플라톤이 디오게네스를 가리켜 '미친 놈'이 아니라 '미친 소크라테스'라고 말한 데는 다 이유가 있었던 셈이다.

## 디오게네스의 '시니시즘'

디오게네스는 개처럼 살았지만 사유하지 않는 개는 아니었다. 그는 '시니시즘cynicism'이라는 사상을 기초 세웠다. '시니시즘'은 무엇일까? '시니시즘'은 인간이 인위적으로 만든 관습·전통·제도·교육·도덕·윤리·법률 등을 부정하며 인간의 본성에 따라 자연스럽게 살아가려는 삶의 태도다. 그가 대중 앞에서

'개'처럼 살았던 철학자, 디오게네스.
그는 행복을 '인간의 본성에 따라 자연스럽게 생활하는 것'이라 여기며,
그의 철학을 실천하는 삶을 살았다.

자위를 한 충격적인 행위도 이런 시니시즘의 맥락을 살핀다면 충분히 이해할 수 있다. 고대 그리스철학자들의 생애를 정리한 라에르티오스가 남긴 기록을 살펴보자.

> 디오게네스는 사람들이 보고 있는 가운데 자위에 열중하면서 이렇게 말했다. "배도 이런 식으로 비비기만 해도 배고픔이 사라지면 좋으련만."
>
> — 디오게네스 라에르티오스, 《그리스철학자 열전》

인간의 본성에는 식욕과 성욕이 있다. '시니시즘', 즉 인간이 인위적으로 정한 관습·전통·윤리 등을 넘어서려 했던 디오게네스에게 이 두 가지 욕구는 동일한 크기의 욕구였다. 하지만 그때나 2,000년이 지난 지금이나 세상 사람들에게는 전혀 그렇지 않다. 광장에서 식사는 할 수 있지만 섹스는 하지 못한다. 왜 그런가? 이는 식욕보다 성욕에 더 강한 금지의 관습·전통·윤리가 작동하기 때문이다. 시니시즘의 철학자, 디오게네스는 이 점을 드러내고 싶었던 것이다.

이제 디오게네스가 광장에서 자위를 하며 "배도 이런 식으로 비비기만 해도 배고픔이 사라지면 좋으련만."이라고 말한 이유를 알겠다. (관습·전통·윤리에 사로잡힌) 세상 사람들이 광장에서 식욕을 해결하며 성욕을 상상할 때, (관습·전통·윤리를 넘어버린) 디오게네스는 광장에서 성욕을 해결하며 식욕을 상상했다. 디오게네스는 '시니시즘'적 방식으로, 성욕과 식욕의 관습·전통·윤리적 위상을 뒤집은 셈이다. 이를 통해 식욕과 성욕은 모두 인간의 자연스런 본성이며 이를 같은 크기로 긍정하며 사는 것이 자연스럽다는 '시니시즘'을 역설했던 것이다.

## 시니시즘과 당당함

이제 우리의 이야기로 돌아가자. 세상 사람들의 비난과 차가운 시선 앞에서 어떻게 당당해질 수 있을까? 디오게네스라면 '개처럼 살아가라'고 말해주었을 테다. 이는 우리들도 커다란 독에 기거하며 남루한 옷을 입고 광장에서 자위를 하라는 의미일까? 그렇지는 않을 테다. 이는 '시니시즘'적으로 살아가라는 의미일 테다. 여기서 우리는 다시 한 번 의아함을 느끼게 된다. '시니시즘'적 삶은 당당한 삶과 어떤 관계가 있는 것일까? 이 의아함을 해소해줄 디오게네스에 관한 몇 개의 일화가 있다. 그것은 디오게네스를 흠모한 당대 최고 권력자인 알렉산더 대왕과 관련되어 있다.

알렉산더 대왕이 그의 앞에 서서 "나는 대왕인 알렉산더이다

I am King Alexander, the Great."라고 이름을 밝히자 디오게네스도 자신을 소개했다. "나는 개인 디오게네스이다I am Diogenes, the Dog."

— 디오게네스 라에르티오스,《그리스철학자 열전》

디오게네스는 알렉산더 대왕을 박대한 것으로 유명하다. 알렉산더 대왕이 그를 찾아와 "내가 당신에게 해줄 일이 없는가?"라고 묻자, 그는 "햇볕이나 가리지 말고 비켜 달라."라고 대답했다.

— 앤서니 케니,《고대철학》

디오게네스는 당대 최고의 권력자에게 주눅 들기는커녕, 자신은 개라고 당당하게 밝힌다. 또한 모든 것을 해줄 수 있는 대왕의 호의에 햇볕이나 가리지 말라며 면박을 준다. 이것이 디오게네스의 '시니시즘'이다. 그에게 '대왕'은 별 것이 아니다. 그저 인간들이 만들어낸 제도(체제)의 수장일 뿐이다. 인간이 정한 관습·전통·제도·교육·도덕·윤리·법률 같은 것들을 모두 의미 없는 것으로 여기는 디오게네스 아닌가. 그런 그에게 알렉산더는 그저 햇볕을 가리고 서 있는 한 남자일 뿐이었다.

'시니시즘'적으로 살면 당당해질 수밖에 없다. 우리를 위축되게 하는 것은 무엇인가? 무엇인가를 얻고 싶다는 '욕심'과 무엇인가를 잃을 수 있다는 '공포'다. 우리는 왜 사장 앞에서 위축되는가? 사장에게 잘 보이면 승진할 수 있다는 '욕심'과 사장에게 밉보이면 해고당할 수 있다는 '공포' 때문이다. '시니시즘'은 이 '욕심'과 '공포'를 넘어서게 해 준다. 바로 여기에 '시니시즘'의 진정한 힘이 있다.

## '욕심'과 '공포'는 '인정욕구'라는 동전의 양면이다

이를 이해하기 위해서는 '욕심'과 '공포'가 '인정욕구'라는 동전의 양면이라는 사실을 파악해야 한다. 무엇인가를 얻을 수 있다는 '욕심'이 커질수록, 무엇인가를 잃을 수 있다는 '공포'도 커진다. 또한 이 '욕심'과 '공포'는 모두 타인으로부터 인정(관심·칭찬)받고 싶은 욕구로부터 발생한다. 무엇인가를 얻을 수 있다는 '욕심'은 근본적으로 세상 사람들의 인정(관심·칭찬)을 받고 싶다는 '욕심'이다. 무엇인가를 잃을 수 있다는 '공포' 역시 마찬가지다. 그 공포는 근본적으로 세상 사람들의 인정(관심·칭찬)을 받지 못하면 어쩌나 하는, 즉 비난받고 무시당하면 어쩌나 하는 '공포'다.

　　다시 묻자. 우리는 왜 사장 앞에서 위축되는 것일까? 사장에게 '인정'받아 세상 사람들(부모· 배우자·동료·친구·자녀…)의 '관심·칭찬'을 얻고 싶다는 '욕심'을 채우고 싶어서다. 동시에 사장에게 '인정'받지 못해 세상 사람들에게 '비난·무시'를 당하면 어쩌나 하는 '공포'에서 벗어나고 싶어서다. 그렇다. 위축되고 당당해지지 못하는 것은 언제나 '인정욕구'의 문제다. 정확히는 인정욕구로부터 파생된 '욕심'과 '공포' 때문이다. 이런 위축의 발생 원리를 이해하면 시니시즘이 어떻게 당당함을 주는지도 이해할 수 있다.

'시니시즘'의 핵심은 인정욕구를 넘어선다는 데 있다. '시니시즘'적으로 사는 이들은 '욕심'도 '공포'도 느끼지 않는다. 당연하지 않은가? '시니시즘'은 사회가 정한 관습·전통·제도·교육·도덕·윤리·법률 등을 넘어서서 인간의 본성에 따라 자연스럽게 살아가려는 삶의 태도다. 이런 삶의 태도를 지향하는 이들에게 무엇인가를 얻고 싶은 '욕심'이나 무엇인가를 잃을 '공포'가 있을 리 없다. 애초에 누군가에게 인정받으려는 마음 자체가 없으니 말이다. 누구보다 디오게네스의 힘을 정확히 알아본 니체Friedrich Nietzsche는 이렇게 말한 적이 있다.

시노페의 시민들이 디오게네스를 추방형에 처했을 때, 그는 무슨 말을 했던가? "그렇다면 나는 그들에게 '시노페에 남아 있어야 하는 형벌'을 내리노라." … 해적들이 디오게네스를 잡

아서 노예 시장의 '얼간이 돈주머니들' 앞에 세웠을 때 디오게
네스는 무슨 말을 했던가? "어서들 와서 그대의 주인을 사가
게나!"

— 프리드리히 니체, 《나의 여동생과 나》

## 뻔뻔함과 당당함 사이

디오게네스는 그가 살았던 곳(시노페)에서 추방당했을 때 당당
하게 말했다. "너희들에게 무지렁이들만 남은 시노페에 남아
있을 형벌을 내린다!" 해적들에게 잡혀가 노예로 팔릴 운명 앞
에서도 당당하게 말했다. "얼간이들아, 너희들의 주인을 사갈
기회를 주겠노라!" 이것이 '시니시즘'의 당당함이다. 고대 그
리스부터 지금까지 세상 사람들의 차가운 시선은 사라진 적이
없다. 그 앞에서 위축되지 않고 당당해지는 방법은 '시니시즘'
을 통해, 일체의 인정욕구를 벗어버리는 길밖에 없다.

하지만 이 역시 쉽지 않다. 인정욕구는 인간이란 존재에
게 저주처럼 들러붙은 숙명 같은 것 아닌가. 이런 숙명 앞에서
어떻게 '시니시즘'적으로 살 수 있을까? 비범한 디오게네스와
달리 평범한 우리들은 '시니시즘'을 체화하기 어렵다. 그래서
수행이 필요하다. 부끄러움을 느끼지 않을 수행. 사회의 관습·

디오게네스의 '시니시즘'

전통·교육·윤리를 내면화한 우리는 그것을 벗어나려고 할 때 너무 쉽게 부끄러움을 느낀다. 많이 배우지 못해서, 취업을 못 해서, 가난해서, 결혼을 못 해서 위축되는 것은 그런 자신의 모습이 부끄럽기 때문 아닌가.

세상 사람들의 차가운 시선 앞에서 당당해지기 위해서는 먼저 부끄러움을 느끼지 않을 연습이 필요하다. 그 연습은 뻔뻔해지기다. "넌 왜 대학을 안 갔어?" 많이 배운 이가 물으면 이렇게 답해주자. "많이 배운 놈들이 더 나쁜 짓을 많이 해서요." "넌 왜 아직도 취업을 못 했니?" 직장인이 물을 때 이렇게 답해주자. "직장은 바보들이나 다니는 곳인 것 같아서요." "넌 왜 결혼을 안 하니?" 부모가 물으면 이렇게 답해주자. "부모님이 전혀 행복하지 않은 것 같아서요." 이런 뻔뻔함이 필요하다. 이런 뻔뻔함이 없다면, 내면화된 사회적 질서가 남긴 부끄러움에서 벗어날 길이 없다.

## 당당함 = 뻔뻔함 + 자기성찰

하지만 뻔뻔함이 곧 당당함인 것은 아니다. 뻔뻔함에는 기만적 '정신승리'와 유아적 '어깃장', 그리고 몰염치한 '후안무치'의 측면이 있기 때문이다. 취업이 하고 싶지만 취업이 되지 않아 "직장은 바보들이나 가는 곳이야."라고 말하는 이들이 있다. 이런 기만적 '정신승리'와 유아적 '어깃장'을 당당함이라고 말할 수는 없는 노릇이다. 또 노인과 임산부를 앞에 두고 최소한의 염치도 없이 빈자리를 차지하는 몰염치한 '후안무치'를 당당하다고 말할 수는 없다. 단순히 부끄러움이 없다고 해서 모두 당당함인 것은 아니니까 말이다.

당당함은 무엇일까? 도식화하자면, '당당함=뻔뻔함+자기성찰'이다. 즉, 당당함은 뻔뻔하게 행동한 뒤에 스스로를 돌아보는 성찰로 얻을 수 있는 지혜다. 부끄럽지 말아야 할 것에 부끄러움을 느끼는 우리가 당당해지기 위해서는 먼저 뻔뻔해질 수밖에 없다. 하지만 여기서 멈춰서는 안 된다. 나의 뻔뻔함이 기만적 '정신승리'나 유아적 '어깃장' 혹은 몰염치한 '후안무치'는 아니었는지 성찰할 수 있어야 한다. 그렇게 우리는 진정한 당당함에 이를 수 있다. 니체는 디오게네스의 시니시즘에 대해 이렇게 말한다.

> 디오게네스는 철학자가 됨으로써 자신의 존엄성을 끝까지 지켰다.
>
> — 프리드리히 니체,《나의 여동생과 나》

디오게네스는 뻔뻔한 개가 아니었다. 그는 당당한 철학자였다. 뻔뻔함과 자기성찰을 통해 일체의 인정욕구를 벗어던져 진정한 당당함에 이른 철학자. 비범한 디오게네스의 삶이 평범한 우리에게 당당해질 수 있는 길을 열어준다. 누구 앞에서든 뻔뻔해지라! 그리고 끊임없이 자기를 성찰하라! 이 두 가지만 기억하면 우리 역시 당당해질 수 있다. 그렇게 진정한 당당함에 이르렀을 때, 세상 사람들의 차가운 시선에도 불구하고 니체의 말처럼 "자신의 존엄을 끝까지 지켜나갈 수 있다." 당당함이란 그런 것이니까.

디오게네스는 개처럼 살았지만 개처럼 죽은 것은 아니다. 디오게네스를 따르며 '시니시즘'을 표방했던 일군의 철학자들을 '키니코스kynikos(견유)'학파라고 한다. '견유'는 '개犬 같은 선비(학자)儒'라는 뜻이다. 이는 시니시즘의 '시닉cynic'의 어원이 고대 그리스어 '키니코스kynikos(개와 같은)'이기 때문이다. '개와 같이' 살았던 철학자 디오게네스의 사상이 '시니시즘'이었으니, 이를 '견유(개 같은 선비)'라고 이름 지은 것은 동양과 서양의 문화를 잘 이은 절묘한 번역인 셈이다.

　'견유학파'를 통해 디오게네스의 '시니시즘'은 이어진다. 그 과정에서 '시니시즘'은 치명적인 오해를 받게 된다. '시니시즘'이 쌀쌀맞은 시선이나 비웃음을 의미하는 '냉소주의'와 같다는 것이 바로 그 오해다. 냉소주의는 사람들로 하여금 모든 지식을 '시니컬cynical'하게 대하는 일종의 회의주의적 관점을 취하게 만든다. "세상에 확실한 지식은 없으니 공부할 필요 없어!"라고 말하는 게으른 헛똑똑이들처럼 말이다. 하지만 디오게네스는 그런 냉소주의를 말한 적이 없다.

> 디오게네스는 오늘날 말하는 냉소주의를 결코 가르치지 않았으며 정반대의 학설을 설파했다. 그는 '지혜'를 성취하려는 열정으로 불탔으며, 지혜에 비하면 현세의 좋다는 것들은 가치 없다고 주장했다.
>
> — 버트런드 러셀, 《서양철학사》

디오게네스는 누구보다 열정적으로 지혜를 알기 위해 애를 썼던 철학자이다. 그러니 그의 '시니시즘'을 냉소주의와 회의주의의 관점으로 이해해서는 안 된다. 더 나아가 '무엇인가를 알려고 하는 노력 자체가 의미 없다'는 식의 태도를 정당화해서도 안 된다. 그런 시도들은 전혀 '디오게네스'적이지 않다. 디오게네스는 많은 오해를 받고 있는 철학자이다. 아니, 오해라도 받으면 다행인지도 모르겠다. 디오게네스는 오해는 고사하고 기억조차 되지 않는 철학자이기 때문이다.

소크라테스와 플라톤은 알아도, 디오게네스가 누군지 모

르는 사람은 많다. 그 이유는 무엇일까? 소크라테스와 플라톤은 '아카데미' 주류 철학자의 상징이었지만, 디오게네스는 '길거리' 비주류 철학자였기 때문이다. 그렇다면 무엇이 주류 철학과 비주류 철학을 갈랐던 것일까? 단순히 '아카데미'와 '길거리'라는 공간의 차이였을까? 그것은 너무 피상적인 답이다. 어쩌면 근본적인 차이는 '인정욕구'에 있는지도 모르겠다. 누구보다 디오게네스를 잘 이해했던 니체는 다음과 같이 말한다.

> 소크라테스는 아테네의 군중 법률에 순종했다. 군중을 무시하기보다는 독을 마셨다. 디오게네스는 그렇게 하지 않았다! 그는 전통과 인습을 경멸하고 조롱했다!
>
> — 프리드리히 니체, 《나의 여동생과 나》

기록에 따르면, 소크라테스가 내란죄 명목으로 감옥에 갇혔을 때 비공식적으로 감옥을 빠져나갈 방법이 있었다고 한다. 하지만 그는 그 방법을 거부하고, "악법도 법이다."라는 그 유명한 말을 남긴 채 스스로 독배를 마시고 생을 마감한다. 물론 이는 위대한 철학자가 삶의 마지막 순간에서조차 자신의 철학을 관철하려 했던 선택이었을 테다. 하지만 정말 그것이 전부였을까? 니체는 소크라테스의 선택이 군중을 무시하지 못한, 즉 그들에게 인정받기 위한 선택이었다고 진단하고 있다. 언제나 군중은 그런 극적인 삶을 기억하기 마련이니까.

만약 같은 자리에 디오게네스가 있었다면 어떤 선택을 했을까? 디오게네스였다면 독배를 마시지 않았을 테다. 그는 왕이든, 군중이든 그 누구의 인정도 필요하지 않은 사람이었기 때문이다. 일체의 인정욕구를 벗어던진 디오게네스는 허망하게 독배를 마시기보다 유유히 뒷문으로 감옥을 빠져나왔을 테다. 그렇게 자신의 철학(시니시즘)을 몸소 보여주려 했을 테다.

두 가지 철학이 있다. 기억(기록)되는 철학과 기억(기록)되지 않는 철학. 소크라테스와 플라톤이 기억되는 철학의 상징이라면, 디오게네스는 기억되지 않는 철학의 상징이다. 그런 측면에서 소크라테스·플라톤만큼 디오게네스도 중요하다. 우리네 삶은 기억(기록)되는 것만으로 구성되지 않는다. 기억(기록)되지 않는 것 역시 우리네 삶의 반쪽을 차지하고 있다. 그러니 기억되는 철학만으로 삶을 잘 살아내기는 역부족이다. 그것은 반쪽짜리 철학일 테니까. 삶을 잘 살아내기 위해서는 기억(기록)되는 철학만큼이나 기억(기록)되지 않는 철학을 소중히 다룰 필요가 있다. 삶은 언제나 두 다리로 걸어가야 하는 것이니까. 플라톤이 디오게네스를 '미친 소크라테스'라고 했다면, 누군가는 소크라테스를 '인정욕구를 벗어나지 못한 디오게네스'라고 말할 수 있어야 하는 것 아닐까? 그것이 삶을 위한 진정한 철학적 자세가 아닐까?

# 07

# 어떻게 사람들을
# 설득할 수 있을까요?

## 아리스토텔레스의
## '에토스, 파토스, 로고스'

# 대화의 목적

우리는 많은 대화를 하며 산다. 대화에는 저마다의 목적이 있다. 일상적인 의사소통을 위해 대화하고, 특정한 지식을 배우거나 알려주기 위해서도 대화한다. 아니면 가벼운 농담을 주고받으며 즐거움을 느끼려고 대화하기도 한다. 의사소통, 지식전달, 즐거움 등이 대화의 목적이다. 하지만 대화의 목적 중 빠뜨릴 수 없는 것이 하나 더 있다. 바로 설득이다. 우리는 종종 누군가를 설득하기 위해 대화한다.

감동적으로 본 독립영화가 한 편 있다고 해보자. 나는 친구와 함께 그 영화를 보고 싶다. 하지만 그 친구는 블록버스터 영화에 빠져 있어 독립영화에 보자는 내 말에 시큰둥하게 반응한다. 이때 나는 그 친구를 설득해야 한다. 그 영화가 정말 볼 만하다는 나의 의견과 주장을 친구가 받아들일 수 있도록 설득해야 한다. 우리네 삶에서 이런 설득은 중요하다. 삶은 나와 생각이 다른 사람들과 부대끼는 과정이니까 말이다.

"저는 음악을 하고 싶어요." 취업을 하라는 아버지에게 이렇게 말해야 할 때가 있다. "새로운 곳으로 여행 가자." 늘 집에만 있으려는 연인에게 이렇게 말해야 할 때가 있다. 이런 말들은 모두 설득이다. 문제는 이런 설득이 쉽지 않다는 것이다. '블록버스터 영화', '취업', '집'을 당연한 것이라 여기는 이들에게 '독립영화', '음악', '여행'을 설득하는 일은 어렵다. 다들 저마다 자신의 생각이 있기 때문이다. 그래서 이 질문은 중요하다. "어떻게 사람들을 설득할 수 있을까요?"

## 설득의 기술, 수사학

이 질문에 대한 답은 아리스토텔레스에게 들어보자. 아리스토텔레스는 플라톤의 제자다. 그는 이전의 철학자들과 분명하게 구분되는 지점이 있다. 아리스토텔레스 이전의 철학자들은 정도의 차이만 있을 뿐, 신비하고 불가사의한 직감(저승에 있는 플라톤의 이데아)에 근거하여 철학을 전개했다. 하지만 아리스토텔레스는 '말(언어)'에 근거하여 철학을 전개했다. 아리스토텔레스는 오늘날의 학자들처럼 말할 내용을 항목별로 분류해 논리적 체계를 갖춘 글(논문)을 쓴 첫 번째 인물이었다. 설득은 '말(언어)'로 하는 것이기에 아리스토텔레스는 설득에 대해 깊이 고민했다.

설득에 관련된 학문이 있다. 바로 '수사학rhetoric'이다. 수사학修辭學은 말 그대로 '말辭하는 법을 익히는修 학문學'이다. 즉, 자신의 의견이나 주장을 다른 사람들이 받아들일 수 있도록 설득하기 위한 언어 기법을 연구하는 학문이다. 수사학은 아리스토텔레스 이전부터 고대 그리스에서 발전해왔다. 이를 아리스토텔레스가《수사학》이란 저서를 통해 명료하게 정리했다. 그렇다면 아리스토텔레스는 어떻게 사람들을 설득할 수 있다고 말했을까?

> 설득의 수단에는 세 가지 종류가 있다. 첫 번째는 화자의 인품 (성품)에 관련되어 있고, 둘째는 청중의 마음 상태와 관련이 있고, 셋째는 화자가 뭔가를 증명하거나 증명하는 것처럼 보이는 말 자체와 관련이 있다.
>
> — 아리스토텔레스,《수사학》

아리스토텔레스는 설득에는 세 가지 요소가 필요하다고 말한다. 첫째는 '화자의 인품', 둘째는 '청중의 마음 상태', 셋째는 '증명하는 말 자체'이다. 이를 조금 구체적으로 말해보자. '화자의 인품'은, 말하는 이가 믿을만한 사람이어야 설득이 가능하다는 의미다. '청중의 마음 상태'는 말하는 이가 듣는 이들의 마음을 잘 열어야 설득이 가능하다는 의미다. 그리고 '증명하는 말 자체'는 그럴듯한 실제 사례를 들어 논리적 근거를 갖춰 말해야 설득이 가능하다는 의미다. 아리스토텔레스는 이런 설득의 세 가지 요소를 '에토스ethos', '파토스pathos', '로고스logos'라고 말했다.

## 화자의 인품, 에토스

먼저 '에토스'가 무엇인지 알아보자. 에토스는 쉽게 말해, 말하는 이의 신뢰감(화자의 인품)이다. 에토스ethos는 도덕·윤리를 의미하는 'ethics'라는 단어의 어원이다. 도덕·윤리는 무엇인가? 그것은 어느 시대, 어느 사회의 구성원들이 공통적으로 받아들이고 있는 관습이나 가치관이다. 아리스토텔레스의 '에토스'는 대화(설득)하고 있는 사회 구성원들이 공통적으로 받아들이고 있는 관습이나 가치관 등을 말한다.

이제 왜 에토스가 말하는 이의 신뢰감을 의미하는지 이해할 수 있다. "남의 것을 훔쳐서는 안 된다!"라고 말하는 이가 있다고 해보자. 그런데 그 말을 하는 이가 도둑질을 밥 먹듯 하는 사람이라면 어떨까? 즉, 그가 사회 구성원들이 동의하는 관습이나 가치관을 따르지 않는 사람이라면 어떨까? 과연 우리

프란치스코 하예즈의 〈아리스토텔레스〉(1811).
아리스토텔레스는 이전의 철학자들과 달리 '말(언어)'에 근거하여 철학을 전개했다.

는 그런 비윤리적이고 비도덕적인 사람의 말에 설득이 될까? 설득되기는커녕 "너나 잘 살아라!"라고 반박할지도 모른다. 어느 사회의 공통적인 관습과 가치관(에토스)을 벗어나는 삶을 살아왔던 이의 말에 설득되기는 어렵다. 이런 에토스에 대해 아리스토텔레스는 이렇게 말했다.

> 화자의 인품으로 인한 설득은, 청중이 그를 신뢰할만하다고 생각하도록 화자가 말할 때 생긴다. 대체로 우리들은 거의 모든 것에 대해서 믿을만한 사람을 더욱 쉽게 신뢰하기 때문이다. 어느 쪽이 옳은지 명확하게 알 수 없는 문제점에 대해서 의견이 분분할 때 우리들은 믿을만한 사람을 더더욱 신뢰한다.
> — 아리스토텔레스,《수사학》

## 청자의 감정, 파토스

그렇다면 '파토스'는 무엇일까? 파토스는 감정, 충동, 열정 등으로 번역된다. 아리스토텔레스가 말하는 파토스는 누군가를 설득하기 위해 사용하는 감정적인 부분을 의미한다. 에토스가 말하는 사람과 관계되는 것이라면 파토스는 듣는 사람과 관계된 것이다. 아리스토텔레스에 따르면, 듣는 이의 감정, 충동, 열정에 공감하고 교감함으로써 설득이 가능하다. 설득에서 파토스는 중요하다. 사람은 항상 논리적이고 이성적으로 판단할 수 있는 존재가 아니기 때문이다. 이에 대해 아리스토텔레스는 이렇게 말한다.

> 같은 것에 대해서도 사람들은 그 대상에 대해 호의적일 때와 미워할 때, 또는 그 자신이 화가 나 있을 때와 좋은 마음일 때 똑같이 생각하지 않고, 완전히 달리 생각하거나 그 정도에서 차이가 난다. 재판관이나 배심원이 자기가 판단하는 사람에게 호의적이라면 그가 죄를 짓지 않았거나 죄를 지었더라도 작은 죄라고 생각할 것이다. 반면 미워하는 마음이 들게 한다면 정반대로 생각할 것이다. 미래의 있을 일을 희망적으로 보는 사람은 그 일이 반드시 일어날 것이며 기쁜 일이라고 생각할 것이다. 반면 미래의 있을 일이 자기와 무관하거나 괴로운 일이라고 보는 사람은 정반대로 생각할 것이다.
>
> — 아리스토텔레스,《수사학》

인간은 자주 감정이나 충동, 격정에 휩싸인다. 그래서 아리스토텔레스의 말처럼, 좋아하는 사람의 죄는 가벼워 보이고, 싫어하는 사람의 죄는 무거워 보인다. 또 희망적인 사람에게 미래는 좋은 것으로 보이고, 절망적인 사람에게 미래는 나쁜 것으로 보인다. 배고파서 음식에 온 정신이 팔려 있는 사람이 있다고 해보자. 그에게 "배부른 돼지보다 배고픈 소크라테스가 낫다!"라는 주장이 설득력을 가질 수 있을까? 그렇지 않을 것이다. 누군가를 설득하고자 한다면 듣는 사람의 파토스를 고려해야 한다.

## 언어의 논리, 로고스

마지막으로 '로고스'는 무엇일까? 로고스는 언어(말·글)를 의미한다. 말과 글에는 최소한의 논리가 있어야 한다. 그렇지 않다면 언어(말·글)의 존재 이유인 의사소통이 불가능하기 때문이다. 그래서 '로고스'라는 단어에는 '언어'뿐만 아니라 '논리'라는 의미도 담겨 있다. '에토스-화자', '파토스-청자'라면, 로고스는 '로고스-언어(논리)'로 도식화할 수 있다. 아리스토텔레스가 말하는 로고스는 듣는 이에게 명확한 증거를 제공하기 위한 논리다.

로고스가 없다면 설득은 어렵다. 고3 학생들에게 "대학은 가지 않아도 된다."라고 설득하는 상황을 생각해보자. 그때 학생들이 이렇게 물을 수 있다. "대학을 가지 않으면 어떻게 공부를 해요?" "대학을 가지 않으면 어떻게 취업을 해요?" 이런 질문에 "뭐, 그냥 어떻게 되겠지."라고 답한다면 학생들을 설득할 수 있을까? 불가능하다. 이처럼 말과 글로 자신의 주장을 논리적으로 설명할 수 없다면 설득은 어렵다.


## 설득에서 가장 중요한 것


이제 수사학에 대해 배웠으니 친구에게 독립영화를 함께 보자고 설득하는 상황으로 돌아가보자. 먼저 '로고스'로 시작해보자. "이 영화가 재미있는 이유는 첫째, 전개가 빨라서 지루하지 않고, 둘째, 삶에 대해 생각해볼 수 있고, 셋째……." 이렇게 논리적으로 말한다면 친구를 설득할 수 있을까? 글쎄, 확신할 수 없다. 누군가 빈틈없이 완벽한 논리로 말했는데도 쉽게 설득되지 않는 경우는 너무 흔하니까 말이다.

그렇다면 이제 '파토스'로 접근해보자. 그 친구는 지금 블록버스터 영화에 빠져 있다. 거기에 온 감정, 열정, 충동이 집중되어 있다. 그런 친구에게 독립영화의 재미를 논리적으로 설명해봐야 '쇠귀에 경 읽기'일 것이다. 파토스로 설득하려면 그가 좋아하는 블록버스터 영화와 관련지어 말해야 한다. "이 영화는 지금 네가 보고 있는 영화와 이 점이 비슷하고 이 부분은 좀 달라. 그래서 더 흥미로워." 이렇게 말하면 친구는 설득될까? 이번에도 확신할 수 없다. 듣는 이의 감정을 잘 파악하고 그에 맞춰 말하는 것만으로는 설득하기 어렵다. 그렇다면 왜 '로고스'와 '파토스'만으로는 설득이 어려운 것일까?

> 화자의 인품(성품)이 모든 설득의 수단 중에서 가장 막강한 것이라고 주장하는 바이다.
>
> — 아리스토텔레스, 《수사학》

아리스토텔레스는 설득의 세 가지 요소 중 '에토스'가 가장 중요하다고 말한다. '에토스'로 설득하는 것은 어떤 것일까? "이 음악은 20세기 최고의 음악입니다." 누군가의 한 마디에 설득되어 그 음악을 듣게 될 때가 있다. 왜 이런 일이 벌어지는 걸까? 바로 음악의 '에토스' 때문이다.

## 설득의 가장 강력한 무기, '에토스'

'에토스'는 화자의 신뢰도다. 그러니 음악의 '에토스'는 음악에 대해 말하는 이의 신뢰도라고 할 수 있다. 한 음악 평론가가 누구보다 음악에 대해 오랫동안 진지하게 탐구해왔다는 사실을 알고 있다고 해보자. 우리는 음악에 관한 한 그의 이야기에 귀를 기울일 수밖에 없다. 왜 그런가? 그가 음악에 대해 하는 이야기를 믿을만하다고 여기기 때문이다. 즉, 그가 음악의 '에토스'를 갖고 있기 때문이다.

블록버스터 영화에 빠져 있는 친구를 설득하는 상황도 마찬가지다. 내가 영화의 '에토스'를 가지고 있으면 된다. 내가 누구보다 진지하게 영화에 관심을 가져왔고, 누구보다 영화에 대해 잘 안다는 사실을 친구가 알고 있다면 어떨까? 그렇다면 친구를 설득하기 위해 '로고스'와 '파토스'를 활용해 독립영화의 재미와 의미를 구구절절 설명할 필요가 없다.

"이 영화 정말 끝내 줘!" 이 말 한 마디면 된다. 영화의 '에토스'를 가진 내가 그렇게 말한다면, 친구는 그 영화에 관심이 생길 수밖에 없기 때문이다. 설득의 성공 여부는 설득하기 전에 이미 결정되어 있는 것인지도 모른다. 말하는 이의 '에토스'는 설득 전에 이미 존재하는 것이니까 말이다.

## 설득이 어려운 이유

정말 그렇지 않은가. "대학은 가지 않아도 된다."라고 말하는 사람이 있다. 그의 말은 조금 논리적이지 못하다. 또 그는 듣는 이들의 감정을 잘 헤아리지도 못한다. 그래도 우리는 그의 말에 설득될 수 있다. 그가 중학교를 겨우 졸업하고 사회 밑바닥에서부터 시작해 고생고생하며 영향력 있는 소설가가 된 사람이라면 말이다. 우리는 그의 '에토스' 때문에 설득된다. 그의 삶이 그의 말을 믿을만한 말로 만들기 때문이다. 이것이 말하는 이의 신뢰도, 즉 '에토스'다.

설득은 어렵다. 한 사람의 생각에 영향을 미치는 일은 드물고 어려운 일이다. 그 이유를 이제 알 수 있다. '로고스(논리)'와 '파토스(감정)'는 비교적 짧은 시간에 연습과 훈련으로 습득할 수 있다. 하지만 '에토스'는 다르다. '에토스'는 지행합일知行合一의 결과라고 말할 수 있다. 즉, 자신이 말한 대로 살고, 산 대로 말하는 이가 가진 신뢰도, 그것이 '에토스'다. 이는 하루 아침에 생기는 것이 아니다. '에토스'는 긴 시간 지나온 삶의 발자취가 만들어내는 능력이기 때문이다.

'에토스'보다 강력한 설득의 수단은 없다. 분명 설득에는 '로고스'도 '파토스'도 중요하다. 논리를 갖춰 말하고, 듣는 이의 감정을 고려해 섬세하게 말하는 것은 중요하다. 하지만 '에토스'가 없다면 그 둘은 너무 쉽게 힘을 잃는다. 반대로 '에토스'가 있다면 '로고스'와 '파토스'가 조금 미약하더라도 설득할 수 있다. '에토스'는 설득하기 전에 이미 설득 중이니까. 그러니 누군가를 설득하고 싶다면, 가장 먼저 자신의 삶을 돌아보아야 한다. 그리고 물어야 한다. "나는 지금 어떤 에토스를 쌓아올리고 있는가?"

'형상forma'과 '질료materia'. 아리스토텔레스를 논하면서 빼놓을 수 없는 두 개념이다. 이것을 설명하기에 앞서 아리스토텔레스의 '존재론(존재하는 것들이 어떻게 존재하게 되었는가를 밝히는 이론)'을 먼저 알아보자. 아리스토텔레스는 세계(사물)를 존재하게 만드는 네 가지 원인에 대해 말한 바 있다. '형상원인', '목적원인', '운동(작용)원인', '질료원인'이 바로 그것이다. 이는 세상 만물이 '제작자·형상·질료'라는 세 가지 원인에 의해 존재하게 된다는 플라톤의 존재론을 수정, 보완하여 만들어졌다.

아리스토텔레스의 '존재론'을 집 짓는 과정으로 설명해보자. '형상원인'은 일종의 설계도다. 집이 설계도(계획된 모양)대로 지어지듯 사물 역시 자신의 '형상(설계도)'에 따라 만들어진다. '목적원인'은 필요라고 생각하면 된다. 악천후로부터 인간을 보호할 필요에 의해 집을 짓듯 사물 역시 특정한 '목적(필요)'에 따라 규정된다. '운동(작용)원인'은 건축가라고 생각하면 된다. 집을 지으려면 운동(작용)하는 건축가가 필요하듯이, 사물 역시 존재하려면 운동(작용)하는 원인이 필요하다. '질료원인'은 재료라고 생각하면 된다. 집을 짓는 데 재료(돌, 목재)가 필요하듯, 사물 역시 자신을 구성할 '질료'라는 원인이 필요하다.

아리스토텔레스에 따르면, 이 네 가지 원인에 의해 세계(사물)가 만들어진다. 그런데 이 네 가지 원인은 결국 '형상'과 '질료'라는 두 가지 원인으로 환원된다. 궁극적으로 형상원인, 목적원인, 운동원인은 서로 중복된다. '설계도(형상원인)'는 '건축가(운동원인)'의 머릿속에 있고, 이는 어떤 '필요(목적원인)'에 의해 만들어지는 것 아닌가. 아리스토텔레스는 이 세 가지 원인 중 형상원인을 "궁극적인 사물의 원인·원리"라고 하여 특히 중시하였다. 결국 아리스토텔레스는 현실세계(사물)를 '형상'과 '질료'라는 두 개념으로 설명하려고 했다. 이것을 아리스토텔레스의 '이원론'이라고 한다.

그렇다면 '형상'과 '질료'는 어떤 관계를 맺고 있을까? 온갖 것(모래·자갈·나무·물…)들이 '질료(재료)'가 될 수 있지만, 이는 '형상(건축가·설계도·목적)'이 없다면 아무것도 아니다. '질료'는 오직 '형상'과 결합함으로써만 구체적인 어떤 것(집)이 될 수 있다. 아리스토텔레스에 따르면, 세계는 '형상'과 '질료'로 이루어져 있고, 이 둘은 결코 변하지 않는다. 변화하는 것은 이 두 가지 원인이 결합하는 방법일 뿐이다. 같은 나무라도, '벌목꾼·연료·따뜻함(형상)'과 결합된 '나무(질료)'는 '땔감'이 되고, '조각가·작품·예술(형상)'과 결합된 '나무(질료)'는 '조각상'이 되는 것처럼 말이다. 아리스토텔레스의 이야기를 직접 들어보자.

> 형상이라는 원인물이 질료 속에 있기만 하면 충분하다. 그리고 거기에 이미 이 둘(형상과 질료)이 결합된 전체가 존재할 때에는, 즉 '이와 같은' 형상적 원인물이 '이것'인 살이나 뼈 안에 존재할 때에는 이것이 칼리아스이고 소크라테스이다.
>
> — 아리스토텔레스, 《형이상학》

'칼리아스'와 '소크라테스'라는 두 사람이 있다. 이 둘은 왜 각각 '칼리아스'와 '소크라테스'가 되었을까? 그들의 "살과 뼈(질료)"가 다르기 때문일까? 아니다. 둘의 질료로서의 "살과 뼈"는 같다. 둘의 차이는 '형상'과 '질료'의 결합이 다르기 때문에 발생했다. 그런데 이 둘(형상과 질료)의 결합을 결정짓는 것은 '형상(사물의 원인·원리)'이다. 아리스토텔레스의 말처럼,

"형상이라는 원인물이 질료 속에 있기만 하면 충분"하기 때문이다. '소크라테스'라는 위대한 철학자가 존재할 수 있었던 것은 소크라테스(위대한 철학자)의 '형상' 덕분이다. 그 '형상'이 (칼리아스가 될 수도 있었던) 단순한 '질료(살과 뼈)'를 위대한 철학자 '소크라테스'로 만든 것이다.

여기서 중요한 것은 '형상' 안에는 이미 존재의 목적이 포함되어 있다는 사실이다. '소크라테스'는 어떻게 탄생했을까? '위대한 철학자'라는 '형상(목적)'을 이미 갖고 있었기 때문이다. 이와 마찬가지로 아리스토텔레스는 세상의 모든 사물에는 저마다 특정한 목적을 실현할 '형상'이 내재되어 있다고 말했다. 그는 생물과 무생물의 크고 작은 움직임은 모두 최종적인 어떤 목적(텔로스telos)을 향해 가도록 결정되어 있다고 생각했다. 쉽게 말해, 아리스토텔레스의 세계는 '무엇을 하기 위해 무엇이 존재하는 세계'다. 여기서 아리스토텔레스 이후 헤겔을 거쳐 서양철학 2,000년을 지배할 하나의 거대한 사유 감옥이 탄생한다.

바로 '목적론'이다. 목적론은 인간의 행위뿐만 아니라, 세상의 모든 사건과 자연 현상은 어떤 목적을 위해 일어난다는 이론이다. 쉽게 말해, 모든 것의 답(목적)은 이미 정해져 있다는 것이다. 목적론에 따르면 물은 마시기 위해, 의자는 앉기 위해, 새는 지저귀기 위해 존재한다. 그렇다면 우리는 아리스토텔레스와 다른 세계에 살고 있을까? 우리 역시 목적을 상정하지 않은 존재(인간·행동·사물)들을 무의미로 치부하고 있지는 않을까?

우리는 목적 없는 존재들을 긍정할 수 있을까? 돈을 벌지 않는 일, 책을 내지 않는 글, 목적지가 없는 여행, 더 나아가 태어난 이유를 알지 못한 삶. 그런 목적 없는 '일', '글', '여행' 그리고 '삶'을 긍정할 수 있는가? 그런 목적 없는 존재들을 긍정하지 못한다면 우리는 여전히 아리스토텔레스의 '목적론'적 세계 안에 있는 것이다. 진정한 의미에서 아리스토텔레스를 넘는다는 것은, 달리 말해 우리 시대의 세계를 구성한다는 것은 여전히 우리 삶을 지배하고 있는 목적론적 삶의 태도를 넘어선다는 것과 다르지 않다.

목적론적 세계를 어떻게 넘어설 수 있을까? '그냥' 하면 된다. 불필요한 의미 부여나 거창한 삶의 목적 없이 '그냥' 살면 된다. 교양을 쌓기 위한 음악이 아닌 '그냥' 듣는 음악, 돈을 벌기 위해 쓰는 글이 아닌 '그냥' 쓰는 글, 재충전을 위한 여행이 아닌 '그냥' 하는 여행. 이와 같은 '그냥' 사는 삶으로 목적론적 세계를 넘어설 수 있다. 그때 알게 된다. '목적론'적 세계는 우울한 세계고, '그냥'의 세계는 유쾌하고 명랑한 세계임을. 당연하지 않은가? '목적' 없이 '그냥' 하는 일들은 반드시 기쁨이 넘치는 일들이니까 말이다.

# 08

# 어떻게 타인과 함께
# 기쁘게 살아갈 수 있을까요?

## 아리스토텔레스의
## '폴리스'

## 세상살이의 가장 큰 괴로움, 인간관계

"온 세계가 불타는 집火宅이요, 삶은 고통의 바다苦海다." 불교는 세계와 삶에 대해 이렇게 진단한다. 이는 결코 과장된 진단이 아니다. 세상살이는 그만큼이나 괴롭다. 살아가며 우리가 느끼게 되는 괴로움의 종류는 수도 없이 많다. 그 괴로움들 중 단연 깊고 큰 괴로움이 있다. '관계'의 괴로움이다. 즉, 타인과 함께 살아가야 하기 때문에 겪을 수밖에 없는 마찰과 갈등보다 더 큰 괴로움도 없다.

직장이 이를 잘 보여주지 않는가. 많은 업무, 낮은 급여, 점점 지루해지는 삶 등등 직장에는 많은 괴로움이 있다. 하지만 그 모든 괴로움들은 직장 내 인간관계 때문에 겪는 괴로움에 비하면 그리 심각한 문제가 아니다. 사장·상사와 관계가 안 좋거나 동료와 갈등을 겪거나 직장에서 왕따를 당하는 고통은 겪어보지 않은 사람은 알 길이 없다. 그만큼이나 인간관계에서 오는 괴로움은 깊고 크다.

## 피할 수 없는 관계의 고통

비단 직장만 그런가? 친구 모임도, 동호회도, 가족도 마찬가지다. 이해관계가 없는 친구 사이지만 우리는 때로 그 관계에서 괴로움을 느낀다. 심지어 좋아하는 일을 함께하기 위해 모인 동호회, 더 나아가 혈육으로 이어진 가족 관계에서조차 우리는 때로 마찰과 갈등으로 인한 괴로움을 느낀다. 이는 모두 누군가와 함께 살아가야 하기 때문에 발생한 괴로움이다.

이 관계의 괴로움을 어떻게 극복할 수 있을까? 모든 관계를 끊고 어두컴컴한 방 안에 홀로 사는 외톨이가 되어야만 하는 걸까? 타인과 함께 살아가면서 조금 덜 아파하고 조금 더 기쁠 수는 없는 걸까? 관계 때문에 고통 받고 있는 이들이 던져야 할 질문은 이것이다. "어떻게 타인과 함께 기쁘게 살아갈 수 있을까요?"

## 아리스토텔레스의 '폴리스'

이 질문에 대한 답은 아리스토텔레스를 통해 알아보자. 아리스토텔레스는 생물학, 윤리학, 물리학, 형이상학뿐만 아니라 정치학politics에까지 능통했다. 아리스토텔레스는 함께 사는 법에 대해 깊이 고민한 철학자 중 한 명이다. "어떻게 타인과 함께 기쁘게 살아갈 수 있을까요?" 이 질문에 아리스토텔레스는 "폴리스polis에서 살아가야 한다."라고 말할 테다. 그렇다면 '폴리스polis'는 무엇일까?

> 폴리스는 일종의 공동체이며, 모든 공동체는 어떤 좋음을 실현하기 위해 구성된다.
>
> — 아리스토텔레스, 《정치학》

그리스어로 '폴리스polis'는 사람들이 함께 모여 사는 공동체를 의미한다. 고대 그리스에는 지금과 같은 거대국가는 없었고, 작은 도시국가들이 모여 있었다. 높은 곳에 올라서면 한눈에 내려다보이는 작은 도시국가 단위의 공동체가 바로 '폴리스'다. "폴리스는 어떤 좋음을 실현하기 위해 구성된다."라는 말에서 알 수 있듯이, 아리스토텔레스는 인간은 '폴리스' 덕분에 먹고사는 문제뿐만 아니라 더 좋은 삶을 영위할 수 있다고 보았다. 더 나아가 그는 인간이라는 동물 자체가 바로 이 '폴리스'를 구성하려는 존재라고 말했다.

> 폴리스는 자연의 산물이며, 인간은 본성적으로 폴리스적 동물zōion politikon이다.

'폴리스polis'라는 단어에서 '정치적politic'이라는 의미가 파생되었다(우리가 너무 잘 알고 있는 "인간은 사회(정치)적 동물이다."라는 구절은 바로 아리스토텔레스의 이 말에서 비롯되었다). 인간이 '폴리스', 즉 공동체를 구성하려는 존재라면, 이는 인간이 타인과 함께 살아가려는 '정치·사회적' 존재일 수밖에 없기 때문이다. 아리스토텔레스는 인간이 이 '폴리스'에서 살아갈 때에만 타인과 함께 살아가며 기쁨을 누릴 수 있다고 말한다. 이 '폴리스'에 대해 조금 더 구체적으로 알아보자.

## 아리스토텔레스의 '아리스토크라시'

아리스토텔레스가 이상적으로 생각하는 폴리스는 '아리스토크라시aristocracy'를 따르는 공동체다. '아리스토크라시'는 흔히 '귀족정치(지배)'로 번역되고는 하는데, 이는 정확한 번역이 아니다. '아리스토크라시'는 고대 그리스어 'aristo(최선最善의)'와 'cracy(지배·규율)'가 합쳐진 단어로, 이는 최고最로 선善한(훌륭한·고결한) 사람이 공동체를 통치하는 체제를 뜻한다.

'아리스토크라시'가 '귀족정치'로 번역되는 것은, 고대 그리스에서 가장 잘 교육 받은 엘리트 계층인 귀족이 가장 선하다(훌륭하다·고결하다)고 인정받았기 때문이다. '아리스토크라시'는 가장 선하고 훌륭한 사람이 공동체를 통치하는 체제다. 그러니 '최선자最善者정치'가 그 원뜻을 가장 잘 반영하는 번역이라고 할 수 있다. 이런 아리스토텔레스의 생각은 그의 스승인 플라톤의 영향 아래 있다.

> 누가 '다스리고' 누가 '다스림을 받을' 것인가? … 통치자들은 … 그들 중에서도 '가장 훌륭한 사람最善者들hoi aristoi'이어야만 한다.
>
> — 플라톤, 《국가》

　플라톤에 따르면, 이상적인 공동체(폴리스)는 '철인哲人정치'로 가능하다. 이는 다수의 사람들이 모인 공동체는 '철인'이 이끌어야만 그 구성원들이 기쁘게 살아갈 수 있다는 뜻이다. 여기서 말하는 '철인'이란 폭정을 일삼는 나쁜 권력자를 의미하는 것이 아니다. 오히려 그 반대다. '철인哲人'은 지혜로운 철학자哲學者를 의미한다. '철인'은 학문과 지혜를 사랑해서 끊임없는 배움과 성찰을 통해 최고의 이데아인 '선의 이데아'에 도달한 사람이다. 기본적으로 아리스토텔레스의 '아리스토크라시'는 이런 플라톤의 관점을 이어받고 있다.

# '철인'이 지배하면 함께 기쁘게 살아갈 수 있을까?

이제 우리의 이야기로 돌아가자. 아리스토텔레스의 '아리스토크라시'를 따르면 우리는 함께 기쁘게 살아갈 수 있을까? 이를 우리 시대의 이야기로 바꿔 말해보자. 즉, 선하고 훌륭하며 지혜로운 아버지·선생·사장·대통령을 만나면 가정·학교·직장·국가 안의 다양한 인간관계에서 발생하는 괴로움이 사라질까? 아니다. 어떻게 단언할 수 있는가? 우선은 플라톤과 아리스토텔레스가 말한 '철인'이 매우 드물기 때문이다. 그렇다면 그런 '철인'이 등장하기만 한다면 모든 문제가 해결되는 것일까? 그 역시 아니다.

'아리스토크라시'를 실현할 '철인'이 있다고 가정해보자. 그렇다면 우리는 타인과 함께 기쁘게 살아갈 수 있을까? 그런 일은 결코 일어나지 않는다. 물론 그런 '철인'이 있다면 그 철인(지배자)과 그 철인이 지배하는 사람(피지배자)들 사이의 관계는 좋을 수 있다. 하지만 우리네 인간관계의 고통은 '지배자(아버지·사장·대통령)-피지배자(자녀·직원·국민)' 사이에서만 발생하는 것이 아니다. 관계의 더 큰 고통은 '피지배자-피지배자' 사이의 마찰과 갈등에서 온다.

'연산군(폭군)'보다 '세종대왕(성군)'이 지배할 때 관리와 백성이 더 살기 좋은 것은 사실이다. 하지만 '세종대왕' 시절이라고 해서 관리-관리, 혹은 백성-백성 사이의 마찰과 갈등이 없는 것은 아니다. 당연하지 않은가. '지배자(왕)-피지배자(관리·백성)'의 논리가 남아 있다면, 피지배자 사이에서 다시 피지배자가 되지 않기 위한, 혹은 작은 지배자가 되기 위한 마찰과 갈등은 불가피할 테니까 말이다. 이것이 플라톤과 아리스토텔레스의 한계다.

## '지배자-피지배자'의 구조 자체가 문제다

> 가장 단순하고 자연적인 공동체는 … 자기보존을 위한 지배자와 피지배자의 결합이다. …한 사람, 소수자 또는 다수자가 공동의 이익을 위하여 통치하는 정부는 올바른 정부다.
>
> — 아리스토텔레스, 《정치학》

아리스토텔레스는 폴리스뿐만 아니라 모든 공동체가 지배자와 피지배자의 결합이라고 본다. 그에게 올바른 정부는 "공동의 이익을 위하여 통치하는 정부"다. 여기서 중요한 것은 '공동의 이익'이 아니라 '통치(지배)'다. 그에게 '공동의 이익'은 '통치(지배)'의 결과물이기 때문이다. 플라톤도 아리스토텔레스도 누가 지배할 것인지를 문제 삼을 뿐, 지배하고 지배받는 체제 그 자체는 결코 문제 삼지 않는다.

함께 살아가는 것이 괴로움인 근본적인 이유는 '지배자-피지배자'의 구조 그 자체 때문이다. 학교, 동호회, 직장에서 인간관계의 마찰과 갈등은 왜 생기는가? 두려움과 야심 때문에 생긴다. 무시당하고 비난받는 '피지배자'가 되면 어쩌나 하는 두려움과 자신 마음대로 할 수 있는 '지배자'가 되고 싶다는 야심. 대부분의 인간관계의 마찰과 갈등은 그 두려움과 야심에 기인한다. 누군가는 지배하고 누군가는 지배당하는 것이 당연하다고 여길 때 관계의 고통에서 벗어날 길은 요원하다.

## 어떻게 '지배자-피지배자'의 논리를 넘어설 것인가

'어떻게 타인과 함께 기쁘게 살아갈 수 있을까?' 이 질문은 이제 이렇게 바꿔야 한다. '어떻게 지배자-피지배자의 이분법을 넘어설 것인가?' 가장 쉬운 답은 지배자(권력자)를 제거하는 방법일 것이다. 하지만 이는 유효한 방법이 아니다. 역사는 이 쉬운 방법이 얼마나 많이 실패했는지를 여실히 증명하고 있지 않은가. 지배자를 제거하려 했던 수많은 혁명에도 불구하고 여전히 지배자는 존재한다. 노예제의 '주인', 봉건제의 '영주', 군주제의 '왕', 공화제의 '당선자', 공산제의 '당', 자본제의 '자

어떻게 타인과 함께 기쁘게 살아갈 수 있을까?

178

본가'로 형식만 달라졌을 뿐, 역사에서 지배자가 제거된 적은 단 한 번도 없다.

'지배자-피지배자'의 논리를 넘어서기 위해서는 역사 이면의 역사로 눈을 돌릴 수밖에 없다. 여기서 인디언 사회를 온몸으로 겪으며 함께 사는 법에 대해 연구한 정치인류학자 피에르 클라스트르Pierre Clastres의 도움을 받을 필요가 있다. 인디언 사회는 지배자가 없는 사회가 아니었다. 하지만 그네들은 구성원들끼리 함께 어울리며 기쁘게 살아갔다. 어떻게 그럴 수 있었을까? 그 비밀의 열쇠는 원주민 사회의 지배자라 할 수 있는 '추장'에게 있다. 클라스트르의 이야기를 직접 들어보자.

> 추장은 자기의 재화에 대해 집착해서는 안 된다. '피지배자'들의 끊임없는 요구를 거절할 수 없다. 거절하는 것은 곧 스스로를 부정하는 것과 같다. … 추장은 형을 언도하는 재판관이라기보다 타협점을 찾는 중재자이다.
>
> — 피에르 클라스트르,《국가에 대항하는 사회》


## '무력한 지배자'를 위하여

추장은 지배자이지만 무력한 지배자다. 추장은 명예나 권위만

프랑스의 정치인류학자 피에르 클라스트르.
그는 인디언 사회를 온몸으로 겪으며
그들 사회의 '무력한 지배자-요구하는 피지배자' 구조를 밝혀냈다.

있을 뿐, 부족원들에게 어떤 일을 강제할 힘(권력)이 없다. 오히려 피지배자(부족원)들이 재화를 요구하면 거절할 수 없다. 만약 거절하면 스스로 추장이기를 포기하는 것으로 간주된다. 피지배자들이 요구하고 지배자가 그 요구에 부응(복종!)해야 하는 체제인 셈이다. 남미의 어느 인디언 부족 추장은 피지배자들의 반복되는 요구에 지쳐 화를 내며 이렇게 말했을 정도다. "전부 바닥났어! 더 이상 줄 것이 없어! 누구든 나 대신 추장을 해봐라!"

추장은 아무런 힘(권력)이 없기 때문에 부족원들에게 어떤 명령도 내릴 수가 없다. 그래서 그는 피지배자들에게 판결을 내리는 재판관이 아니라 피지배자들 사이에 분쟁이 있을 때 타협점을 찾는 중재자에 가깝다. 인디언 사회의 추장제는 중요한 의미를 담고 있다. 어쩌면 인간에게 지배자(권력자·대표자)는 불가피한 것인지도 모른다. 다양한 이들이 함께 살아가려면 누군가는 반드시 각자의 이해관계를 조정해야 하니까 말이다. 만약 그렇다면 '지배자-피지배자'의 논리를 넘어서는 방법은 '추장', 즉 '무력한 지배자'를 만드는 방법밖에 없다.

'무력한 지배자'가 가능하다면, 함께 살아가며 겪을 수밖에 없는 마찰과 갈등은 상당 부분 사라지게 된다. 관계의 마찰과 갈등은 '피지배자'가 되지 않기 위한, 혹은 '지배자'가 되기 위한 모종의 다툼에서 오기 때문이다. 이런 다툼은 왜 발생할까? 지배자와 피지배자 간의 위상의 격차 때문이다. 쉽게 말해, 지배자는 뭐든 제멋대로 요구할 수 있는 사람이고, 피지배자는 눈치 보며 복종해야만 하는 사람이기 때문이다. All(전부) or Nothing(전무)의 상황에서 어찌 사람들이 다투지 않을 수 있겠는가.

하지만 인디언 사회의 추장처럼, '무력한 지배자'가 있다면 어떨까? 즉, '무력한 지배자-요구하는 피지배자'로 공동체가 구성된다면 어떨까? 사람들은 피지배자가 될까봐 두려워하지 않을 테고, 지배자가 되려는 야심 또한 크지 않을 테다. 추장과 부족원들 사이의 권익의 격차가 거의 없기 때문이다. 둘 다 나름의 장단점이 있으니까 말이다. 그런 공동체를 구성할 수 있다면, 우리는 서로에게 조금 덜 상처 주며 조금 더 기쁘게 함께 살아갈 수 있다.

## 랑시에르의 '정치'

하지만 문제가 남아 있다. 우리의 현실은 여전히 '권력의 지배자-복종하는 피지배자'의 구조다. 막강한 권력을 가진 지배자(아버지·사장·대통령)가 피지배자(자녀·직원·국민)에게 강압적으로 요구하는 사회 아닌가. 이런 상황에서 '무력한 지배자-요구하는 피지배자'의 구조를 어떻게 만들 수 있을까? 진정한 민주주의에 대해 고민했던 정치철학자 랑시에르Jacques Rancière의 이야기를 들어보자. 랑시에르는 '폴리스polis'라는 말에서 유래한 두 가지 단어에 주목한다. '정치'를 의미하는 '폴리티크politique'와 '치안'을 의미하는 '폴리스police'다. 랑시에르는 '정치'와 '치안'을 구분한다.

> '그냥 지나가시오! 여기에는 아무것도 없소!' 치안은 도로 위에 아무것도 없으며, 거기에서는 그냥 지나가는 것 말고는 달리 할 것이 없다고 말한다. 치안은 통행 공간이 통행 공간일 뿐이라고 말한다. 정치는 이 통행 공간을 한 주체(인민·노동자·시민)의 시위(드러냄) 공간으로 변형하는 것으로 이뤄진다.
> — 자크 랑시에르, 《정치적인 것의 가장자리에서》

'치안'은 지배자가 시키면 시키는 대로 하라는 것이다. 하지만 '정치'는 다르다. '정치'는 자신의 의견을 당당하게 드러내는 일(시위!)이다. '세월호 사건'의 진상 규명을 요구하는 시위를 한다고 해보자. 치안police은 우리의 요구를 묵살한다. 그저 지배자가 시키는 대로 하라고 명령할 뿐이다. "그냥 지나가시오! 여긴 아무것도 없소!" 치안을 따를 때 '권력의 지배자-복종하는 피지배자'의 구조는 더욱 공고해진다. 하지만 정치

politique는 다르다. 아무것도 없는 그 광화문(통행 공간)을 시위(드러냄)의 공간으로 바꾸는 것, 그것이 '정치'다.

시위(드러냄)는 지배자와 피지배자 간의 위상의 격차를 좁히는 구체적인 행위다. 이는 중요하다. 그 좁혀진 격차만큼 우리는 함께 기쁘게 살아갈 수 있기 때문이다. 많은 현대철학자들이 인간다운 공동체를 논하면서 선거보다 시위를, 대표자의 선출보다 소환을, 권력자의 권력보장보다 권력통제를 주장하는 것도 그래서다. 인디언 사회는 오래된 미래일지도 모른다. 현대 사회에서 시위(드러냄)를 통해 지배자의 권익을 줄여나간 최종적 형태가 바로 인디언 추장제일 수 있기 때문이다.

아리스토텔레스의 말처럼, "인간은 본성적으로 폴리스적 동물"이다. 하지만 아리스토텔레스의 '폴리스polis'는 순응하는 '치안police'이지 당당하게 요구하는 '정치politique'가 아니다. '정치'는 거창한 것이 아니다. 가정, 학교, 동호회, 직장 등 우리가 속해 있는 공동체에서 당당하게 우리가 원하는 바를 요구하는 것이다. 그런 '정치'적 시위로, 지배자는 점차 무력해진다. 그렇게 우리는 고전적인 '권력의 지배자-복종하는 피지배자'의 이분법을 넘어설 수 있다. 그 이분법을 넘어 '무력한 지배자-요구하는 피지배자'라는 도식이 우리의 마음에 자리 잡을 때, 우리는 누구를 만나더라도 더 적은 마찰과 갈등을 겪으며 더 기쁘게 함께 살아갈 수 있다.

아리스토텔레스의 철학에서 놓치지 말아야 할 두 가지 개념이 있다. '가능태dynamis'와 '현실태energeia'다. '가능태'는 가능성 dynamics을 뜻한다. '현실태'는 (어떤 현실적인 대상이 아니라) '가능태(가능성)'가 현실화되어 활동성energy을 갖도록 만드는 원리(본질)라고 할 수 있다. 이에 대해 아리스토텔레스는 이렇게 말한다.

현실태란 사람들이 가능적으로 있다고 말하는 것(가능태)이 아니라, 사물이 현실 상태에서 존재한다는 사실 안에 있는 것이다.

— 아리스토텔레스,《형이상학》

다소 난해할 수 있으니 예를 들어보자. 갓난아이가 농구선수가 되는 과정을 생각해보자. 이 갓난아이의 뼈와 살이 그 아이가 농구선수가 될 '가능태'다. 그리고 그 '가능태'를 통해 농구선수가 되도록 만드는 원리(본질)가 바로 '현실태'다(농구선수가 '현실태'가 아니다). 아리스토텔레스에 따르면, 그 아이의 뼈와 살은 농구선수가 될 가능성dynamics일 뿐이고, 그 가능성이 활동성energy을 지닌 농구선수가 되는 것은 농구선수가 되도록 만드는 원리(본질)인 '현실태' 때문이다.

아리스토텔레스의 '가능태'가 '질료'이고 '현실태'가 '형상(이데아)'이다. 바로 여기서 플라톤과 아리스토텔레스의 차이점이 드러난다. 플라톤의 '형상(이데아)'과 아리스토텔레스의 '형상(이데아)'은 다르다. 그 차이는 다음 질문으로 명확하게 드러난다. '형상이 어디에 있는가?' 플라톤의 '형상'은 세상 너머에 있다. 그 아이가 왜 농구선수가 될 수 있었냐고 묻는다면, 플라톤은 세상 너머 이데아의 세계에 있는 '형상(본질·원리)'을 따랐기 때문이라고 답할 테다. 하지만 아리스토텔레스의 답은 다르다.

아리스토텔레스의 '형상', 즉 '현실태'는 세상 너머에 있는 것이 아니다. 말 그대로 '현실'에 있다. '현실태'는 "사물이 현실 상태에서 존재한다는 사실 안에" 있다. 즉, 그 아이가 농구선수가 된 이유는 그 아이 안에 이미 있는 '형상(본질·원리)'

때문이다. 아리스토텔레스의 '형상'은 개체들이 갖고 있는 질료들의 조직 원리라고 말할 수 있다. 씨앗이 꽃이 되는 이유는 씨앗 안에 꽃의 '형상'이 있기 때문이라는 것이다. 즉, 그 씨앗의 '형상(본질·원리)'이 '질료(물·토양·햇볕)'들을 꽃으로 조직해낸다는 관점이다. 이는 현대에 이르러 유전자(형상)의 논리로 반복되고 있다. 갓난아이가 농구선수가 되는 것은 유전자라는 현실태(원리) 때문이라고 보는 관점이 있다. 이는 아리스토텔레스의 관점을 그대로 반복하고 있다.

아리스토텔레스는 분명 플라톤보다 건강하다. 플라톤을 따르면 우리는 우울해진다. 우리가 어떤 사람이 될지는 세상 너머에 있는 '형상(본질·원리)'에 달려 있기 때문이다. 플라톤에게 우리는 그저 이데아(형상)의 그림자일 뿐이다. 하지만 아리스토텔레스는 다르다. 우리가 어떤 사람이 될지는 우리 안에 있는 '형상(본질·원리)'에 달려 있다. 플라톤보다 아리스토텔레스의 생각이 조금 더 우리 자신을 긍정하게 만든다. 이처럼 둘 사이에는 결정적인 차이가 있다. 하지만 그 결정적 차이보다 중요한 사실이 있다. 플라톤과 아리스토텔레스 모두 '형상(본질·원리)이 모든 것을 결정한다'는 견해에서 한 발자국도 벗어나지 못했다는 사실이다.

즉, 어떤 개체든 미리 정해진 '형상(본질·원리)'을 벗어날 수 없다는 관점은 둘 모두 마찬가지다. 둘의 차이는 그 '형상'이 우리 외부에 있느냐, 우리 내부에 있느냐의 차이일 뿐이다. 그 아이가 농구선수가 된 이유가 외부 '형상'을 따랐기 때문인지, 내부의 '형상'을 따랐기 때문인지는 (철학사적으로는 매우 중요하겠지만) 우리에게 전혀 중요한 문제가 아니다. 우리에게 중요한 문제는 그 아이는 결국 농구선수가 될 수밖에 없었다는 점이다. 플라톤이든 아리스토텔레스든 끝내는 우리를 우울하고 수동적인 삶으로 내몬다. 그들은 그 아이가 농구선수가 될 '형상(본질·원리)'에서 벗어날 수 없다고 보기 때문이다. 니체는 이런 관점이 삶의 진실을 왜곡하는 것이라 단호하게 말한다.

> 그 자체는 무의미하다. : '인식 그 자체'가 있을 수 없는 것과 마찬가지로 '본질 그 자체'도 없다. 관계들이 비로소 본질을 구성하는 것이다.
>
> — 니체, 《유고: 1888년~1889년 1월》

그 자체'는 사물의 본질이자 원리를 의미하는 '형상'이다. 즉, 니체는 '형상(본질·원리)'이 무의미하다고 말한다. 왜냐하면 '본질 그 자체'는 없기 때문이다. '본질 그 자체'가 무엇인가? 결코 변하지 않는 고정적인 본질이다. 세상에 그런 것은 없다. 외부든 내부든 그런 형상은 존재하지 않는다. 여기서 니체는 '본질 그 자체'는 없지만, 본질은 있다고 말한다. 그 본질을 구성하는 것은 바로 '관계'들이다. 개체의 '형상(본질)'은 결코 고정적이지 않다. 그것은 어떤 관계들 속에 있느냐에 따라 다르게 구성된다.

아이의 뼈와 살(큰 키·운동 능력·영리함·공감능력)은 농구와 관계 맺을 때 농구선수의 '형상(본질)'으로 보이는 것일 뿐이다. 아이가 어떤 관계(배구·축구·음악·영화·철학)들 속에 있느냐에 따라, 그에게서 배구선수, 축구선수, 음악가, 영화감독, 철학자의 '형상(본질)'을 보게 될 수도 있다. 세상 너머에도, 세상 안에도 우리를 미리 규정하는 '형상(본질·원리)' 같은 것은 없다. 우리에게는 우연적인 마주침만이 있을 뿐이다. 그 우연적인 마주침으로 인해 더해진 하나의 항(친구·선생·책·영화·연애·여행…)이 모든 것을 바꿀 수 있다. 진정으로 유쾌하고 기쁜 삶을 원한다면 플라톤과 아리스토텔레스를 훌쩍 넘어 니체의 세계로 나아가야 한다.

아리스토텔레스의 '폴리스'

# 09

# 어떻게 해야
# 마음이 편안해질까요?

스토아학파의
'아파테이아'

# 템플스테이와 명상

"템플스테이 다녀올까 봐." 친구가 지친 표정으로 말했다. 그 친구가 왜 그런 말을 했는지 알고 있다. 방송 관련 일을 하는 그는 늘 정신없이 바쁘다. 헐떡거리며 한 주 방송을 마무리하면 다시 돌아오는 업무에 대한 압박, 그리고 그사이에 발생하는 인간관계의 복잡 미묘한 갈등과 마찰. 그 모든 일들에 쫓기며 사느라, 그 친구는 걱정·긴장·불안에 단 하루도 마음 편할 날이 없다. 이것이 그 친구가 종종 휴가를 받아 절을 찾는 이유다. 한적한 산속, 고즈넉한 사찰에 며칠을 머무르면 마음이 편안해지기 때문이다.

비단 그 친구만 그럴까? 요즘은 온갖 자극적인 영상이 넘쳐나는 시대다. 흥미로운 점은 이런 시대에 명상 관련 영상도 적지 않게 재생산되고 있다는 사실이다. 많은 이들이 명상에 관심을 갖고 있다. 사실 이는 의아한 일이 아니다. 걱정·긴장·불안을 피하려 자극적인 영상을 찾지만 이는 이내 더 큰 걱정·

긴장·불안을 가져오기 때문이다. 맵고 짠 음식을 먹으면 잠시는 스트레스가 해소되는 것 같지만 하루 종일 배가 아픈 것처럼 말이다.

## '템플스테이'와 '명상'으로는 편안한 마음에 이를 수 없다

이것이 자극적인 영상의 홍수 속에서 명상 관련 영상이 적지 않게 재생산되고 있는 이유다. 명상을 하면 걱정·긴장·불안이 해소될 것이라고 믿기 때문이다. '긍정적 사고', '좋은 생각', '생각 비움', '마음 챙김' 등등의 표어를 내세운 명상이 유행처럼 번지는 이유는 분명하다. 조금이라도 마음이 편안해지기를 바라서다.

템플스테이나 명상 영상을 통해 정말 마음이 편안해질 수 있을까? 아니다. 템플스테이를 하거나 명상 영상을 틀어놓은 동안에는 '긍정적 사고', '좋은 생각', '생각 비움', '마음 챙김'으로 인해 마음이 편안해지는 것 같다. 하지만 그 모든 것이 그때뿐이다. 절을 나서거나 영상을 끄고 현실로 돌아오는 순간 다시 온갖 걱정·긴장·불안에 잠식당하게 마련이다. 그렇게 편안한 마음은 한 순간에 끝나버린다. 템플스테이나 명상으로도 편안한 마음에 이르지 못한 이들은 처음부터 다시 질문해야 한다. "어떻게 해야 마음이 편안해질까요?"

## 스토아학파의 '결정론'

이 질문에 대한 답은 스토아학파를 통해 알아보자. 스토아학파는 헬레니즘 시대(약 기원전 323년~기원전 30년)부터 고대 후기까지 영향을 미쳤던 철학 사조다. 스토아학파의 '스토아stoa'는 사람 이름이 아니라 그리스어로 '주랑柱廊'을 의미하는데, 이는 유럽 건축양식에서 종종 볼 수 있는, 지붕으로 덮여 있는 건물 외부 복도를 지칭한다. 스토아학파라는 이름은 창시자 제논이 아테네의 '그림으로 장식된 주랑stoa-poikile'에서 제자들을 가르친 데서 유래했다. 이 학파의 철학을 공유하는 많은 이들을 묶어서 스토아학파라고 한다.

"어떻게 해야 마음이 편안해질까요?" 이 질문에 스토아학파라면 이렇게 답해줄 테다. "아파테이아apatheia에 이르면 된다." 스토아학파의 주요 개념 중 하나인 '아파테이아'는 흔히, 부동심不動心으로 번역된다. 이는 어떤 외부적 상황에도 동요하지 않는 평온한 마음 상태를 의미한다. 그러니 '아파테이아'에 이르면 걱정·긴장·불안 같은 복잡하고 뒤엉킨 마음으로부터 벗어나 편안한 마음에 이르게 된다고 말할 수 있다.

그렇다면 이 '아파테이아'에는 어떻게 이를 수 있을까? 이 질문에 답하기 위해서는 먼저 스토아학파의 세계관, 즉 그들이 세계를 어떻게 바라보고 있는지를 살펴보아야 한다. 스토아학파의 대표적인 학자이자 로마제국의 황제였던 마르쿠스 아우렐리우스Marcus Aurelius의 이야기를 들어보자.

> 그대에게 무슨 일이 일어나든 그 일은 우주가 시작된 이래 이미 준비되어 있었다. 그리고 서로 얽히고설킨 여러 원인들은 먼 옛날부터 그대의 운명에 의해 발생할 일들을 이미 그물처럼 엮어놓았다.
>
> — 마르쿠스 아우렐리우스,《명상록》

스토아학파의 세계관은 운명(숙명)적 결정론이라고 말할 수 있다. 스토아학파는 세계 전체가 이미 다 결정되어 있다고 본다. 이미 완성되어 있는 영화 한 편을 생각해보자. 스토아학파는 세계와 그 세계 속 우리네 삶이 바로 이 영화와 같다고 생각한다. 영화의 엔딩 크레딧이 올라갈 때 우리는 주인공이 언제 사랑에 빠지는지, 언제 이별하는지, 결말이 어떤지, 또 그 모든 과정이 어떤 인과관계를 통해 일어나는지 다 알 수 있다. 영화를 다 보기 전에는 이러한 사실들을 알 수 없다고 하더라도,

우리는 영화 속 이야기가 이미 다 결정되어 있다는 사실은 알고 있다. 이처럼 모든 것이 운명처럼 다 결정되어 있다고 보는 것이 스토아학파의 세계관이다.

## 감정이 없는 상태, '아파테이아'

스토아학파의 결정론적 세계관을 통해, '아파테이아'가 무엇인지 보다 분명하게 알 수 있다. '아파테이아apatheia'는 '감정(욕망·정념·격정)'을 의미하는 '파토스pathos'에 부정을 의미하는 접두사 '아a-'가 결합된 단어다. 즉, '아파테이아'는 일체의 인간적 감정(욕망·정념·격정)에 초연한 상태다. 스토아학파는 인간의 감정을 '쾌락·불쾌·욕망·공포' 이 네 가지로 구분했는데, 이 네 가지 감정을 초월한 상태가 바로 '아파테이아'다. 이는 쉽게 말해, 아무리 슬픈 일이 있어도 분노하거나 좌절하지 않으며, 아무리 기쁜 일이 있어도 즐거워하거나 설레지 않는 상태다.

이는 스토아학파에게 당연한 일이다. 모든 것이 결정된 세계에서 편안한 마음(아파테이아)은 쾌락도, 불쾌도, 욕망도, 공포도 느끼지 않는 마음 상태일 수밖에 없다. 모든 것이 이미 다 정해져 있는데, 기쁜 일에 쾌감을 느끼는 것, 슬픈 일에 불쾌함을 느끼는 것, 행복을 바라는 것(욕망), 불행을 두려워하는 것(공포)은 모두 얼마나 헛된 일이란 말인가. '아파테이아'는 인간에게 주어진 '희로애락喜怒哀樂'의 감정을 초월한 상태를 의미한다. 쉽게 말해, '아파테이아'는 감정이 사라져 버려서, 흔들릴動 마음心이 없게不 된 상태인 셈이다.

'아파테이아'는 쉽사리 도달할 수 있는 마음이 아니다. 스토아적 세계관을 받아들인 '민희'가 있다. '민희'는 영원히 노예로 살아가도록 결정된 운명이다. '민희'는 '아파테이아'에 도달할 수 있을까? 결코 쉽지 않을 테다. '민희'는 자연스럽게 노예라는 운명에 대해 '공포'와 '불쾌'를 느낄 수밖에 없고, 동시에 자유라는 '쾌락'을 향한 '욕망'이 생길 수밖에 없기 때문이다. '민희'는 어떻게 아파테이아에 이를 수 있을까? 노예라는 결정된 운명을 거부하지 않고 순순히 받아들일 때만 가능하다.

## '아파테이아'는 우리가 바라는 평온함인가

이제 아파테이아에 이르는 길이 무엇인지 알겠다. '아파테이아'에 이르기 위해서는 욕망을 억눌러야 하고, 고통을 견뎌야 한다. 스토아학파에게 중요한 것은 개인이 아니라 (결정된) 전

어떻게 해야 마음이 편안해질까요?

체다. 그러니 전체의 유익을 위해 개인은 욕망을 억눌러 하고, 고통을 견뎌야 한다. "괴로움을 견디고, 쾌락을 버려라sustine et abstine!" 이것이 스토아학파의 핵심적인 주장이며, 동시에 이것이 '아파테이아'에 이르는 길이다. 지금 우리는 무엇인가 찜찜하다. '아파테이아'는 정말 우리가 지향해야 할 마음일까?

'아파테이아'는 분명 '부동심(평온한 마음)'이지만, 동시에 '무감정'의 상태라고도 말할 수 있다. '부동심'의 경지에 이르기 위해서는 모든 감정을 제거해야만 한다. 감정이 남아 있는 한, 우리는 언제나 요동치는 마음에 시달릴 수밖에 없으니까 말이다. '아파테이아'는 지혜로운 자의 평온한 마음처럼 보이지만, 한편으로는 웃음도 눈물도 없는, 차가운 사이코패스의 마음처럼 보이기도 한다. 러셀은 스토아학파의 철학을 논하면서 이에 대해 날카롭게 진단한 바 있다.

> 여기에는 스토아학파의 덕(지혜) 개념에 포함된 냉담의 요소가 어울린다. 나쁜 감정뿐만 아니라 모든 감정을 비난한다. 현자는 동정심을 느끼지 않는다. 아내와 자식이 죽더라도, 현자는 아내와 자식의 죽음이 자신의 덕에 방해가 되지 않는다고 생각하기 때문에 그다지 괴로워하지도 않는다.
>
> — 버트런드 러셀, 《서양철학사》

# 아파테이아는 편안한 마음이 아니다

다시 우리의 이야기로 돌아가자. 어떻게 편안한 마음에 이를 수 있을까? '아파테이아'에 이르면 될까? 즉, 우리의 모든 감정을 제거하면 될까? 그럴지도 모르겠다. 모든 감정을 제거하면 요동칠 마음 역시 없어지니까 말이다. 하지만 이것이 정말 우리가 바라는 것일까? 우리가 바랐던 것이 사랑하는 이와 함께할 때 기쁨을 느끼지 않는 것일까? 사랑하는 이의 죽음 앞에서 그 어떤 슬픔도 느끼지 않는 것일까? 그것은 우리가 편안한 마음을 바랐던 이유가 아니다.

우리는 왜 편안한 마음을 바랐던 걸까? 더 적은 슬픔과 더 큰 기쁨을 위해서다. 그런데 이 슬픔과 기쁨 자체가 이미 감정이다. 그러니 좋은 감정과 나쁜 감정을 모두 제거해 '아파테이아'에 이르려는 시도는 얼마나 어리석으며 또한 위험한가. 템플스테이와 명상으로 편안한 마음에 이르려는 이들도 같은 실수를 저지르고 있는 것일지도 모른다. 좋은 감정이든 나쁜 감정이든 그것은 타자로부터 온다. 그런데 템플스테이와 명상을 추구하는 이들은 산속이나 스마트폰 앞에 홀로 있음으로써 타자를 제거해 감정 자체를 제거하려는 것 아닌가.

템플스테이나 명상 등에 집착하는 이들에게서 냉소주의와 허무주의의 냄새가 짙게 배어나는 것은 결코 우연이 아니다. 그들은 타자를 제거하려는 이들이다. 타자를 제거하기 위해서는 타자를 냉소적으로 바라볼 수밖에 없다("인간들은 다 싫어."). 또한 타자를 제거하려는 이들은 결국 혼자 남겨진 외로움에 잠식당해 허무에 빠지지 않을 도리가 없다("결국 인생은 무의미한 거야."). 그들은 알고 있을까? 그들이 끝내 바라는 것은 웃음도 울음도 없는 무색무취의 차가운 인간이라는 걸. 그렇다면 우리는 끝내 편안한 마음에 이를 수 없는 것일까?

## '아파테이아' 말고 '해탈!'

시간과 공간을 훌쩍 넘어 600년대 신라 시대의 탁월했던 불교 철학자 원효에게 답을 구해보자. 불교에서는 인간에게 두 가지 마음이 있다고 말한다. '집착·번뇌의 마음'과 '해탈의 마음'이다. '집착·번뇌의 마음'은 걱정·긴장·불안으로 요동치는 마음이라 할 수 있고, '해탈의 마음'은 편안한 마음 상태라고 할 수 있다. 우리가 그토록 바랐던 편안한 마음은 바로 '해탈의 마음'이다. 원효는 해탈에 이르는 길에 대해 다음과 같이 말한다.

움직이지 않는 물에 바람을 불면 물결이 생기며 움직이는 물이 된다. 움직임(動)과 고요함(靜)은 다르지만 물의 본체는 하나이

신라시대 탁월했던 불교철학자, 원효.
많은 승려들이 깊은 산속에서 수행하고 있을 때, 원효는 광대들이 가지고 노는
바가지를 들고 온 신라 땅을 누비며 번뇌에 시름하는 타자를 만나러 다녔다.

므로, 고요한 물靜水에 의하여 움직이는 물動水이 있다고 말할
수 있다.

— 원효,《대승기신론 소·별기》


원효는 인간의 마음을 물에 비유하고 있다. 호수가 있다
고 해보자. 그 호수의 물이 요동치는 상태는 마음이 요동치는
상태이고, 물이 고요해진 상태는 마음이 평온한 상태다. 원효
는 먼저 "움직이지 않는 물에 바람을 불면 움직이는 물이 된
다."라고 말한다. 여기서 바람은 타자다. 우리에게 온갖 감정을
불러일으키는 타자. 즉, 원효는 '움직이지 않는 마음에 타자가
들어오면 마음이 요동치게 된다'고 말하는 셈이다. 원효는 우
리의 걱정·긴장·불안을 불러일으키는 근본적인 원인이 타자
임을 누구보다 잘 알고 있었다.

그런데 원효의 말에는 의아한 지점이 있다. "고요한 물(마
음)에 의하여 움직이는 물(마음)이 있다." 이는 '평온한 마음'에
의하여 '요동치는 마음(걱정·긴장·불안)'이 있다는 의미다. 이
것이 무슨 말인가? 평온한 마음에 이르면 바라는 것을 이룬 것
아닌가? 그런데 원효는 그 평온한 마음에 이르면 비로소 그것
에 의하여 요동치는 마음이 있다고 말한다. 이것이 어째서 '해
탈의 마음(평온한 마음)'에 이르는 길이란 말인가? 결국 그것은
다시 '요동치는 마음(걱정·긴장·불안)' 상태로 돌아간 것 아닌

가? 이 의아한 말을 어떻게 이해해야 할까?

## '해탈의 마음'이 아닌 '해탈의 집착'

해탈은 모든 집착으로부터 벗어난 상태다. 즉, 돈·지식·명예·
젊음·외모 등에 대한 모든 집착으로부터 벗어나 평안한 마음
에 이른 상태다. 불교에서 이 '해탈의 마음'보다 중요한 것은
없다. 종파를 불문하고 모든 승려 혹은 불교이론가들은 어떻
게 '해탈의 마음'에 이를 것인지를 고민했다. 바로 여기서 해탈
의 기묘한 역설이 발생하게 된다. 바로 '해탈의 집착'이다.

　　해탈을 간절히 바라는 어느 스님이 있다고 해보자. 그 스
님은 어떻게 '해탈의 마음'에 이르려고 할까? '바람(타자)'을
제거함으로써 '고요한 물(평온한 마음)'에 이르려고 할 것이다.
'고요한 물'을 방해하는 것은 결국 '바람' 아닌가? 그러니 '바
람' 자체를 제거하면 요동치는 마음으로부터 벗어날 것이라
생각할 수 있다. 그렇다면 '바람'을 제거하려는 그 스님은 어떤
삶을 살게 될까? 그는 깊은 산속 절에 홀로 머물며 중생(타자)
들을 만나려 하지 않을 테고, 만나더라도 중생(타자)들과 교감
하거나 공감하려 하지 않을 테다.

　　당연하지 않은가? 기쁜 타자를 만나면 자신도 기쁨과 희

망으로, 슬픈 타자를 만나면 자신도 슬픔과 우울로 마음이 요동치게 될 테니까 말이다. 이것이 '해탈의 마음'인가? 아니다. 해탈은 모든 집착으로부터 자유로워진 상태다. 하지만 그 스님은 지금 지독히도 집착하고 있다. 바로 '해탈의 집착' 말이다. '해탈의 집착'은 스토아학파의 '아파테이아'와 꼭 닮아 있다. '아파테이아'에 이르기 위해 모든 감정을 제거하려 했던 스토아학파와 '해탈의 집착'으로 인해 중생(타자)들을 아끼는 마음(자비심)을 놓쳐버린 일부 승려들은 놀랍도록 닮아 있지 않은가. 그렇다면 '해탈의 집착'이 아니라 '해탈'에 이르는 길은 무엇일까?

## '해탈의 마음'에 이르는 길!

'고요한 물(평온한 마음)'은 해탈의 완성이 아니다. 그것은 해탈의 시작이다. 진정한 해탈, 즉 해탈의 완성은 '고요한 물'에 의해서 다시 '요동치는 물'이 되는 것에 있다. 난해하다. 다시 호수의 이야기로 돌아가자. 같은 바람이 분다고 해서 모든 호수가 같은 크기로 요동치는 것은 아니다. 만약 호수 안이 요동치고 있다면 같은 바람이 불어도 물은 더욱 크게 요동칠 것이고, 반대로 호수 안이 고요하다면 같은 바람이 불어도 물은 적게 요동칠 것이다. 당연하지 않은가. 외모 콤플렉스가 있는 이와 없는 이, 두 사람에게 "넌 못생겼어."라고 말했다고 해보자. 이 말은 둘의 마음을 같은 크기로 동요시키지 않는다. 전자에게 는 큰 요동을, 후자에게는 미약한 요동을 만든다.

호수(마음)가 요동치는 원인은 엄밀히 말해, 두 가지다. '나의 마음(호수)'과 '타자와의 마주침(바람)'. 호수 안이 요동 치고 있다면 외부에서 바람이 불지 않아도 호수는 요동친다. 즉, '나의 마음'이 이미 돈에 대한 집착, 미래에 대한 불안, 외 모·학벌에 대한 피해의식 등으로 요동치고 있다면 '타자와의 마주침'이 없어도 내 마음은 요동친다. 이것이 '타자와의 마주 침'만을 제거하려는 템플스테이와 명상으로는 마음이 편안해 지지 않는 이유다. '나의 마음'이 고요해지지 않았다면, '바람 (타자)'이 없더라도 '나의 마음'은 계속 요동칠 수밖에 없으니 까 말이다.

'해탈의 마음'으로 가기 위한 첫 번째 단계는 바로 온갖 집착으로 얼룩진 '나의 마음'을 고요하게 만드는 일이다. 하지 만 여기에만 머문다면, 그것은 '아파테이아'이고, '해탈의 집 착'이다. 온갖 수행을 통해 겨우 '나의 마음'을 고요하게 했다 고 해보자. 그때 우리는 더 이상 '바람(타자)'을 만나고 싶지 않 을 수 있다. '어떻게 이룬 평온한 마음인데 왜 우울하고 불안한 이들을 만나 다시 요동치는 마음이 되어야 해?' 이런 태도로 진정으로 평온한 마음을 얻을 수 있을까?

인간에게 타자는 필연적이다. 즉, '나의 마음'이 아무리 고요해졌다고 하더라도, 우리는 온갖 기쁨과 슬픔을 주는 타자와 마주칠 수밖에 없다. 그렇게 우리의 마음은 다시 요동치게 마련이다. 이것은 인간이라면 누구도 피할 수 없는 실존적 조건이다. 깊은 산속에서 평생 홀로 살거나 누구를 만나도 일체의 교감도, 공감도 하지 않는 사이코패스가 되지 않는 한, 누구도 이 실존적 조건에서 벗어날 수 없다. 이제 우리는 어떻게 할 것인가?

## 큰 '호수'에 이르는 길!

점점 큰 호수가 되면 된다. 작은 호수는 작은 바람에 쉽게 요동치지만 큰 호수는 쉽사리 요동치지 않고 치더라도 금세 고요해지니까 말이다. 그렇다면 호수(마음)는 어떻게 크게 할 수 있을까? "고요한 물에 의하여 움직이는 물이 있다." 원효의 말에 답이 있다. 큰 호수가 되기 위해서는 먼저, 온갖 집착으로 요동치는 '나의 마음'을 고요하게 만들어야 한다. 왜 그렇게 해야 하는가? 그래야 다시 '요동치는 마음'이 될 수 있기 때문이다. '나의 마음'이 고요해졌을 때, 타자의 요동치는 마음을 볼 수 있고, 그래야 다시 '나의 마음'이 요동칠 수 있다.

어려운 이야기가 아니다. '혜진'은 연인과 이별했다. 그 이별의 상처가 다 아물지 않으면 실연당한 친구의 아픔이 보일 리 없다. '혜진'의 이별의 상처가 고요해졌을 때 친구의 상처가 마음으로 전해온다. 그렇게 '혜진'은 다시 마음이 아파온다. 얼핏 보면, '혜진'의 마음은 '요동치는 마음(나의 이별)→고요한 마음(이별의 극복)→요동치는 마음(친구의 이별)'으로 단순 반복되고 있는 것처럼 보인다. 하지만 이는 삶의 진실을 보지 못하는 무지함일 뿐이다.

"고요한 물에 의하여 움직이는 물이 있는" 반복은 결코 단순 반복이 아니다. 그것은 점점 큰 호수가 되어 가는 반복이다. '나의 마음'에 '너의 마음'이 더해지는 반복이기 때문이다. 그렇게 '나의 호수(마음)'는 점점 커지게 된다. 원효는 '해탈(평온한 마음)의 집착'이 '해탈(평안함)'을 가로막는다는 사실을 누구보다 잘 알고 있었다. 이것이 많은 승려들이 깊은 산속에서 고고하게 수행을 하고 있을 때, 원효는 광대들이 가지고 노는 바가지를 들고 온 신라 땅을 누비며 번뇌에 시름하는 타자를 만나러 다녔던 이유였을 테다.

진정으로 평온한 마음을 원하는가? 그렇다면 절에서 나와 명상 영상을 끄고 사랑하는 이들을 만나러 가야 한다. '나의 마음'이 고요해진 이들은 사랑하는 이들이 기뻐할 때 함께 기뻐하고 그들이 슬퍼할 때 함께 슬퍼할 수 있다. 이것은 요동이 아니라 공명共鳴이다. '나'의 마음(물)과 '타인'의 마음(물)이 '더해'지면서 넘실거리게 되는 공명! 이렇게 공명하는 동안 우리의 호수(마음)는 더욱 커지게 된다. 우리의 호수가 충분히 커졌을 때, 우리에게 집요하게 슬픔을 주려는 타자와 마주치더라도 쉽사리 마음이 요동치지 않고, 요동치더라도 이내 잔잔해진다. 그렇게 우리는 편안한 마음을 갖게 된다.

편안한 마음을 원한다면 두 가지 과정이 필요하다. 첫 번째는 '나의 마음' 속에 있는 요동(돈에 대한 집착, 미래에 대한 불안, 외모 콤플렉스 등등)들을 차분히 응시해야 한다. 그렇게 '나의 마음' 안의 요동부터 고요하게 해야 한다. 템플스테이와 명상이 편안한 마음에 도움이 된다면 이 첫 번째 과정을 돕기 때문일 테다. 두 번째는, '나의 마음' 속이 고요해졌다면, 이제 사랑하는 이들을 만나 기쁨과 슬픔의 공명을 만끽해야 한다. 그 과정을 통해 우리의 호수는 깊고 넓어질 테고, 그렇게 우리는 요동치는 마음이 찾아와도 이내 스스로 고요한 마음이 될 수 있다. 이 과정이 결코 쉽지 않다는 것을 잘 안다. 하지만 편안한 마음, 그 좋은 것이 공짜일 리 없지 않은가.

스토아학파의 결정론적 세계관은 자연스럽게 개인보다 전체를 중시하는 사유로 나아가게 된다. 당연하지 않은가? 세계에 이미 정해진 질서가 있다면 인간은 그 질서를 파악해 따르려고 노력해야만 한다. 쉽게 말해, 영화의 각본은 이미 결정되어 있으니 자신이 주연인지 조연인지 아니면 엑스트라인지 스스로 잘 파악하여 각자 역할에 충실해야 한다는 것이다. 이에 대해 아우렐리우스는 이렇게 말한다.

> 운명에서 오는 것 … 거기에는 필연이 있으며, 이것은 모든 우주에 유익한 것이며 그대도 그 우주의 한 부분이다. 자연 전체가 가져다주는 것과 자연 전체를 보존하는 데 유익한 것은 자연의 모든 부분에 유익하다. 그대는 이 원리에 만족하고 이를

언제나 그대의 원칙으로 삼으라.

— 마르쿠스 아우렐리우스,《명상록》

스토아학파에 따르면, 우주(세계 전체)는 모든 것이 결정된 필연적인 운명이며 우리는 그 전체를 구성하는 부속품이다. 그러니 그들이 "자연 전체를 보존하는 데 유익한 것은 자연의 모든 부분(개별자)에 유익하다."라고 말하는 것은 당연하다. 중요한 것은 개별자가 아니라 '전체(우주·자연)'이니까 말이다. 스토아학파에게 좋고(이롭고) 나쁜(해로운) 것의 기준은 개별자들에게 속해 있지 않다. 전체의 본성에 속해 있다. 스토아학파가 아파테이아를 그토록 강조했던 것도 그 때문이다. 아파테이아, 즉 일체의 감정을 초월한 상태에 이르러야만 '전체를 위한 개인'으로 거듭날 수 있기 때문이다.

바로 여기서 스토아학파의 금욕주의가 정체를 드러낸다. 스토아학파가 개별자들의 욕망과 고통을 바라보는 관점은 분명하다. 인간은 저마다 바라거나 피하고 싶은 것이 있다. 하지만 그것을 함부로 바라거나 피하려 해서는 안 된다. 개별자의 욕망이 전체에 해롭다면 그 욕망은 억눌러야 한다. 또 개별자의 고통이 전체에 이롭다면 그 고통은 견뎌야 한다. 초기 스토아학파 학자인 크리시포스는 이를 다음과 같이 극적으로 표현한다. "신이 지금 질병을 나에게 정해주었다는 사실을 내가 알았다면, 나는 질병을 추구할 것이다."

이런 스토아학파의 철학에는 심각한 모순이 하나 있다. 그것은 운명과 자유 사이의 모순이다. 스토아학파의 세계관은 운명론적 결정론이다. 그들에 따르면, 세계의 질서는 운명처럼 모두 결정되어 있다. 이는 스토아학파가 인간을 바라보는 관점에도 고스란히 드러난다. 이에 대해 스토아학파의 대표적인 철학자인 에픽테토스Epictetus는 노골적으로 말한 바 있다.

기억하라. 너는 작가가 원하는 대로 정해진 연극의 배우다. 만일 그가 짧기를 원하면 연극은 짧고, 그가 긴 것을 원하면 연극은 길다. 네가 거지의 배역을 맡을 것을 원한다면, 그것을 능숙하게 연기해야 한다. 만일 그가 절름발이, 지배자, 시민의 배역을 주어도 마찬가지이다. 오직 주어지는 배역을 훌륭하게 수행하는 것만이 너의 임무이다. 그러나 배역을 선택하는 것은 다른 이의 일이다.

— 에픽테토스(아리아노스 엮음),《엥케이리디온》

에픽테토스가 말하는 "작가"는 '신(우주의 영혼)'이다. 여기서 '신'은 기독교의 신이 아니다. 스토아학파는 모든 생명과 사유의 근원을 우주라고 보았고, 이 우주를 하나의 생명체로 보았다. 그 우주라는 생명체의 영혼이 바로 '신'이다. 기독교의 신이든, 스토아학파의 신이든, 신은 우리의 운명을 모두 결정해놓았다. 우리는 그저 작가(신)가 결정해놓은 운명에 의해 살아가게 될 뿐이다. 하지만 동시에 스토아학파는 공공연하게 자유의지를 강조한다.

> 신들은 우리들에게 속하는 것으로서, 욕구하는 힘과 단념하는 힘, 노력하는 힘과 회피하는 힘, 즉 일반적으로 말해서, 표상을 사용하는 힘을 우리들에게 주었다.
>
> — 에픽테토스(아리아노스 엮음), 《담화록》

에픽테토스는 우리에게 "욕구하거나 단념하는 힘, 노력하거나 회피하는 힘"이 있다고 말한다. 이는 바로 자유의지 아닌가? 정해진 운명을 넘어설 수 있는 자유의지. 스토아학파는 자유의지를 가지고 전체를 위해 금욕적으로 생활하라고 역설한다. 하지만 모든 것이 이미 정해져 있다면 왜 그래야 하는가? 욕망을 쫓으며 살 운명인 이는 결국 그렇게 살게 될 테고, 금욕적으로 살 운명인 이도 결국 그렇게 살게 될 텐데 말이다.

자유의지가 있다면 운명은 무의미한 것이고, 운명이 정해져 있다면 자유의지는 무의미한 것이다. 스토아학파의 철학 안에는 이런 치명적 모순이 존재한다. 스토아학파의 철학에 자유가 있다면, 그것은 운명을 받아들일 자유뿐이다. 하지만 이는 자유가 아니지 않은가. 선택지가 하나뿐인 자유가 어찌 자유일 수 있단 말인가. 스토아학파는 왜 이런 모순에 빠졌을까? 삶의 진실을 왜곡하면 반드시 모순이 발생할 수밖에 없다.

세계는 결정되어 있지 않다. 우발적 마주침에 의해서 늘 역동적으로 변화한다. 이것이 삶의 진실이다. 하지만 개인보다 전체를 중시했던 스토아학파는 이 삶의 진실을 받아들일 수 없었을 테다. 그들에게 개인의 욕망은 전체를 파괴할 수 있는 위험한 것이었으니까. 그들은 그 위험을 제거하려다가 운명과 자유의 모순을 피할 수 없었던 것이다. 욕망의 기쁨을 아직 맛보지 않은 이들에게는 운명을 강요해야 하고("운명은 정해져 있으니 욕망의 기쁨에는 관심도 갖지 마!"), 욕망의 기쁨을 맛본 이들에게는 자유를 강요해야 했던 것이다("너에게는 욕망의 기쁨을 버리고 고통을 참고 견딜 자유의지가 있어!").

스토아학파는 틀렸다. 개인은 전체의 부속품이 아니다. 전체는 개인들의 연합이 만든 잠정적 테두리일 뿐이다. 이는, 달리 말해 개인들이 달라지면 그 연합체로서의 잠정적 테두리 역시 달라질 수밖에 없다는 의미다. 그러니 개인들이 욕망의 기쁨을 누리면 공동체(전체)가 와해되는 것이 아니다. 저마다 욕망의 기쁨을 누리는 개인들이 연합하면 기쁨의 공동체(전체)가 만들어지는 것이다. 전체를 위한다는 명목으로 정당화된 금욕주의는 전부 허구다.

# 10

## 피해의식을
## 어떻게 극복할 수 있을까요?

에피쿠로스의
'아타락시아'

## 삶을 불행하게 만드는 피해의식

"결국 돈이면 다 되는 거 아니야!" 한때 이렇게 생각하며 살았다. 돈을 벌기 위해서 다른 이들에게 크고 작은 상처를 주는 것을 당연하거나 어쩔 수 없는 일로 여겼다. 또 내게 "돈 말고도 소중한 것들이 있다."라고 말해주는 이들에게 날카로운 말로 상처를 주었다. 돈이 없는 이에게는 "그건 네가 돈이 없어서 합리화하는 거잖아."라는 말로, 돈이 많은 이에게는 "그건 네가 돈이 많아서 배부른 소리 하는 거야."라는 말로 상처를 주었다.

　　그런 말로 따뜻하고 소중한 사람들을 많이도 잃었다. 어느 순간 주변을 돌아보니 내게 남겨진 사람은 내가 이용할 사람과 나를 이용할 사람뿐이었다. 그렇게 내 삶은 깊은 불행으로 빠져 들어갔다. 내 삶을 피폐하게 만들었던 원인은 무엇일까? 돈에 대한 집착일까? 아니다. 그것 역시 결과일 뿐이다. 근본적인 원인은 피해의식이다. 돈에 대한 피해의식. 그 피해의식 때문에 주변 사람들에게 상처를 주었고, 동시에 나 자신마

저도 상처를 입은 것이다.

피해의식이 무엇인가? 피해 받은 기억으로 인한 과도한 자기방어다. 가난했다. 이틀이 멀다하고 돈 때문에 악다구니를 하며 싸우는 부모를 보며 이불 안에서 혼자 울어야 했다. 수학여행비를 내지 못해 매일 아침 불안한 마음으로 등교를 해야 했다. 돈만 있으면 그 서러운 일들을 다시는 당하지 않을 것이라 믿었다. 그렇게 나는 돈 때문에 피해 받은 기억으로 과도하게 나를 보호하려 했다. 이것이 나도 모른 채 내 삶이 조금씩 불행해졌던 이유다. 이런 피해의식은 흔하다.

"예쁘면 다 되는 거 아니야!" "결국 힘이 있어야 하는 거야!" 이런 생각은 전부 피해의식이다. 외모·힘에 대한 피해의식. 이들은 예쁘지 못해서, 힘이 약해서 피해 받았던 기억 때문에 과도하게 자신을 보호하려는 이들이다. 이들의 삶 역시 조금씩 불행해질 수밖에 없다. 과도하게 자신을 보호하려는 이는 필연적으로 타인에게 불필요한 상처를 주게 되기 때문이다. 그리고 그 상처는 필연적으로 자신에게 되돌아오게 마련이다. 그렇게 삶은 불행으로 치닫는다. 우리에게 저주처럼 들러붙은 이 피해의식을 어떻게 극복할 수 있을까?

# 에피쿠로스의 '쾌락주의'

이 질문에 대한 답은 에피쿠로스Epicurus에게 들어보자. 그리스 헬레니즘 시대를 양분했던 두 학파가 있다. 스토아학파와 에피쿠로스학파다. 에피쿠로스는 에피쿠로스학파를 기초 세운 헬레니즘 시대의 가장 중요한 철학자이다. 하지만 서양철학에서 그의 위상은 인정과 칭찬보다는 폄하와 멸시로 드러난다. 그도 그럴 것이 서양철학의 주된 물줄기는 항상 전체와 질서를 중시하는 방향으로 흘렀기 때문이다.

에피쿠로스는 전체와 질서를 중시하는 서양철학의 주된 흐름을 거슬러 올라가려 했다. 그는 한 개인의 쾌락을 무엇보다 중요하게 여기는 '쾌락주의hedonism'를 지향했다. 그러니 어찌 그에게 폄하와 멸시가 따르지 않을 수 있었겠는가. "피해의식을 어떻게 극복할 수 있을까요?" 에피쿠로스라면 우리의 질문에 이렇게 답해줄 테다. "쾌락을 따라 살면 된다!" 이 생경한 대답을 이해하기 위해 에피쿠로스의 이야기를 먼저 들어보자.

우리는 쾌락이 행복한 삶의 시작이자 끝이라고 말한다. 왜냐하면 쾌락은 타고날 때부터 좋은 것이라고 인정하기 때문이며, 우리가 선택하거나 기피하는 모든 행위를 쾌락에서 시작하기 때문이다. 또한 우리는 모든 좋은 것을 구별하는 기준으

에피쿠로스의 '아타락시아'

로 쾌락의 느낌을 사용하면서, 쾌락으로 되돌아간다.

— 에피쿠로스, 《메노이케우스에게 보내는 편지》

에피쿠로스는 "쾌락은 타고날 때부터 좋은 것"이고, "우리가 선택하거나 기피하는 모든 행위를 쾌락에서 시작"한다고 말한다. 즉, 인간이라는 존재 자체가 쾌락의 존재라는 것이다. 그러니 에피쿠로스에게 있어서 행복한 삶을 사는 데 쾌락보다 중요한 것은 없다. 이는 지극히 옳은 말이다. 인간은 날 때부터 배고픔(고통)보다 포만감(쾌락)이 좋다는 것을 안다. 또 자연스럽게 추위(고통)를 피하고 따뜻함(쾌락)을 선택하며 산다. 그러니 인간을 쾌락의 존재라고 보는 것은 옳다.

## 피해의식의 원인은 쾌락의 독점이다

이런 에피쿠로스의 논의는 피해의식과 어떤 관계가 있을까? 즉, 쾌락을 따르는 것이 어떻게 피해의식을 극복하게 해주는 걸까? 이보다 먼저 해야 할 질문이 있다. 세상의 모든 피해의식은 왜 생기는 걸까? 그것은 일부 계층의 '쾌락의 독점' 때문이다.

외모에 대한 피해의식을 예로 들어보자. 자신의 모든 불행의 원인을 외모 탓으로 돌리고, 자신보다 더 나은 외모를 가

헬레니즘 시대의 대표적인 철학자, 에피쿠로스.
그는 전체와 질서를 중시하는 서양철학의 주된 흐름을 거스르며,
인간에게 쾌락, 즉 유쾌하고 명랑한 삶을 돌려주려고 애를 쓴 철학자이다.

진 이들에게 과도한 적대감을 갖고 있는 이가 있다. 그는 왜 이런 피해의식을 갖게 된 걸까? 외모가 아름다운 이가 쾌락(인정·청찬·관심)을 독점했기 때문이다. 그 쾌락의 독점의 반작용으로 인한 피해(폄하·비난·무관심) 때문에 피해의식이 발생한 것이다.

다른 피해의식 또한 마찬가지다. 돈·힘에 대한 피해의식도 그렇다. 어린 시절부터 돈이 많은 혹은 힘이 센 사람들이 온갖 쾌락을 독점했던 기억을 갖고 있는 사람이 있다고 해보자. 그는 돈 혹은 힘에 대한 피해의식이 있을 수밖에 없다. 돈 많고 힘 센 이가 온갖 쾌락(지배·명령·당당함)을 독점할 때, 그는 그 반작용으로 인한 피해(굴종·복종·치욕)를 고스란히 감당해야 했다. 그렇게 피해의식은 한 사람의 마음속 깊은 곳에 지워지지 않는 상흔으로 자리 잡게 된다. 쾌락의 독점! 이것이 바로 피해의식의 뿌리다.

이제 에피쿠로스의 생경한 대답이 이해될 것 같다. 피해의식을 벗어나려면 쾌락의 독점을 해체하면 된다. 쾌락의 독점은 어떻게 해체할 수 있을까? 간단하다. 우리도 쾌락을 누리면 된다. 피해의식은 결국 나만 억울하게 피해(쾌락을 즐기지 못하고 고통을 받는 상태) 받고 있다고 확신하는 정서 상태 아닌가? 그러니 누군가가 외모·돈·힘·학벌 등등으로 쾌락을 독점할 때, 우리 역시 우리가 누릴 수 있는 저마다의 쾌락을 즐기며 살면 된다. 그렇게 우리 역시 쾌락을 누릴 수 있는 존재임을 깨달게 되었을 때 피해의식은 조금씩 옅어지게 된다.

## 쾌락에 대한 오해

하지만 여기서 우리는 의구심이 든다. 어떤 쾌락이든 그것을 즐기기만 하면 피해의식을 극복할 수 있을까? 외모에 대한 피해의식을 가진 이의 쾌락이 먹는 것이라면? 돈에 대한 피해의식을 가진 이의 쾌락이 술을 마시는 것이라면? 힘에 대한 피해의식을 가진 이의 쾌락이 게임을 하는 것이라면? 그런 쾌락들을 마음껏 누려도 피해의식을 넘어설 수 있을까? 오히려 피해의식을 극복하기는커녕 삶이 더 깊은 절망과 불행의 나락으로 떨어질 것 같지 않은가? 이런 의구심에 대해 에피쿠로스는 이렇게 말한다.

> 우리가 "쾌락이 목적이다."라고 할 때, 이 말은 우리를 잘 모르거나 우리의 입장에 동의하지 않는 사람들이 생각했던 것처럼, 방탕한 자들의 쾌락이나 육체적인 쾌락을 의미하는 것이 아니다. 내가 말하는 쾌락은 몸의 고통이나 마음의 혼란으로부터의 자유이다.
>
> — 에피쿠로스, 《메노이케우스에게 보내는 편지》

에피쿠로스는 의심의 여지없는 쾌락주의hedonism자이다. 하지만 여기서 말하는 '쾌락hedone'은 단순한 육체적 쾌락이 아니다. 이는 육체적 쾌락(배부름·취함·성적 쾌감)과 정신적 쾌락(평온한 마음) 모두를 아우르는 쾌락이다. 이를 설명하기 위해, 에피쿠로스는 '동적인 쾌락'과 '정적인 쾌락'을 구분한다. '동적인 쾌락'은 욕망을 해소하는 과정의 쾌락이고, '정적인 쾌락'은 더 이상 욕망하지 않게 된 상태의 쾌락을 의미한다. 쉽게 말해, 음식을 먹고 있는 과정에서 느끼는 쾌락은 '동적인 쾌락'이고, 음식을 다 먹어서 더 이상 음식을 욕망하지 않게 된 평온한 상태를 '정적인 쾌락'이라고 말할 수 있다.

## '정적인 쾌락'이 진정한 쾌락이다

에피쿠로스는 그 '정적인 쾌락'에 대해 이렇게 말한다.

> 삶을 즐겁게 만드는 것은 계속 술을 마시고 흥청거리는 일도 아니고, 욕구를 만족시키는 일도 아니며, 물고기를 마음껏 먹거나 풍성한 식탁을 가지는 것도 아니다. 오히려 모든 선택과 기피의 동기를 발견하고 공허한 추측들(이것 때문에 가장 큰 고통이 생겨난다)을 몰아내면서 멀쩡한 정신으로 (쾌락을) 계산

하는 것nephon logismos이기 때문이다.

— 에피쿠로스,《메노이케우스에게 보내는 편지》

에피쿠로스는 두 쾌락 중 '정적인 쾌락'을 추구하는 것이 진정한 쾌락이라고 말한다. 그래서 에피쿠로스에게 쾌락은 "계속 술을 마시고 흥청거리는 일"이 아니다. 그런 '동적인 쾌락'의 추구는 곧 심각한 육체적 고통(병약한 육체)과 정신적 고통(중독된 정신)을 불러올 것이기 때문이다. 에피쿠로스의 쾌락은 "몸의 고통이나 마음의 혼란으로부터 자유"로울 수 있는 '정적인 쾌락'이다. 이는 육체적 쾌락과 정신적 쾌락의 균형상태equilibrium라고 말할 수 있다.

음식을 예로 들어보자. 배가 고픈 상태는 쾌락이 아니다. 하지만 그렇다고 과식을 하는 것도 쾌락이 아니다. 두 상태 모두 "몸의 고통이나 마음의 혼란"이 존재하기 때문이다. 우리가 과식을 하는 이유가 무엇일까? 많이 먹으면 더 즐거울 것이라는 "공허한 추측"을 하기 때문이다. "이것 때문에 가장 큰 고통이 생겨난다." '정적인 쾌락'은 배고픔(고통)과 과식(고통)이라는 양극단의 고통 사이에서 균형상태를 유지하는 것이다. 그래서 몸의 고통이나 마음의 혼란으로부터 자유로워지는 것이다. 그것이 진정한 쾌락이다.

말하자면, '정적인 쾌락'은 '욕구(배고픔)'를 적절히 해소함으로써 '욕망(탐식)' 없음의 상태에서 느끼게 되는 정신적 쾌락이라고 말할 수 있다. 에피쿠로스는 이런 '정적인 쾌락'이 최고 상태에 이른 것을 '아타락시아ataraxia', 즉 평정심의 상태라고 말한다. 에피쿠로스는 그 '아타락시아'에 도달하기 위해서 "공허한 추측을 몰아내면서" 음식을 얼마나 먹을지(육체적 쾌락)를 "멀쩡한 정신으로 계산"할 수 있어야 한다고 말한다.

## 어떻게 아타락시아에 이를 것인가

어떻게 피해의식에서 벗어날 수 있을까? '정적인 쾌락'을 통해 '아타락시아(평정심)'에 이르면 된다. 이 원론적 답에 이견이 있을 수는 없다. 피해의식은 억울함, 증오, 분노, 시기, 질투 등으로 마음이 요동치는 상태 아닌가? 그러니 '아타락시아(평정심)'에 이르면 그런 피해의식 역시 고요해질 수 있다. 이제 남은 문제는 하나다. 어떻게 '아타락시아'에 이를 것인가? 돈에 대한 피해의식을 가진 이를 생각해보자. 그는 어떻게 아타락시아에 이를 수 있을까? 에피쿠로스는 그에게 이렇게 답해줄 테다.

우리는 스스로 만족해야 하는 것autarkeia을 커다란 좋음(선)이라고 생각한다. 하지만 이는 궁핍함에 만족하기 위해서가 아니다. 우리가 비록 많은 것들을 가지지 못했더라도 진심으로 다음과 같이 생각하면서 적은 것들에 만족하기 위해서이다. "가장 적은 부를 필요로 하는 사람이 부를 가장 행복하게 즐길 수 있는 사람이다."

— 에피쿠로스,《메노이케우스에게 보내는 편지》


돈에 대한 피해의식을 가진 이는 돈을 욕망할 수밖에 없다. 즉, 돈을 얻을 때 최고의 쾌락을 누릴 수 있다(만약 돈에 대한 피해의식을 가진 이가 게임·음식·술 등등을 욕망한다면 이는 돈이라는 근본적인 욕망이 좌절되었기 때문이다). 하지만 에피쿠로스는 그런 '동적인 쾌락'을 추구하지 말라고 말한다. 대신 지금 있는 것에 스스로 만족하라고 말한다. 즉, 자신이 많은 것을 가지지 못했다고 하더라도 적은 것들에 만족하라는 것이다. 그 이유에 대해 "가장 적은 부(돈)을 필요로 하는 사람이 부(돈)를 가장 행복하게 즐길 수 있는 사람"이기 때문이라고 말한다.

에피쿠로스는 '동적인 쾌락'을 경계해서 '정적인 쾌락'을 추구하라고 말한다. 하지만 이는 원론적으로 옳을 뿐, 전혀 현실적이지 않다. "지금 있는 것에 만족하라!" 이 말에 우리는 '아타락시아(평정심)'에 이르러 피해의식을 극복할 수 있을까? 그런 일은 거의 일어나지 않을 테다. "지랄하네! 나보다 돈 많은 놈들도 더 벌려고 하는데 내가 왜 지금 있는 것에 만족해야 하는데!" 피해의식의 극복은커녕 반발심만 불러일으킬 것이다. 그런 반발심은 '동적인 쾌락'을 향한 욕망을 더 증폭시킨다. 에피쿠로스의 조언으로는 '아타락시아'는 고사하고 '피해의식'이 더 깊어질 것이 분명하다.

## 에피쿠로스에 대한 오해는 뒤집어져 있다

에피쿠로스를 향한 비판은 거꾸로 되었다. 에피쿠로스는 긴 시간 동안 무분별한 쾌락을 부추기는 방탕한 향락주의자라고 비판받았다. 에피쿠로스라는 이름에서 유래한 'epicure'라는 단어는 지금까지도 '미식가(향락주의자)'라는 의미로 통용되고 있다. 하지만 이는 거꾸로 된 비판이다. 에피쿠로스를 향한 정당한 비판은 그의 금욕주의적 성향에 가해져야 한다. 역설적이게도 에피쿠로스의 '쾌락주의'는 과도하게 '금욕주의'적인 측면이 있기 때문이다.

에피쿠로스는 '아타락시아'에 이르는 길은 쾌락(돈·힘·외모)을 얻는 것이 아니라 고통(돈·힘·외모에 대한 집착)을 없애는 데 있다고 보았다. 그래서 그는 '정적인 쾌락(욕망 없음)'에 이르기 위해 늘 '동적인 쾌락(욕구 해소)'을 경계하며 살아야 한다고 말했다. '동적인 쾌락'은 자극적이기에 너무 쉽게 과도한 추구로 이어지고, 이는 결국 쾌락이 아닌 고통으로 귀결되는 까닭이다. 실제로 에피쿠로스는 항상 금욕적으로 생활했다. 그는 항상 빵만 먹고 살았으며 맛있는 음식이 널린 축제날에도 치즈 조각만 먹었다. 에피쿠로스는 전혀 '에피큐어epicure'하지 않았다. 이것이 에피쿠로스의 한계다.

## '정적인 쾌락'보다 '동적인 쾌락'이 중요하다

에피쿠로스의 방법으로는 에피쿠로스의 '아타락시아'에 이를 수 없다. 그렇다면 어떻게 해야 할까? '동적인 쾌락'에 집중해야 한다. 돈·외모·힘 등등 자신을 사로잡고 있는 쾌락이 무엇이든, 자신이 할 수 있는 한 '동적인 쾌락(욕구 해소)'을 직접적으로 추구해야 한다. 간접적으로 추구하거나 왜곡해서는 안 된다. 돈에 대한 피해의식이 있다면 힘껏 돈을 벌어야 한다. 외모에 대한 피해의식이 있다면 힘껏 외모를 가꿔야 한다. 힘에 대한 피해의식이 있다면 힘껏 힘을 길러야 한다. 돈 혹은 외모 때문에 생긴 피해의식을 엉뚱하게 종교, 지식이나 명예 같은 것으로 해소하려고 하면 문제가 더 복잡해질 뿐이다.

　　어설프게 '정적인 쾌락(욕망 없음)'을 흉내 내서는 안 된다. 이것은 최악의 방법이다. 어설픈 '정적인 쾌락("돈은 없어도 돼!", "외모가 뭐가 중요해!", "힘 싸움은 애들이나 하는 거지!")'은 피해의식을 더욱 증폭시키는 기만적 정신승리일 뿐이다. 이미 피해의식이 있다면 어쩔 수 없다. '동적인 쾌락'을 따라야 한다. 물론 그 끝에 '아타락시아'는 없다. '동적인 쾌락'을 힘껏 추구한 결과가 어떻든 마찬가지다. 돈을 많이 벌게 되었든 아니든, 외모가 예뻐졌든 아니든, 힘이 세졌든 아니든 그 끝에 '아타락시아'는 없다.

그렇다면 왜 '동적인 쾌락'을 따라야 하는가? '동적인 쾌락'을 힘껏 추구한 후 찾아오는 피로와 공허 때문이다. 그 피로와 공허가 중요하다. 돈 버는(외모를 꾸미는, 운동을 하는) 쾌락을 미친 듯이 따른다고 해보자. 어느 순간, 깊은 피로감과 공허감을 피할 길이 없을 것이다. 돈을 버는 것이 얼마나 피로한 일이며, 또 그렇게 벌었던 돈이 기쁜 충만이 아니라 슬픈 공허감을 준다는 사실을 온몸으로 깨닫게 된다.

이는 어려운 이야기도 아니지 않은가. "적당히 먹어야 기쁨이다." 이는 과식을 많이 해본 사람이 얻을 수 있는 통찰이다. 불행히도 탐식에 사로잡혀 있다면 어쩔 수 없다. 일단 힘껏 먹어봐야 한다. 그 과정에서 과식이 얼마나 피로하며 공허한 일인지를 온몸으로 깨달아야 한다. 그 깨달음으로 삶의 진실을 발견하게 된다. "다 부질없구나. 그저 적당히 벌면서 오늘

하루 즐거우면 충분한 것이구나!"

　'동적인 쾌락'의 추구 끝에 마주한 피로와 허무, 그것이 '아타락시아(평온함)'에 이를 길을 보여준다. 아타락시아에 이르는 길에서 피해의식은 사라진다. 돈·외모·힘이 그리 중요하지 않다는 것을 진정으로 깨달은 이들은 피해의식에서 벗어나 있을 수밖에 없다. 그들은 자신보다 더 돈 많고 더 예쁘고 더 힘이 센 이들을 부러워하거나 혹은 시기·질투하지 않는다. 그래서 과도하게 자신을 방어할 필요가 없다. '동적인 쾌락'을 힘껏 추구하는 과정에서 '정적인 쾌락'의 상태에 이르렀으니까 말이다. 피해의식을 극복하는 법은 분명 쾌락을 따라 사는 것이다. 하지만 그 쾌락은 반드시 '동적인 쾌락'으로부터 시작해야 한다.

에피쿠로스의 철학에서 놓쳐서는 안 될 부분이 있다. 바로 죽음에 관한 논의다. 그는 죽음이라는 주제에 대해 깊이 고민했다. 의아하다. 에피쿠로스에게 가장 중요한 것은 쾌락이다. 하지만 죽음은 쾌락에서 가장 멀리 떨어져 있는 것 아닌가? 그는 왜 쾌락의 중요성을 역설하면서 죽음에 대한 논의를 이어갔던 걸까? 에피쿠로스는 궁극적으로 쾌락을 긍정하기 위해서는 죽음이라는 주제를 우회할 수 없다고 생각했다. 그는 죽음에 대해 이렇게 말한다.

> '죽음은 우리에게 아무것도 아니다'라는 믿음에 익숙해져라.
> … 가장 두려운 악인 죽음은 우리에게 아무것도 아니다. 왜냐

하면 우리가 존재하는 한 죽음은 우리와 함께 있지 않으며, 죽음이 찾아오면 이미 우리는 존재하지 않기 때문이다. … 산 사람에게는 아직 죽음은 찾아오지 않았고, 죽은 사람은 이미 존재하지 않기 때문이다.

— 에피쿠로스, 《메노이케우스에게 보내는 편지》

에피쿠로스는 죽음이 두려워할 일이 아니라고 말한다. 이는 논리적으로 당연하다. 살아 있을 때 죽음은 없는 것이니 두려워할 일이 아니고, 죽음이 찾아오면 우리는 이미 없기 때문에 두려워할 수가 없다. 그러니 죽음은 산 사람이나 죽은 사람 모두에게 상관이 없는 것이다. 하지만 죽음의 두려움은 원초적인 두려움이다. 이는 이런 논리적 증명으로 쉬이 사라질 수 있는 두려움이 아니다. 그럼에도 불구하고 그는 왜 죽음이 아무것도 아니라고 힘주어 말했던 걸까? 에피쿠로스는 '쾌락주의자'였기 때문이다.

'죽음은 두려운 일이 아니다'라는 사실을 진정으로 깨달은 사람은, 살아가면서 두려워할 일이 없다.

— 에피쿠로스, 《메노이케우스에게 보내는 편지》

쾌락을 가로막는 것은 언제나 두려움이고, 이 두려움의

근본은 죽음에 있다. 이는 어려운 말이 아니다. 길거리에서 노래를 즐겁게 흥얼거리고 있다. 그때 옆에 있는 이가 말한다. "조용히 해! 죽고 싶지 않으면." 그러면 우리는 노래(쾌락)를 멈출 수밖에 없다. 왜? 죽음이 두렵기 때문이다. 쾌락을 가로막는 가장 큰 장애물은 죽음에 대한 두려움이다. 그러니 쾌락주의자인 에피쿠로스는 죽음의 두려움을 그저 지켜볼 수 없었던 것이다.

최고의 쾌락은 무엇일까? 자유다. 가고 싶은 곳을 가고, 하고 싶은 말을 하는 자유. 하지만 이 궁극의 쾌락은 좀처럼 누리기 어렵다. 왜 그런가? 권력자(부모·선생·사장·국가)의 '쾌락의 독점' 때문이다. 즉, 권력자가 가고 싶은 곳을 독점("넌 거기 가지 마!")하고, 하고 싶은 말을 독점("넌 그 말 하지 마!")했기 때문이다. 권력자는 언제나 쾌락을 독점한다. 그러니 최고의 쾌락(자유)을 누리기 위해서는 권력자의 쾌락 독점에 맞서야 한다.

어떻게? 우리 모두 저마다의 쾌락을 향유하면 된다. 즉, 우리가 가고 싶은 곳을 가고, 우리가 하고 싶은 말을 하면 된다. 하지만 권력자는 그것을 결코 두고 보지 않는다. 우리가 우리의 쾌락을 누리려 할 때 권력자는 각가지 방식으로 겁박한다. 그 겁박의 마지막은 "죽고 싶어?"이다. 죽음이 두렵다면 종국에는 쾌락을 포기할 수밖에 없다. 에피쿠로스는 최고의 쾌락(자유)은 죽음을 두려워하지 않을 때만 누릴 수 있다는 것을 누구보다 잘 알고 있었다. 에피쿠로스는 쾌락을 가로막는 마지막 장애물마저 제거하려고 했던 셈이다.

　에피쿠로스는 쾌락주의의 핵심이 '쾌락의 독점'을 해체하는 것에 있다고 생각했는지도 모른다. 이는 에피쿠로스의 삶을 통해 확인할 수 있다. 그는 한편으로는 죽음을 두려워하지 말고 쾌락을 누리라고 말하면서, 한편으로는 아테네 교외에 정원을 사서 '에피쿠로스의 정원The Garden of Epicurus'이라는 기쁨의 공동체를 만들었다. 전자는 '쾌락의 독점'을 해체하려는 직접적인 시도였다면, 후자는 '쾌락의 공유'를 통해 '쾌락의 독점'을 해체하려는 간접적인 시도였던 셈이다. 누가 뭐래도, 에피쿠로스는 인간에게 쾌락, 즉 유쾌하고 명랑한 삶을 돌려주려고 애를 쓴 철학자다.

# 11

## 왜 새로운 시작은 어려울까요?

루크레티우스의
'클리나멘'

## 왜 시작이 반일까

"시작이 반이다." 흔히 들었던 말이다. 이는 격려의 말이다. '일단 시작하면 그 일의 절반은 이룬 것이니 할 일을 해나가라'는 격려의 말. 그런데 이 격려의 말은 왜 생겼을까? 우리는 쉬운 일을 격려하지 않는다. 먹고 자고 싸는 일을 격려하지 않는 것처럼 말이다. 우리는 어렵고 힘든 일 앞에서 격려의 말을 건넨다. 이것이 "시작이 반이다."라는 오래된 격언이 자주 쓰이는 이유다. 시작, 특히나 새로운 시작은 누구에게나 어렵고 힘든 일이다.

'시작이 반'이라는 말은 과장된 미사여구가 아닐지도 모른다. 정량定量적으로 보면 분명 과한 표현이지만, 정성定性적으로 보면 정당한 표현일 수 있다. 새로운 책의 첫 페이지는 정량적으로는 분명 한 페이지일 뿐이다. 하지만 그 책을 읽어내는 데 드는 마음의 무게를 측정할 수 있다면, 첫 페이지를 펼치는 일은 그 절반에 해당한다고 말할 수 있다. 그만큼이나 새로운 시작은 힘들고 어려운 일이다.

## 막막하고 두려운, 새로운 시작

정말 그렇지 않은가? 연인과 이별하고 새로운 혼자의 시작. 학생을 벗어나 직장의 시작. 전공을 버리고 새로운 분야의 시작. 혼자의 삶을 끝내고 결혼(부모)의 시작. 부모의 죽음으로 어른의 시작. 익숙했던 삶을 벗어나 새로운 삶을 시작해본 이들은 안다. 그것이 얼마나 막막하고 두려운 일인지 말이다. 이것이 우리가 이전의 삶이 불행함에도 불구하고 새로운 시작을 가능한 미루거나 회피하려는 이유다. 하지만 문제가 있다.

미루거나 피하고만 싶은 그 새로운 시작은 선택 사항이 아니다. 원하든 원하지 않든 우리는 필연적으로 새로운 시작 앞에 던져지게 된다. 자의든 타의든 언젠가는 익숙했던 연인·전공·직장·부모와 이별을 고해야 한다. 그렇게 우리는 새로운 시작 앞에 던져지게 된다. 그래서 새로운 시작이 막막하고 두렵다고 하여 미루거나 회피해서만은 안 된다. 미루거나 회피한 일들은 우리네 마음 깊은 곳에 불안으로 잡기 때문이다. 새로운 시작을 강건하게 받아들이기 위해 질문해야 한다. "왜 새로운 시작은 어려울까요?"

# 루크레티우스의 '원자'

이 질문에 대한 답은 루크레티우스Lucretius에게 들어보자. 그는 에피쿠로스의 철학을 이어받은 헬레니즘 시대의 철학자이다. "왜 새로운 시작은 어려울까요?" 이 질문에 루크레티우스는 이렇게 답해줄지도 모르겠다. "클리나멘clinamen을 보지 못하기 때문이다." 클리나멘은 무엇일까? 이는 '편위偏位'라고 번역되기도 하는데, '기울어져 빗나감(벗어남)'을 의미한다. 그러니까 루크레티우스는 새로운 시작이 어려운 이유에 대해 기울어져 빗나가는 것을 보지 못하기 때문이라고 진단하는 셈이다. 이 난해하고 생경한 답을 이해하기 위해서 먼저 루크레티우스의 사유 전반을 알아보자.

> 자연 전체는 … 두 가지 것으로 이루어져 있다. 물체들과 빈 공간이 있어서, 그 공간 안에 이 물체들이 놓여 있고, 거기서 이리저리 움직이니 말이다. … 우리가 빈곳으로 부르는 장소와 공간이 없다면, 물체들은 어디에도 놓여 있을 수가 없을 것이고, 어디로도 방향 잡아 나갈 수 없을 것이다. … 숫자상 세 번째로 발견되는 자연적 요소인 듯한 것은 전혀 없다.
>
> — 루크레티우스, 《사물의 본성에 대하여》

루크레티우스는 세계(자연 전체)가 '물체'와 '빈 공간'이라는 두 가지 것으로 이루어져 있다고 말한다. 여기서 '물체'는 연필·노트·가방 같은 구체적인 대상이 아니라 그런 대상들을 이루는 근본인 '원자'를 의미한다. 루크레티우스에 따르면, 이 '원자'는 무한히 많고 궁극적이며 더 나눌 수 없는, 아주 작은 '딱딱한' 원소다. 그리고 '빈 공간'은 외부가 존재하지 않는 무한한 공간이다. 그러니까 루크레티우스는 세계가 무한히 많은 '원자'와 그 원자가 운동할 수 있는 무한한 '빈 공간'으로 이루어져 있다고 보는 것이다. 그 두 가지를 제외한 제3의 것은 존재하지 않는다.

루크레티우스의 세계는 무한한 '빈 공간'에 무한한 '원자'가 쏟아지고 있는 세계다. 이를 이미지화하면, 칠흑 같은 어두운 밤하늘(빈 공간)에 비(원자)가 쏟아져 내리는 상황을 떠올리면 된다. 그런데 이는 우리가 보는 세상과는 조금 다르지 않은가? 세계에 존재하는 것이 '빈 공간'과 '원자'뿐이라면 연필·꽃·나무·새·구름·인간 등등 우리가 보는 형형색색의 구체적인 대상은 어디에 있단 말인가?

여기서 오해하지 말아야 한다. 루크레티우스가 말한 무한한 '빈 공간'에 무한한 '원자'가 쏟아지고 있는 세계는 '세계 이전의 세계'다. 즉, 우리가 보는 구체적인 대상(연필·꽃·나무·새·구름·인간)들이 존재하기 이전의 세계다. 그렇다면 지금 우리

미카엘 부르거스의 〈루크레티우스〉(1682).
루크레티우스는 세계의 기원이
어느 원자의 우발적 빗나감(클리나멘)이라고 보았다.

가 살고 있는 세계, 즉 다채로운 대상들이 존재하는 세계는 어떻게 만들어진 것일까? 루크레티우스의 이야기를 조금 더 들어보자.

## 루크레티우스의 '클리나멘'

원자들이 자신들이 가진 무게 때문에 허공을 통하여 아래로 떨어질 때, 결코 예견할 수 없는 시간과 장소들에서 자신들의 직선 경로에서 아주 조금, 단지 움직임이 조금 바뀌었다고 말할 수 있을 정도로 빗나간다. 만일 그것들이 계속해서 그렇게 빗나가지 않는다면 모든 원자들은 마치 빗방울처럼 깊은 허공 속으로 떨어지기만 할 것이고 어떤 충돌도 벌어지지 않을 것이며, 어떤 타격도 생기지 않을 것이다. 그렇다면 자연은 결코 어떤 것도 만들지 못했을 것이다.

— 루크레티우스, 《사물의 본성에 대하여》

루크레티우스에 따르면, '세계 이전의 세계'는 "원자들이 자신들이 가진 무게 때문에 허공을 통하여 아래로 떨어"지고 있는 상태다. 여기서 중요한 것은 '세계 이전의 세계'에서 원자들이 서로 평행하게 떨어지고 있다는 사실이다. 즉, 원자들끼리 서로 마주칠 일이 없다. 루크레티우스는 만약 원자들이 서로 영원히 평행하게 떨어진다면 세계와 만물은 결코 발생하지 않을 것이라고 말한다. 즉, 원자들의 마주침이 없다면 영원히 아무것도 존재하지 않는 무의미한 '세계 이전의 세계'에 머무르게 된다는 것이다.

　바로 여기서 클리나멘의 중요성이 드러난다. 클리나멘이 무엇인가? 원자들의 '기울어져 빗나감(벗어남)'이다. 즉, 원자들이 돌발적으로 자신들의 직선 경로에서 아주 미세하게 벗어나 기울어져 빗나가는 현상이 바로 클리나멘이다. 평행하게 내리던 원자들이 미세하게 빗나가고, 이 때문에 원자들은 서로 충돌하게 된다. 그리고 그 충돌은 다시 2차·3차·4차… 충돌을 부른다. 이렇게 만들어진 충돌의 무한한 연쇄를 통해 지금 우리가 지각하는 세계가 만들어지게 되는 것이다. 즉, 무의미한 '세계 이전의 세계'에서 우리가 살고 있는 다채로운 세계로 전환되는 시작점이 바로 클리나멘이다.


## 새로운 시작을 어렵게 만드는, 창조론적 세계관

이제 우리의 이야기로 돌아가자. 왜 새로운 시작은 어려울까? 막막하고 두렵기 때문이다. 그렇다면 그 막막함과 두려움은 어디서 올까? 한 사람의 세계관에서 온다. 어떤 이는 세계가 '무無'에서 '유有'로 만들어졌다고 믿는다. 이런 세계관을 '창조론적 세계관'이라고 하자. 이들은 당연히 새로운 일을 시작할 때 막막하고 두려울 수밖에 없다. 아무것도 없는 무無의 상태에서 무엇인가를 시작해야 한다고 믿기 때문이다. 그러니 창조론적 세계관을 가진 이들이 새로운 일 앞에서 주저하고 망설이거나 회피하는 것은 당연하다.

동시에 '창조론적 세계관'을 갖고 있는 사람은 필연적으로 의존적일 수밖에 없다. '무'에서 '유'가 창조되기 위해서는 '제3의 존재(신)'가 있어야 한다고 믿기 때문이다. '무'는 그 자체로 아무것도 없는 것 아닌가? 그러니 그 아무것도 없는 데서 무엇인가가 나오려면 '제3의 존재'가 반드시 필요하다. 이것이 새로운 시작을 어려워하는 이들이 '제3의 존재(선례·멘토·점집)'를 집요하게 찾는 이유다. '무'에서 '유'를 만드는 것은 그 자체로는 불가능하다고 믿기에(막막하고 두려운 일이기에) '제3의 존재'의 도움을 받아야만 한다고 여기기 때문이다.

루크레티우스는 이런 '창조론적 세계관'이 삶의 진실이 아니라고 말한다. 그에게 '무無'는 없다. 세계가 형성되기 이전에도 이미 무수한 원자들이 쏟아지고 있었기 때문이다. 세계는 어느 원자의 우발적 빗나감에 의해서 발생하게 된다. 즉, 세계는 '무'에서 '유'로 탄생한 것이 아니라, 이미 있는 유有(원자)

들의 우발적 마주침에 의해서 발생한 것이다. 이는 어느 고대 철학자의 터무니없는 가설일 뿐일까? 현대의 인지생물학자이자 철학자 움베르또 마뚜라나Humberto Maturana의 이야기를 들어보자.

## 삶의 진실, 클리나멘적 세계관

별의 역사가 시작될 때 분자물질들은 근본적으로 동질적이었다. 그러나 행성들이 생겨난 뒤에 화학적 변화가 꾸준히 일어나 지각 표면과 대기에 꽤 다양한 분자물질들이 생겨났다. … 특히 우리의 관심을 끄는 것은 탄소사슬로 이루어진 분자, 곧 유기분자들이 많아지고 다양해진 시점이다. 탄소원자는 홀로 또는 다른 여러 원소들과 함께 성분, 크기, 분자형태, 원자배열 등이 다른 여러 화합물을 무한히 많이 만들 수 있기 때문에 유기분자의 형태적·화학적 다양성은 원칙적으로 무한하다. 유기분자의 이런 화학적·형태적 다양성 때문에 비로소 생물이 있을 수 있다.

— 움베르또 마뚜라나 & 프란시스코 바렐라,《앎의 나무》

마뚜라나는 자신의 저서《앎의 나무》에서 우주의 시작부

터 생물의 탄생까지의 과정을 매우 함축적으로 보여준다. 우주가 시작될 때 동질적인 분자물질들이 있었고, 그 분자물질들이 꾸준한 화학적 변화를 겪으면서 다양한 분자물질들이 생겨나게 되었다. 그는 그중 탄소사슬로 이루어진 분자가 다양한 생물의 기원이 되었다고 말한다. 왜냐하면 "탄소원자는 홀로 또는 다른 원소들과 함께 성분, 크기, 분자형태, 원자배열 등이 다른 여러 화합물을 무한히 만들 수 있기 때문"이다. 지금 마뚜라나는 모든 생명체의 기원이 하나의 탄소원자라고 보고 있는 셈이다.

이는 고대철학자 루크레티우스의 견해와 놀랍도록 일치하지 않는가? 루크레티우스의 우주발생론을 되짚어보자. 우주라는 텅 빈 공간에 무수한 원자들이 있고, 그중 하나의 원자(탄소원자!)가 미세하게 빗나간다. 이로 인해 발생한 원자들의 연쇄적 마주침을 통해 세계와 만물(생물)이 만들어지게 된다. 이는 마뚜라나의 견해와 거의 같다. 결국 세계는 '무'에서 '유'로 창조되는 것이 아니라, '유'에서 '유'로 생성되는 것이다. 더욱 정확히 말하면 세계는 어떤 원자('유')의 클리나멘에 의해서 생성된다. 어느 원자의 그 미세한 빗나감이 모든 것의 시작이다. 이는 고대철학이나 현대과학의 힘을 빌리지 않더라도 직관적으로 알 수 있는 사실이다.

# 모든 것의 기원, 클리나멘

사랑의 발생 과정을 보자. '진철'과 '수민'은 첫눈에 사랑에 빠졌다. 이때 사랑은 '제3의 존재(운명·신)'에 의해 '무'에서 '유'로 만들어진 것일까? 사랑이 탄생한 순간만 보면 그럴지도 모르겠다. 둘은 첫눈에 반해버렸으니까. 하지만 이 사랑 역시 클리나멘에 의해서 발생한 것이다. '진철'은 늘 같은 시간에 같은 길로 출근한다. '수민' 역시 마찬가지다. 그 둘은 늘 평행했기에 서로 마주칠 일이 없었다. 하지만 햇살이 눈부시던 5월 아침, 출근길에 몇 년을 쓰던 '진철'의 서류 가방이 찢어져 서류들이 쏟아졌다.

그 서류를 챙기느라 들어섰던 카페에서 자스민차를 마시던 수민을 마주치게 된 것이다. 그렇게 둘의 사랑은 시작되었다. 루크레티우스의 말처럼, 원자(가방)의 돌발적인 미세한 빗나감(찢어짐)이 새로운 사랑을 만든 것이다. 비단 사랑만 그럴까? 불행한 교통사고도, 우리 손에 들려 있는 핸드폰도, 친구도, 가족도, 직장도 어느 것 하나 클리나멘에 의하지 않은 것이 없다. 세계에 존재하는 모든 것은 클리나멘(돌발적인 미세한 빗나감)이 만든 연쇄적인 마주침에 의해 만들어진 것이다. 이것이 삶의 진실이다.

이 삶의 진실에 눈을 뜨면 새로운 일을 시작할 때 막막함과 두려움이 사라지거나 크게 줄어들 수밖에 없다. 우리는 왜 새로운 일을 시작할 때 막막하고 두려운가? 그것은 근본적으로 그 새로운 일을 '무'에서 시작해야 한다고 믿기 때문이다. 하지만 우리는 어떤 일을 하더라도 '무'에서 시작하지 않는다. 이미 있는 것들로부터 시작한다. 이에 대해 우리 시대 너머에 있는 철학자 들뢰즈는 명료하게 말한 바 있다.

> 우리는 결코 (무로부터 출발한다는 의미에서) 시작하지 않는다. 우리는 결코 백지를 가지고 있지 않다. 우리는 중간으로 미끄러져 들어간다.
>
> — 질 들뢰즈, 《스피노자의 철학》

## 새로운 시작을 즐기는 법

한 번도 해보지 않은 일을 시작한다고 해보자. 막막하고 두려울 수 있다. 하지만 그때도 우리는 "무로부터 출발"하는 것이 아니다. 처음 하는 일이기에 낯선 부분이 있을 수 있겠지만, 그 일을 계속 해나가다 보면 그 일을 구성하고 있는 수많은 원자 혹은 나를 구성하고 있는 수많은 원자 중 하나가 클리나멘을 발생시키게 되고, 그때 그 일과 나 사이의 우발적인 마주침이 발생한다. 그 마주침으로 새로운 시작에서 막막함과 두려움보다 평온함과 유쾌함을 느낄 수 있게 된다.

서른여섯 즈음 프로복서를 꿈꾸며 처음 복싱을 시작했다. '나'를 구성하는 '원자' 중 하나가 돌발적으로 빗나갔다. 그 빗나간 방향에 복싱이 있었다. 처음에는 모든 것이 막막하고 두려웠다. 어떻게 운동을 해야 할지 막막했고, 맞는 것이 두려웠다. 복싱을 구성하는 '원자' 중에는 '폭력'이 있었고 나를 구성하는 '원자' 중에는 '겁'이 있었다. 클리나멘으로 인해 두 원자(폭력-겁)의 마주침이 발생했다. 놀랍게도, '폭력-겁'이라는 두 원자의 마주침은 막막함과 두려움이 아니라, 평온함과 유쾌함을 주었다. 실제로 맞아보니 그건 그리 두려운 일이 아니라는 것을 알게 되었고, 또 맞는 것이 두렵지 않으니 복싱이라는 스포츠가 얼마나 유쾌한지도 알게 되었다.

"왜 새로운 시작은 어려울까요?" 이 질문에 루크레티우스는 "클리나멘을 보지 못하기 때문"이라고 답했다. 이제 그 의미를 알겠다. 새로운 시작은 막막한 백지無에서 출발하는 것이 아니다. 평행하게 내리던 원자들이 클리나멘에 의해서 마주치는 일이다. 즉, 그 일을 구성하는 수많은 원소와 나를 구성하는 수많은 원소가 마주치는 일이다. 우리는 그저 우연히 찾아올 그 원자들의 마주침을 긍정하면 된다. 하지만 오해하지 말아야 할 것이 있다. '마주침의 긍정'에 관한 것이다.

'마주침의 긍정'은 무엇일까? 그것은 모든 새로운 일을 꾸역꾸역 참으며 견뎌야 한다는 의미가 아니다. 그것은 마주침의 긍정이 아니라 부정이다. '마주침의 긍정'은 기쁨과 슬픔을 구별하는 일이다. 새로운 일을 시작할 때 우리는 '타자(직장·업무·사람·운동 등등)'의 원소와 '나'의 원소의 마주침을 겪게 된다. 마주침을 긍정한다는 것은 그 마주침이 나에게 기쁨을 주는지 슬픔을 주는지를 섬세하게 구별해내는 일이다.

어떤 사람, 음악, 영화, 운동, 직장을 만나게 될 때가 있다. 그 새로운 마주침 앞에서 기쁨을 느낄 때도 있고, 슬픔을 느낄 때도 있다. 그중 어떤 마주침이 기쁨을 준다면 그 마주침을 이어가고, 어떤 마주침이 슬픔을 준다면 다른 마주침으로 비껴가야 한다. 그렇게 더 작은 슬픔과 더 큰 기쁨을 주는 마주침으로 나아가는 것. 그것이 진정한 마주침의 긍정이다. 마주침을 발생시키는 '클리나멘'을, 그리고 '마주침의 긍정'을 진정으로 이해할 때, 우리는 새로운 시작을 기대하며 즐겁게 맞이할 수 있게 된다.

루크레티우스는 에피쿠로스학파의 대표적인 철학자이다. 남겨진 문헌이 별로 없는 에피쿠로스학파의 많은 사유들은 루크레티우스의 저작을 통해 전해지고 있다. 루크레티우스에 대한 논의를 이어가기 위해 스토아학파와 에피쿠로스학파의 논쟁을 되짚어볼 필요가 있다. 스토아학파와 에피쿠로스학파의 논쟁의 쟁점은 '필연성-우연성'에 있다고 흔히 알려져 있다. 즉, 스토아학파는 세계의 법칙은 필연적으로 모두 정해져 있다고 보는 반면, 에피쿠로스학파는 필연적인 세계의 법칙 같은 것은 없고 모든 것은 우발성과 우연성에 의해 결정된다고 본다.

　　스토아학파는 에피쿠로스학파의 우연성을 비판했다. 조금 더 구체적으로 말해, 인과(원인-결과)법칙을 통해 우연성이 허구임을 주장하려 했다. "너희(에피쿠로스학파)들은 정말 세상 모든 일이 우연히 발생한다고 생각해? 그럼 세상에는 어떤 인과법칙도 존재하지 않는 거네? 칼에 찔려도(원인) 피가 안 날 수도 있다(결과)는 말이야?" 이것이 스토아학파가 에피쿠로스학파(루크레티우스)에게 가한 공격의 핵심이었다. 하지만 이는 빗나간 공격이었다. 엉뚱한 과녁에 화살을 쏜 셈이다.

에피쿠로스학파는 세계가 우연에 의해 무작위로 펼쳐지는 공간이라고 말한 적이 없다. 즉, 인과법칙을 부정하지 않는다. 오히려 모든 일이 철저한 인과성에 의해 발생한다고 주장한다.

> 각각의 것에서 떠나가는 몸체들이, 그것이 떠나는 그 사물은 줄어들게 만들고, 그것들이 그리로 옮겨간 그 사물에게는 성장을 선물한다. 이들은 전자를 늙어버리게 만들고, 후자는 반대로 피어나게 만든다.
>
> ― 루크레티우스, 《사물의 본성에 관하여》

루크레티우스는 철저한 인과성을 주장한다. 구름(원인)에서 비가 내리면(결과) 그 내린 비(원인)에 의해 구름은 축소(결과)된다. 그리고 그 비(원인)는 꽃을 자라게(결과) 한다. 이처럼 자연(세계)은 철저한 인과성을 따른다고 주장했다. 스토아학파와 에피쿠로스학파의 논쟁의 쟁점은 '필연성-우연성'이 아니다. 이는 에피쿠로스학파의 사유를 정확히 이해하지 못해 빚어진 오해다. 둘 사이의 논쟁의 쟁점은 '운명-인과성'이다. 스토아학파는 세상은 이미 정해진 '운명'대로 흘러간다고 주장했고, 루크레티우스(에피쿠로스학파)는 원인과 결과에 따른 '인과성'을 주장했다. 그런데 여기서 의아한 부분을 발견하게 된다.

> 클리나멘이라는 개념은, 원인이 없다고 하는 뜻으로, 엄밀히 하게 보자면, 우연(원인 없는 사건)이라는 개념과 같은 것이다.
> — 요한네스 힐쉬베르거, 《서양철학사》

힐쉬베르거의 말처럼, 루크레티우스의 '클리나멘'은 분명 원인이 없는 사건이다. 클리나멘, 즉 원자의 미세한 어긋남은 원인에 따른 결과가 아니라 그저 우연히 발생한 일이다. 그렇다면 이는 모순된 이야기 아닌가? 세상이 철저한 '인과성(원인에 따른 결과)'을 따른다고 해놓고, 다시 세상은 '우연성(원인 없는 사건)'을 따른다고 말하는 것이니 말이다. 지금 우리는 난해하고 놀라운 삶의 진실 앞에 서 있다. 그 삶의 진실은 '인과성-우연성'은 모순되지 않는다는 것이다.

다시 '진철'과 '수민'의 이야기로 돌아가자. '진철'은 가방이 찢어져(원인) 쏟아진 서류들을 수습하려 바로 앞의 카페에 들렀다(결과). 이것을 인과계열 A라고 하자. 수민은 아침 미팅이 취소되어서(원인) 차 한 잔을 마시기 위해 카페에 들렀다(결과). 이것을 인과계열 B라고 하자. '진철'은 가방이 찢어졌기 때문에 카페에 들어섰고, '수민'은 미팅이 취소되었기 때문에 카페로 왔다. 이처럼 세상의 모든 일은 저마다의 인과성을 따른다. 여기까지 스토아학파와 에피쿠로스학파(루크레티우스)의 견해 차이는 없다. 하지만 문제는 두 인과계열 A와 B가 충돌할 때다.

인과계열 A와 B가 충돌해 '진철'과 '수민'이 사랑에 빠졌다. 이때 스토아학파는 그 충돌마저 이미 결정된 '운명'이라고 본다. 스토아학파에 따르면, '진철'과 '수민'의 사랑은 '운명'적 사랑이다. 스토아학파는 인과계열뿐만 아니라 인과계열들 사이의 마주침 역시 모두 정해진 '운명'으로 본다. 하지만 루크레티우스는 다르다. 세계에는 각자의 인과성을 따르는 계열들이 존재한다. 하지만 그 인과계열들의 마주침은 우연(우발)적이다. 루크레티우스(에피쿠로스학파)는 분명 인과성(원인에 따른 결과)을 긍정한다. 하지만 그 인과성을 따르는 다수의 인과계열이 마주치는 것은 우연성(원인 없는 사건) 때문이다. 이에 대해 들뢰즈는 이렇게 말한다.

실제로 클리나멘(편위)은 인과적 계열들 사이의 만남에 대한 결정이며, 이때 각각의 인과적 계열은 한 원자의 운동에 의해 구성되면서 동시에 (계열들의) 만남 속에서 자신의 완전한 독립성을 보존한다.

— 질 들뢰즈,《들뢰즈가 만든 철학사》

(A·B라는) 인과적 계열은 (진철·수민이라는) 한 원자의 운동에 의해서 구성된다. 또한 동시에 그 (A·B라는) 계열의 만남 속에서 둘은 '운명' 안에 종속되는 것이 아니라, 자신의 완전한 독립성을 보존한다. 이때 클리나멘의 역할은 분명하다. 클리나멘은 인과적 계열들 사이의 만남을 결정한다. 쉽게 말해, '진철'이 쏟아진 서류를 길거리에 정리했다면, '수민'의 차가 아니라 식사를 하러 갔다면 둘의 사랑은 없다. '진철'이 길거리가 아닌 카페를 선택하는 클리나멘, '수민'이 아침 식사가 아닌 차를 선택하는 '클리나멘'이 A와 B 사이의 만남을 결정한 것이다. 이처럼 '우연성'과 '인과성'은 모순 관계 아니라 상호 작용 관계다.

루크레티우스는 '인과성'을 긍정하면서도 클리나멘이라는 '우연성'을 강조했다. 그렇게 '인과성–우연성' 사이의 모순을 해소하려 했다. 그 이유는 분명하다. 루크레티우스를 포함한 일군의 에피쿠로스학파는 자유의지를 무엇보다 중요하게 생각했다. 스토아학파의 말처럼, 세계가 '운명'을 따른다면 인간에게 자유의지는 없다. 자유의지가 없는 인간이 갈 곳은 슬픔으로 가득 찬 노예의 세계다. 에피쿠로스학파는 클리나멘(우연성)을 통해 이러한 불행을 막으려 했던 것이다. 이에 대해 루크레티우스는 분명하게 말한다.

> 정신 자체는 모든 일들이 일어나는 데 있어서 내적인 강요를 가지지 않으며, 마치 패배한 존재인 듯 견디고 참도록 강제되지 않는다는 사실, 이 사실은 클리나멘(시초의 작은 빗나감)에 의하여 생긴다.
>
> — 루크레티우스, 《사물의 본성에 관하여》

클리나멘, 즉 우연성(원인 없는 사건)이 가능하다면 인간은 '운명'적 연쇄를 끊고 스스로 작은 빗나감을 만들 수 있지 않겠는가? 그렇게 우리는 우리만의 독창적인 인과계열을 시작할 수 있다. 우리의 인과계열이 다른 인과계열과 우연히(!) 마주쳐 모든 것을 바꿀 '사랑'을 시작하게 될지도 모르니까 말이다. 그렇게 우리는 삶의 주인이 되어 우리에게 더 작은 슬픔과 더 큰 기쁨을 주는 삶을 만들어나갈 수 있다. 이것이 루크레티우스와 에피쿠로스학파가 그토록 간절히 바라던 것이었다.

# 12

## 앞으로 펼쳐질 미래가
## 궁금한가요?

## 아우구스티누스의
## '과거, 현재, 미래'

## 이성적인 시대의 비이성적인 일상

지금은 누구나 자신이 이성적이고 논리적이며 합리적인 사람이라 믿으며 사는 시대다. 하지만 놀랍게도, 이런 시대에 지극히 비이성적·비논리적·비합리적인 일들이 일상을 지배하고 있다. 그것은 바로 갖가지 미신이다. 사주, 궁합, 운세, 타로, 관상, 손금 등등 지극히 비이성적·비논리적·비합리적인 이야기들에 빠진 이들은 주위에 흔하다. 아무리 이성적인 이들이라 하더라도, 이런 미신에 한 번쯤 혹하지 않은 사람은 없다.

　이성적인 시대의 비이성적인 일상! 왜 이런 역설이 발생한 것일까? 바로 미래 때문이다. 미래가 궁금하지 않은 사람이 있을까? '어떤 직업을 갖게 될까?' '어떤 사랑을 하게 될까?' '나이든 내 모습은 어떨까?' 인간이라면 누구나 다가올 미래에 대한 궁금증이 있다. 하지만 어떤 이성적·논리적·합리적인 방법을 동원해도 미래를 알 길은 없다. 바로 이것이 이성적인 시대에 비이성적인 일상, 즉 미신이 출현하게 된 이유다.

아우구스티누스의 '과거, 현재, 미래'

간절히 원하는 것을 이성적인 방법으로 얻을 수 없을 때 우리는 '비이성적'이거나 혹은 '과잉 이성적'인 방법에 눈을 돌리게 된다. '비이성적'인 방법은 갖가지 미신이고, '과잉 이성적'인 방법은 공상과학 영화에 등장하는 타임머신을 예로 들 수 있다. 이런 미신(비이성)이나 공상과학(과잉 이성) 이외에는 미래를 알 수 있는 방법이 없는 것일까? 이성적인 방법으로 미래를 알 수는 없는 것일까? 섣불리 결론 내지 말고 처음부터 다시 묻자. "어떻게 미래를 알 수 있을까요?"

## 시간이란 무엇인가

이 질문에 대한 답을 듣기 위해 먼저 해야 할 질문이 있다. '시간이란 무엇인가?' 우리의 미래가 어떤 모습이건 간에 그 미래는 반드시 과거를 지나 현재를 거쳐 도달하게 된다. 그러니까 미래를 알고 싶다면 먼저 시간, 정확히는 시간의 세 가지 층위(과거, 현재, 미래)가 무엇인지부터 물어야 한다. 그렇다면 이제 다시 질문해보자. '과거, 현재, 미래란 무엇인가?'

이 질문에 대한 답은 중세의 철학자, 아우구스티누스Aure-lius Augustinus에게 들어보자. 그는 초대 기독교의 대표적인 신학자이다. 그는 신앙에 철학을 부여함으로써 기독교라는 종교의 이론적인 기초를 세웠다. 기독교가 지금과 같은 세계 종교로 자리매김할 수 있었던 데는 그의 역할이 큰 영향을 미쳤다. 동시에 아우구스티누스는 신앙을 넘어 중세의 새로운 문화를 이끈 선구자이기도 했다.

아우구스티누스는 서양철학사에서 처음으로 '시간'에 관한 문제 전반을 깊이 있게 연구하고 기록한 인물이다. 생각해보면 시간이란 것은 참 묘하다. 시간은 항상 우리 곁에 있다. 아니, 시간이 바로 우리네 삶 그 자체라고 말할 수도 있다. 시간 없이는 아무것도 생각할 수도, 느낄 수도 없으니까 말이다. 그만큼 시간은 우리와 밀접하다. 하지만 그런 밀접함에도 불구하고 시간이 무엇인지 명쾌하게 설명하기는 어렵다. 시간은 그저 흘러갈 뿐, 눈에 보이는 것도, 손에 잡히는 것도 아니기 때문이다. 이런 '시간'의 난해함에 대해 아우구스티누스는 이렇게 말했다.

> 도대체 시간이란 무엇입니까? 아무도 묻는 사람이 없으면 아는 듯하다가, 막상 묻는 사람에게 설명하려 하면 말문이 막혀버립니다.
>
> — 아우구스티누스,《고백록》

우리는 과거, 현재, 미래를 마치 객관적으로 존재하는 어떤 것이라고 여긴다. 과거, 현재, 미래를 객관적으로 존재하는 어제, 오늘, 내일이라고 생각하는 까닭이다. 그래서 아무도 시간에 대해 묻지 않으면 마치 그것을 알고 있는 것처럼 느낀다. 하지만 우리의 생각과 달리 과거, 현재, 미래는 전혀 객관적이지 않다.

과거는 무엇인가? 이미 지나가버린 것이다. 현재는 무엇인가? 곧 사라질 지금 찰나의 순간이다. 미래는 무엇인가? 아직 오지 않은 것이다. 이처럼 과거, 현재, 미래는 뭔가 있는 것 같지만 막상 잡으려고 하면 사라져버리는 뜬구름처럼 어느 하나 객관적으로 존재하지 않는다. 그래서 막상 시간에 관해 설명하려고 하면 말문이 막혀버리는 것이다. 아우구스티누스는 이런 난해한 시간에 관해 놀라운 통찰을 보여준다.

## 아우구스티누스의 '과거, 현재, 미래'

내가 알고 있는 시를 읊조린다고 해보자. 내가 시작하기 전에 나의 '기다림'은 시 전편에 뻗친다. 그러나 막상 시를 읊조리기 시작하면, 벌써 몇 구절은 과거가 되어버린다. 그렇게 과거로 따돌려진 시 몇 구절은 내 기억 안으로 들게 된다. 이리하여 내 행동의 존재는 두 군데에 걸치게 된다. 그 하나는 이미 읊조

산드로 보티첼리의 〈성 아우구스티누스〉(1480).
아우구스티누스는 초대 기독교의 대표적인 신학자로,
서양철학사에서 처음으로 '시간'에 관한 문제를 깊이 있게 연구한 인물이다.

린 것을 '기억함'이고, 또 하나는 읊조릴 것을 '기다림'이다. 이

때 '지켜봄'은 현재인 것으로, 미래이던 것이 과거가 되어 이

를 거쳐가는 것이다.

— 아우구스티누스, 《고백록》

아우구스티누스는 시를 읽는 자신의 모습을 통해 과거,
현재, 미래를 설명한다. 이를 우리의 모습으로 바꿔 이야기해
보자. 영화를 보는 상황을 떠올려보자. 영화를 보기 전, 영화를
보는 것은 '미래'의 일이다. 그리고 영화를 보는 순간은 '현재'
다. 그리고 보았던 영화의 내용은 '과거'가 된다. 이때 우리의
마음에서는 어떤 일이 일어날까? '기다림', '지켜봄', '기억함'
이 일어난다. 즉, 영화를 보기 전에는 영화를 보기 위한 '기다
림', 영화를 보는 동안에는 영화를 '지켜봄', 영화를 보고 나서
는 영화를 '기억함'이 발생한다.

바로 이것이 과거, 현재, 미래다. 과거는 이미 지나가버려
존재하지 않는다. 그런데 우리는 어떻게 과거를 있는 것처럼
말할 수 있을까? '기억'하기 때문이다. 현재는 결코 붙잡을 수
없는 찰나의 순간이다. 그런데 어떻게 현재를 있다고 말할 수
있을까? '지켜보기' 때문이다. 미래는 아직 오지 않았기에 존
재하지 않는다. 그런데 어떻게 미래를 있는 것처럼 말할 수 있
을까? '기다리기' 때문이다. 이제 아우구스티누스의 시간에 대

한 관점을 조금 더 명료하게 이해할 수 있다.


## 과거와 미래는 없다, 현재만 있을 뿐

엄밀한 의미에서는 과거, 현재, 미래라는 세 시간이 있는 것이 아닙니다. 엄밀하게는 세 개의 시간은 과거의 현재, 현재의 현재, 미래의 현재입니다. 사실 이 세 가지는 의식anima 속에 있으며 의식 이외에는 찾아볼 수가 없습니다. 과거의 현재는 기억이며, 현재의 현재는 지각이며, 미래의 현재는 기대인 것입니다.

— 아우구스티누스,《고백록》


아우구스티누스의 말처럼, '과거, 현재, 미래'라는 세 가지 종류의 시간이 있는 것이 아니다. 사실은 '현재'라는 시간 하나밖에 없다. '지켜보는' 찰나의 시간. 그 현재의 시간만이 존재할 뿐, 과거의 시간과 미래의 시간은 존재하지 않는다. 그래서 아우구스티누스에게 과거는 '과거의 현재'고, 미래는 '미래의 현재'다. 실제로 그는 시간의 세 가지 층위(과거, 현재, 미래)를 '과거의 현재', '현재의 현재', '미래의 현재'라고 말한다.

이는 어려운 이야기가 아니다. 과거가 있다면 그것은 그 과거가 진행 중이었던 '과거의 현재'뿐이다. 어제 영화를 보았던 것은 과거고, 그것은 이미 지나가버렸다. 그 과거는 어제 영화가 상영 중이었던 '과거의 현재'일 뿐이다. 마찬가지로, 미래가 있다면 그것은 앞으로 다가올 미래가 현재가 될 때뿐이다. 내일 개봉 예정인 영화를 볼 일은 아직 오지 않았다. 그 미래는 내일 영화를 보고 있을 '미래의 현재'일 뿐이다.

'과거의 현재', '현재의 현재', '미래의 현재'는 모두 우리의 마음(의식) 속에서 일어나는 일이다. '과거의 현재'는 어떻게 알 수 있을까? '기억'하기 때문이다. 어제 보았던 영화를 기억하기 때문에 과거를 알 수 있다. '현재의 현재'는 어떻게 알 수 있을까? '지각(지켜봄)'하기 때문이다. 지금 영화를 지켜보고(지각) 있기 때문에 현재를 알 수 있다. '미래의 현재'는 어떻게 알 수 있을까? '기대(기다림)'하기 때문이다. 내일 영화를 볼 것을 기대(기다림)하기 때문에 미래를 알 수 있다.

## 과거=기억, 현재=지각, 미래=기대

'과거=기억', '현재=지각', '미래=기대'. 이것이 아우구스티누스가 밝혀낸 시간의 개념이다. 아우구스티누스는 '과거, 현재, 미래'라는 시간은 객관적인 것이 아니라, 지극히 주관적인 것이라고 말한다. 쉽게 말해, '기억, 지각, 기대'라는 우리 마음의 세 가지 작용이 '과거, 현재, 미래'라는 시간을 의미한다는 것이다. 이는 지극히 옳은 이야기이다.

'과거'에 싸웠던 친구와 이야기를 나눈다고 해보자. 그는 내가 잘못해서 싸웠다고 말하고, 나는 그가 잘못해서 싸웠다고 말한다. 왜 이런 상황이 벌어졌을까? 그가 말하는 '과거'와 내가 말하는 '과거'가 달라서다. 이는 전혀 당황스러운 일이 아니다. 당연한 일이다. 그가 '기억'하는 내용과 내가 '기억'하는 내용이 서로 다를 수밖에 없기 때문이다. 이처럼 '과거'는 객관적인 '기록'이 아니라 주관적인 '기억'일 뿐이다.

이제 '현재'를 생각해보자. 친구와 떡볶이를 먹으러 갔다고 해보자. 그런데 공교롭게도 함께 간 친구가 색맹이다. 그때 그는 내가 먹고 있는 빨간 떡볶이를 먹고 있는 것일까? 아니다. 그와 나는 다른 '현재'에 있다. 내가 '지각'하는 '현재(빨간 떡볶이)'와 그가 '지각'하는 '현재(다른 색의 떡볶이)'는 명백히 다르기 때문이다. 이처럼 '현재'는 객관적인 '세계'가 아니라 주관적인 '지각'일 뿐이다.

'미래'도 마찬가지다. 나의 '미래'에 대해서 친구와 이야기를 나눈다고 해보자. 나는 내가 배우가 될 수 있을 것이라고 말하고, 친구는 내가 배우가 될 수 없을 것이라고 말한다. 나의 미래와 친구의 미래가 서로 다른 셈이다. 왜 그런가? 내가 나에게 '기대(기다림)'하는 것과 친구가 나에게 '기대(기다림)'하는 것이 서로 다르기 때문이다. 이처럼 '미래'는 객관적인 '예측'이 아니라 주관적인 '기대(기다림)'일 뿐이다.

## 기대하고 기다리는 것이 바로 '미래'다

이제 우리의 질문으로 돌아갈 수 있다. 아직 오지 않은 미래를 어떻게 알 수 있을까? '어떤 직업을 갖게 될까?' '어떤 사랑을 하게 될까?' '나이든 내 모습은 어떨까?' 이것은 모두 다 미래다. 미래는 비이성적인 미신이나 과잉 이성적인 타임머신을 통해서 알 수 있는 것이 아니다. 미래는 이성적으로 알 수 있다. 아우구스티누스의 말처럼, 미래는 '미래의 현재'이고, 이는 우리의 '기대(기다림)'이기 때문이다. 미래는 기대다. 우리의 미래는 우리가 간절히 기대하고 기다리는 모습으로 찾아온다.

　여기서 오해하지 말아야 할 것이 있다. '미래는 기대(기다림)'라는 말을, '막연하게 기대(기다림)만 하면 원하는 미래에 닿을 수 있다'는 의미로 오해해서는 안 된다. 막연한 '기대(기다림)'는 진정한 의미의 '기대(기다림)'가 아니다. 퇴사를 꿈꾸는 '기찬'과 '혜원'이 있다. '기찬'은 말로만 회사를 때려치우겠다고 말할 뿐, 어떻게 퇴사를 할 것인지, 퇴사 후에 무엇을 할 것인지 구체적으로 고민하지 않는다. '기찬'은 막연히 기다릴 뿐이다. 하지만 '혜원'의 '기다림'은 다르다.

'혜원'은 퇴사 후에 영화감독이 되기를 간절하게 기대하고 기다리고 있다. '혜원'은 퇴사를 하고 밥벌이를 할 수 있는 일들을 알아보았고, 퇴근 후에는 시나리오를 쓰고 주말이면 카메라를 들고 촬영을 한다. 진정한 '기대(기다림)'에는 그런 모든 노력이 이미 포함되어 있다. 물론 그런 기다림에도 불구하고 '혜원'은 영화감독이 되지 못할 수도 있다. 하지만 그녀는 영화감독이 되지 못하더라도, 적어도 회사원이 아닌 자신이 원하는 어떤 삶(조감독, 시나리오 작가, 사진작가 등등)을 꾸려나가게 될 것이다.

아우구스티누스의 철학을 알고 있는 우리에게 미래를 아는 것은 어려운 일이 아니다. 과거는 기억이고, 현재는 지각이고, 미래는 기대다. 그러니 미래를 알고 싶다면, 자신이 무엇을 기대(기다림)하는지 점검하면 된다. 막연한 기대(기다림)가 아닌, 너무도 간절한 기대(기다림). 지금 우리는 어떤 삶을 간절히 기대(기다림)하고 있을까? 그것이 무엇이든 간에 그것이 바로 우리의 미래다. 우리는 기대(기다림)하는 미래를 맞이하게 된다. 진정한 기다림은 어떤 방식으로든, 기대했던 미래로 우리를 가닿게 해준다.

서양철학사를 고대, 중세, 근대로 나눈다면, 고대의 시작은 탈
레스이고, 근대의 시작은 데카르트라고 할 수 있다. 그렇다면
고대와 근대를 잇는 중세의 시작은 누구일까? 바로 아우구스
티누스다. 중세는 신학의 시대다. 그 신학의 시대 시작에 아우
구스티누스가 있다. 그는 명실공히 기독교 신학의 최초의 거
인이다. 초기 기독교의 많은 교부(고대 교회의 훌륭한 스승이나 저
술가)들이 업적을 남겼지만, 그중 아우구스티누스는 단연 최고
로 꼽힌다. 그에 의해서 기독교는 철학에 견줄 수 있을 정도의
이론적 체계를 갖추게 되었다.

　　아우구스티누스(354~430년)는 '거인'답게, 그 영향력이
중세를 넘어선다. 대표적으로 데카르트(1596~1650년)와 비트

겐슈타인(1889~1951년)을 통해 그의 영향력은 지속된다. 철학
사적으로 근대는 아우구스티누스 이후 1,000년이 지나서야
열린다. 그 근대를 연 철학자가 데카르트René Descartes다. 흥미로
운 점은 근대의 아버지인 데카르트가 아우구스티누스 안에서
이미 잉태되고 있었다는 사실이다.

> 자기가 살아 있고, 회상을 하고, 꿰뚫어 보고, 의욕하고, 생각
> 하고, 알며 판단한다는 것 등을 누가 의심할 수 있겠는가? 바
> 로 그가 의심할 때야말로, 그는 살아 있는 것이다. … 그가 의
> 심할 때에는 그가 확실한 것은 아무것도 모르고 있다는 것을
> 알고 있다. … 그래서 인간은 자기가 의욕하고 있는 것에 관해
> 서는 의심할 수가 있을지라도, 자기가 의심하고 있다는 사실
> 에 관해서는 의심을 할 수가 없다.
>
> — 아우구스티누스, 《삼위일체론》

아우구스티누스는 고대 그리스철학처럼 초월적인 진리
(이데아)에서 출발하지 않는다. 의식을 통해 파악할 수 있는 분
명한 사실로부터 출발한다. 그러니 당연히 그는 모든 것을 의
심하고 또 의심해서 더 이상 의심할 수 없는 어떤 것을 찾으려
했다. 즉, 그는 일찍이 회의주의('세상에 확실한 것은 존재하지 않
는다')적 관점을 극복했던 셈이다. 이것은 "나는 생각한다, 고

로 존재한다Cogito, ergo sum."라는 데카르트의 철학과 이미 맞닿아 있다. 데카르트 역시 모든 것은 의심할 수 있지만 의심하고 있는 나 자신은 의심할 수 없다는 통찰에 이르러, '인간의 이성(생각)이 곧 인간의 존재'임을 천명하게 되었으니까 말이다.

아우구스티누스는 근대 너머(현대)에까지 영향을 미치고 있다. 서양철학사에서 가장 반짝였던 철학자가 누구인지를 묻는다면, 비트겐슈타인Ludwig Wittgenstein을 빼놓고 이야기할 수는 없다. 근대 너머의 철학을 보여주었던 비트겐슈타인 역시 아우구스티누스에게 영향을 받았다. 흥미롭게도, 비트겐슈타인의 저서인《철학적 탐구》는 아우구스티누스의 이야기로 시작된다.

그들(어른들)이 어떤 사물의 이름을 부르고 동시에 그 대상 쪽으로 몸을 돌렸을 때, 나는 그것을 보고, 그 사물을 지시하기를 원할 때 사람들이 언급한 소리에 의해 그 사물이 불렸다는 것을 이해했다. 그러나 나는 이것을 그들의 몸짓들, 즉 모든 사람들의 자연언어, 즉 영혼이 그 어떤 것인가를 열망하거나 간직하거나 거부하거나 피할 때에 얼굴 표정과 눈짓에 의해, 손발의 움직임과 목소리의 울림에 의해 영혼의 감정을 나타내는 언어로부터 추측하였다. 그렇게 해서 나는 여러 가지 문장들 속에 정해진 자리들에서 되풀이해서 말해지는 것을 내

가 들은 낱말들이 어떤 사물들을 지칭하는지 이해하는 법을
점차 배웠다.

— 아우구스티누스,《고백록》

아우구스티누스는 일찍이 지시적 정의를 통해서는 언어
를 배울 수 없음을 간파했다. 쉽게 말해, '손가락'이란 단어는
'☞'를 지시하는 것으로 알 수 없음을 알아챘다. 갓 태어난 아
이가 처음으로 언어를 배운다고 해보자. '☞'을 지시했을 때,
아이는 그것이 '손가락'을 의미하는지, 아니면 '하나'를 의미
하는지, 혹은 '저리로 가시오'를 의미하는지 알 길이 없다. 우
리가 지시적 정의('☞')를 통해 언어('손가락')를 배울 수 있다고
믿는 이유는, 이미 그 언어를 알고 있기 때문이다.

언어를 바라보는 이러한 관점은 비트겐슈타인의《철학
적 탐구》에서 '언어게임'이란 개념으로 다시 반복된다. 비트
겐슈타인의 '언어게임'이 무엇인가? 비트겐슈타인은 백지상
태의 아이들이 모국어를 배우는 놀이를 비유로 언어게임을
설명한다.

어린 아이들이 모국어를 배우는 놀이들 … 나는 이러한 놀이
들을 '언어게임들'이라고 부르고자 한다. … 언어와 그 언어가
뒤얽혀 있는 활동들 전체도 '언어게임'라 부를 것이다.

아이는 언어를 어떻게 배울까? 즉, '☂'가 '우산'이라는 말로 지칭된다는 것을 어떻게 배울까? '☂'을 들고 펼치며 '우산'이라고 말해서일까? 아니다. 그때 아이는 어떤 물건을 들어 올리는 행위, 혹은 펼치는 행위를 '우산'이라고 이해할 수도 있다. 아이는 언어에 관해서 아무것도 모르는 백지상태이니까 말이다. 아이가 '☂'가 '우산'임을 알게 되는 것은 "언어와 그 언어가 뒤얽혀 있는 활동들 전체(언어게임)" 때문이다. 즉, 엄마가 비 오는 날, "우산 어디 있지?"라고 말하며 '☂'를 찾는 행동을 반복했기 때문이다.

이처럼 언어게임은 "언어('우산')와 그 언어가 뒤얽혀 있는 활동들(엄마, 외출, ☂을 찾는 행동 등등) 전체"를 의미한다. 비트겐슈타인은 이 언어게임이란 개념을 통해 "한 낱말의 의미는 언어에서 그것의 쓰임에 있다."라고 말하며, '지시적 정의('☂')'로는 '언어('우산')'를 정의할 수 없다고 주장했다. 즉, 언어의 집단적 쓰임이 그 집단에서의 언어의 의미를 정의한다는 것이 비트겐슈타인의 언어철학적 관점이다. 때로 '☂'이 '양산'이 되는 이유는, 비가 오지 않는 곳에서는 언어의 집단적 쓰임이 달라지기 때문이다. 이는 아우구스티누스가 언어를 바라보는 관점과 유사하다.

하지만 아우구스티누스가 비트겐슈타인까지 나아간 것은 아니다. 신학자였던 아우구스티누스의 모든 사유는 결국 신학적 차원으로 환원되기 때문이다. 그는 지시적 정의의 한계로 인해 단어의 의미는 그 어떤 교사教師도 가르칠 수 없다고 말한다. 그렇다면 언어는 누가 가르치는가? 아우구스티누스는 천상에 근원을 둔 우리 안의 교사, 즉 신만이 가르칠 수 있다고 결론 내린다. '언어(단어)의 의미는 지시적 정의로 지정되지 않는다'는 철학적 입장은 아우구스티누스나 비트겐슈타인 모두 같다. 하지만 둘 사이에는 건널 수 없는 간극이 있다.

비트겐슈타인에게 언어(단어)의 의미는 '쓰임(사용)' 그 자체에서 발견되지만, 아우구스티누스에게 언어(단어)의 의미는 '우리 안의 교사(신)'에 의해 발견되는 것이다. 이런 한계에도 불구하고 아우구스티누스가 비트겐슈타인의 언어철학적 체계 확립에 영향을 미친 것은 분명하다. 실제로, 비트겐슈타인의 《철학적 탐구》는 그 시작부터 아우구스티누스적이며, 그 내용 역시 아우구스티누스적 언어 이해에 대한 성공적인 비판으로 이루어져 있다. 낡은 철학은 없다. 재해석이 필요한 철학이 있을 뿐이다. 진정한 철학은 언제나 살아 있다.

# 13

## 어떻게 사랑해야 할까요?

믿음의 시작

안셀무스의
'믿음'

# 사랑이 사라진 시대

바야흐로, 사랑이 사라진 시대다. 반박하고 싶을지도 모르겠다. 휴일이면 거리로 쏟아져 나오는 그 많은 연인들은 다 무엇이란 말인가? 서로에게 달라붙어 물고 빠는 그 알콩달콩한 연인들은 사랑하는 것 아닌가? 반발심을 잠시 뒤로하고 처음부터 묻자. 사랑은 무엇일까? 사랑에 대한 정의는 무수히 많다. 그중 가장 간결하면서 가장 확실한 정의가 있다. '계산하지 않음'이다.

아이를 사랑하는 부모의 마음을 생각해보라. 부모는 아이에게 맛있는 것을 사줄 때, '아이가 짜장면에 탕수육까지 시키면 내 신발은 못 사겠군.'이라고 생각하지 않는다. 그저 아이가 먹는 모습을 보며 흐뭇해할 뿐이다. 그것은 아이에게 어떤 계산도 하지 않기에 가능한 일이다. 계산하지 않기에 더 주려고 늘 애쓰는 마음. 계산하지 않기에 더 주지 못해 늘 미안한 마음. 이것이 사랑이다. 이것은 남녀 관계에서도 마찬가지다.

# 더치페이는 사랑이 아니다

더치페이를 하는 연인들은 흔하다. 서로에게 부담 주지 않겠다는 선의를 모르지 않는다. 하지만 이는 사랑이 아니다. 더치페이는 계산이기 때문이다. 더치페이는 결국 '나도 너한테 부담 주지 않을 테니, 너도 나한테 부담 주지 마.'라는 철저한 계산의 논리일 뿐이다. 이것이 우리가 '사랑의 행위'를 '사랑' 그 자체라고 믿으려는 이유인지도 모르겠다. 서로 물고 빠는 것이 사랑인가? 그것은 '사랑의 행위'이지 '사랑의 본질'은 아니다.

사랑의 본질은 '계산하지 않음'이다. 누군가를 사랑한다는 것은 계산하지 않고 한 사람을 만난다는 것이다. '사랑'하면 '사랑의 행위'가 따라온다. 즉, 어떤 계산도 하지 않고 만나는 사람은 물고 빨 수 있다. 하지만 '사랑의 행위'를 한다고 해서 그것이 '사랑'인 것은 아니다. 즉, 물고 빠는 사람이 있다고 해서 계산하지 않고 그 사람을 만날 수 있는 것은 아니다. 즐겁게 물고 빨다가, 누가 밥값을 낼 건지 누가 찻값을 낼 건지 계산하고 있다면 그것은 사랑이 아니다.

우리는 누구를 만나도 좀처럼 계산을 멈추지 못 한다. 늘 이해득실을 따져 이익을 얻고 손해 보지 않으려 한다. 이것이 우리 시대에 사랑이 증발해버린 이유일 테다. 심지어, 이제는 사랑도 계산이라고 여기는 것 같다. 그러니 더치페이를 하면서도 사랑한다고 믿게 된 것일 테다. 우리는 사랑이 사라진 시대를 산다. 하지만 인간은 사랑하고 또 사랑받지 않으면 살아갈 수 없는 존재다. 그러니 우리는 진지하게 물을 수 있어야 한다. "어떻게 사랑해야 할까요?"

## 안셀무스의 '이성'과 '신앙'

이 질문에 대한 답은 안셀무스Anselmus of Canterbury에게 들어보자. 안셀무스는 대주교(기독교 최고 직위)를 지낸 중세의 중요한 신학자이자 철학자이다. "어떻게 사랑해야 할까요?" 이 질문에 안셀무스는 이렇게 답할 테다. "이해해서 믿으려고 하지 말고, 먼저 믿어라!" 이 의아한 답을 이해하기 위해서는 먼저 서양의 중세철학 전반을 이해할 필요가 있다.

서양의 중세철학은 '이성'과 '신앙'을 연결해내려는 사유의 시도였다고 간추릴 수 있다. 즉, 고대(그리스·로마)철학의 '이성'과 종교(기독교)의 '신앙' 사이의 중재와 조화가 주된 화두였다. 서양의 고대는 '이성'의 시대였다. 소크라테스, 아리스토텔레스로 상징되는 고대(그리스·로마)철학은 '이성'을 중시했다. 즉, 인간이 직접적으로 경험한 것에 대한 이성적이고 논리적인 담론이 주된 흐름이었다. 하지만 고대가 끝나고 시작된 중세는 정반대였다.

　중세는 '신앙(신)'의 시대였다. 즉, 초월적인 존재에 대한 종교적이고 영성적인 담론이 주된 흐름이었다. 그러니 고대와 중세 사이에 '이성(경험·논리)'과 '신앙(초월·영성)'의 마찰은 불가피했다. 쉽게 말해, 중세는 "이성이 가장 중요하다!"라고 말하는 '고대'적인 이들(철학자)과 "신앙이 가장 중요하다!"라고 말하는 '중세'적인 이들(성직자·신학자)이 충돌하고 갈등하는 시기였다.

　이 충돌과 갈등의 한가운데에 서 있었던 안셀무스는 '이성'과 '신앙'에 대해 누구보다 깊게 고민할 수밖에 없었다. '이성'과 '신앙'을 중재하지 못한다면, 달리 말해 '이성'적인 사유에 익숙한 이들에게 '신앙'을 설득하지 못한다면 종교가 설 자리는 없었으니까 말이다. 안셀무스와 같은 중세 초기 신학자(기독교 사상가)들은 이성적이었던 그리스·로마 사람들을 교회로 데려오기 위해서 '이성'과 '논리'로 이야기할 수밖에 없었다. 즉, '신이 있다'는 것(신앙)을 '이성'적으로 말해야만 했다. 상대를 설득하려면 상대의 언어로 이야기할 수밖에 없으니까 말이다.

안셀무스는 '이성'과 '신앙'에 대해 누구보다 깊게 고민한
중세의 중요한 신학자이자 철학자다.
그는 '신'을 이성적으로 다 이해하기 때문에 '신'을 믿는 것이 아니라,
먼저 신을 믿기 때문에 '신'을 이해할 수 있다고 말했다.

# '이성'적인 '신앙'

> 만일 무無로부터 어떤 것이 만들어졌다면, 바로 이 무가 그것
> 으로부터 만들어진 것의 이유였다. 하지만 어떻게 아무런 존
> 재도 가지지 못한 것이 어떤 것을 존재로 이행하도록 돕겠는
> 가? … 따라서 이런 방식으로 창조적인 본질(신)이 모든 것을
> 무로부터 만들었다. 또는 모든 것이 그를 통해 무로부터 만들
> 어졌다고 말한다면 모순에 빠지지 않고 이해될 수 있다.
>
> — 안셀무스, 《모놀로기온》

안셀무스는 "신은 있다!"라고 무조건 윽박지르지 않는다.
신이 있을 수밖에 없는 이유에 대해 이성적이고 논리적으로
이야기한다. 안셀무스의 논리 구조는 간단하다. 먼저 세계는
아무것도 없는 상태(무無)로부터 만들어졌다고 가정한다. 그런
데 지금 세상에는 꽃·새·인간 등등 존재들이 있다. 태초는 무無
였는데, 지금은 존재들이 있다有. 즉, '없음無'에서 '있음有'이 나
온 것이다. 하지만 이는 논리적 모순이 아닌가. 무언가(도자기)
가 있으려면 그것을 있게 할 존재(사람)든 재료(흙)든 무언가가
있어야만 한다. '없음無'은 말 그대로 텅 비어서 아무것도 없는
상태다. 이 상태는 무엇인가를 있게 할 수 없다.

안셀무스는 이 모순을 논리적으로 해명한다. 그는 태초에

어떤 존재, 즉 "창조적인 본질(신)"이 있으면 된다(만약 신이 없다면 세계는 계속 무無의 상태다)고 말한다. 이제 다양한 존재들이 무無로부터 만들어졌다고 해도 "모순에 빠지지 않고 이해될 수 있다." 쉽게 말해, 아무것도 없는 상태에서 지금처럼 다양한 것들이 있는 상태가 되려면, 누군가(신)가 그것들을 만들어야 하지 않겠냐는 논리다. 안셀무스는 이렇게 '이성'적인 유럽인들에게 '이성'적으로 '신앙'을 설득하려 했다. 하지만 '이성'과 '신앙'을 중재하려던 안셀무스는 결국 '신앙'으로 돌아간다.

## '신앙'적인 '이성'

> 설명할 수 없다고 하더라도 믿어야 한다. … 파악할 수 없는 어떤 것을 연구하는 사람은 추론을 통해 그것이 확실히 존재한다는 인식에 도달했을 때, 비록 그것이 어떻게 존재하는가(존재방식)를 완전히 통찰할 수 없다고 할지라도 스스로 만족해야 한다고 나는 생각한다. 그래서 다른 이유들과 모순됨 없이 필연적인 증명을 통해 주장되는 사실들에 대해서는, 그것을 파악할 수 없기 때문에 설명되지 않는 것이 있을지라도, 신앙의 확실성을 덜 부여해서는 안 된다.
>
> — 안셀무스, 《모놀로기온》

'신앙'은 결국 초월·영성의 영역이지 '이성', 즉 경험·논리의 영역은 아니지 않은가. 그러니 '신앙'을 아무리 '이성'적으로 설득한다고 해도, 설명할 수 없는 부분은 필연적으로 발생할 수밖에 없다. 안셀무스는 누구보다 그 한계를 잘 알고 있었다. 그래서 그는 결국 "설명할 수 없더라도 믿어야 한다."라고 말한다. 안셀무스는 설명할 수 없는 부분이 발생하더라도 "신앙의 확실성을 덜 부여해서는 안 된다."라고 덧붙이며 '신앙'으로 돌아간다. 이는 당연한 귀결이다.

'이성'과 '신앙'을 모두 아우르려고 했던 안셀무스였지만, 그는 결국 성직자이자 신학자였다. 그러니 그에게 근본적인 것은 결국 '신앙'일 수밖에 없었다. '이성'과 '신앙'을 중재하려 했던 안셀무스의 결론은 이렇게 함축시킬 수 있다. "나는 알기 위해서 믿는다." 즉, '신앙'으로 인해 '이성(지성)'이 촉발된다는 것이다. 즉, '신'을 이성적으로 다 이해하기 때문에 '신'을 믿는 것이 아니라, 먼저 '신'을 믿기 때문에 '신'을 이해할 수 있다는 것이다. 이에 대해 안셀무스는 이렇게 말한다.

> 저는 믿기 위하여 이해하려고 노력하는 것이 아니라, 이해하기 위해서 믿습니다. 왜냐하면 저는 '만일 내가 믿지 않는다면, 이해할 수 없으리라'는 것 또한 믿기 때문입니다.
>
> — 안셀무스,《프로슬로기온》

## 사랑해서 믿는 것이 아니라, 믿어서 사랑할 수 있다

이제 우리의 이야기로 돌아가자. 어떻게 사랑해야 할까? "이해해서 믿으려고 하지 말고, 먼저 믿어라!" 이것이 안셀무스의 답이었다. 이제 이 말을 이해할 수 있다. '이성'과 '신앙' 사이에서 결국 '신앙'으로 돌아간 안셀무스 아닌가. 그런 그가 사랑 역시 이해(이성)의 영역이 아니라 믿음(신앙)의 영역으로 파악하는 것은 당연한 일이다. 안셀무스는 진정한 사랑은 이해(이성)하는 것이 아니라 믿는(신앙) 것이라고 말한다.

> 믿지 않는 것을 사랑하거나 희망할 수는 없다. 따라서 인간 영혼은 최고본질과 그것을 사랑할 수 있기 위해 반드시 필요한 것을 믿는 것이 유익한데, 이로써 그것을 믿음에 따라 추구할 수 있게 된다.
>
> — 안셀무스, 《모놀로기온》

안셀무스는 '믿지 않는 것을 사랑할 수 없다'고 말한다. 즉, 믿음은 사랑의 전제조건이라는 것이다. 그런데 우리는 여기서 의아함을 느끼게 된다. 안셀무스가 말하는 사랑은 "최고본질", 즉 '신'에 대한 사랑 아닌가? 하지만 지금 우리가 말하는 사랑은 그런 신앙적인 사랑이 아니다. 내 옆에 있어서 물고 빨 수 있는 한 사람에 대한 사랑이다. '신'을 믿지 않는 이들에게 안셀무스의 사랑은 교회에서나 하는 고리타분하고 비현실적인 이야기처럼 들릴 수밖에 없다. 하지만 이는 오해다.

분명 안셀무스가 말하는 사랑은 신앙적인 것이지만, 이는 사랑의 본질에 대해서 놀랄 만큼 정확히 꿰뚫고 있다. 이는 사랑의 대상을 '신'이 아니라 '한 사람'으로 바꿔보면 더욱 분명해진다. 안셀무스의 이야기는 이렇게 바꿀 수 있다. "믿지 않는 사람을 사랑할 수는 없다." 믿음은 '신'뿐만 아니라 '한 사람'에 대한 사랑의 전제조건이기도 하다. 당연하지 않은가. 믿지못할 사람을 사랑하는 경우는 없으니까 말이다. 사랑과 믿음의 상관관계를 더 이야기하기 전에 '믿음'에 대해 조금 더 깊이들여다보자.

## 믿는데 왜 계산하는가?

'민철'과 '수애'의 관계로 이야기해보자. 둘은 소개팅에서 만나 서로 물고 빠는 연애를 시작했다. 그렇다면 둘은 '사랑'하는 것일까? 사랑이 '계산하지 않음'이라면 둘은 사랑하는 것이 아니다. 둘은 늘 계산적이기 때문이다. 더치페이는 물론이고, 약속 장소나 시간까지 서로 더 큰 손해를 보지 않으려고 때로는 노골적으로 때로는 은근히 계산한다. 하지만 이 둘 사이에 믿음이 없는가? 아니다. 둘은 서로를 믿는다. 믿지 않는 이와 어떻게 단둘이 여행을 가고 서로의 집을 자기 집처럼 드나들게 해준단 말인가.

　　그렇다면 이제 하나의 질문이 생긴다. 믿는데 사랑하지 않는(계산하는) 일은 왜 발생한 것일까? 우선은, 믿는다고 해서 반드시 사랑하게 되는 것은 아니기 때문이다. 믿음은 사랑의 전제조건일 뿐, 믿음이 곧 사랑은 아니다. 우리가 믿는 것들 중 사랑하지 않는 것들도 많다. 컴퓨터를 믿는다고 해서 그것을 사랑하지는 않는 것처럼 말이다. 하지만 '한 사람'에 관해서는 믿음이 사랑으로 이어지는 경우가 일반적이다. 믿으면 사랑하게 된다. 그런데 왜 '민철'과 '수애' 사이에는 사랑(계산하지 않음)이 없는 걸까?


# 두 가지 믿음

믿음에는 두 가지 믿음이 있다. 앎 이전의 믿음과 앎 이후의 믿음. 전자는 '신앙적 믿음(알기 위해서 믿는다!)'이라고 할 수 있고, 후자는 '이성적 믿음(알아야 믿는다!)'이라고 할 수 있다. 그렇다면 우리가 흔히 사랑이라고 말하는 관계가 전제하는 믿음은 무엇일까? 후자다. 우리는 아무나 믿지 않는다. 그 사람이 믿을 만한 사람인지 이성(경험·논리)적으로 따진 후에 믿게 된다. 그리고 그런 믿음이 생긴 후에야 우리는 소위 사랑이라는 것을 시작한다. 하지만 이는 진정한 사랑이라 말할 수 없다. '이성적 믿음'은 역설적으로 불신이기 때문이다.

'나' 아닌 '한 사람'을 어떻게 완전히 다 알 수 있단 말인가? 안셀무스가 만났던 '신'과 우리가 만났던 '한 사람'은 다르지 않다. 안셀무스가 어떤 지성으로도 '신'을 다 이해할 수 없었듯, 우리 역시 복잡하고 미묘하게 뒤엉킨 삶의 맥락이 만든 '한 사람'을 다 이해할 수 없다. 결국 우리는 '한 사람'을 알 수 있는 만큼 알게 되고, 그 만큼만 믿는다. 이는 뒤집어 말해, 알 수 없는 부분만큼은 불신하고 있다는 말이다. 이것이 '한 사람'을 '믿는다', '사랑한다' 말하면서도 끊임없이 계산적일 수밖에 없는 이유다. 믿지 못하는 것 앞에서는 항상 나를 보호해야 하니까 말이다.

진정한 사랑, 즉 '계산하지 않음'으로 갈 수 있는 믿음은 '신앙적 믿음'이다. 매혹적인 한 사람을 만났을 때 그 사람에 대해 뭔가 알려고 하지 않고 그냥 믿어버리게 되는 경우가 있다. 이는 '신앙적 믿음'이다. 마치 절대자인 '신'을 믿듯, '한 사람'도 그렇게 믿게 될 때가 있다. 이 믿음으로 우리는 그 매혹적인 사람을 알아가게 되고, 그사이에 진정한 사랑이 싹튼다.

이 '신앙적 믿음'으로 시작된 사랑에 계산은 없다. 그 사람이 어떤 사람인지 다 알기도 전에 이미 믿어버린 사람 앞에서 어떻게 계산 따위를 할 수 있단 말인가. 늘 더 주어도 덜 준 것 같아서 미안하고, 늘 덜 준 것 같은데도 미소를 보내주니 그리도 고맙다. 이것이 사랑이다.

## '한 사람'을 향한 '신앙적 믿음'이 필요한 시간

어떻게 사랑해야 할까? 이해해서 믿으려 하지 말고, 그냥 믿으면 된다. 안다. 그것이 결코 쉬운 일이 아니라는 걸. '나만 손해 보면 어쩌나?' '나만 상처받으면 어쩌나?' 그런 이성적 판단이 집요하게 작동할 수밖에 없다. 당연한 일이다. 지금이 얼마나 엄혹한 세상인가? 모든 사람을 '신앙적 믿음'으로 대할 수도 없고, 또 그래서도 안 된다. 하지만 맹목적인 믿음이 싹틀 것 같은 매혹적인 '한 사람'이 나타났을 때마저 이성적으로 믿으려 하지는 말자. 그때는 용기를 내어 '신앙적 믿음'으로 뛰어내리자. 그 '신앙적 믿음'이 우리를 진정한 사랑 앞으로 데려다 줄 것이다.

지금은 '신앙'의 시대가 아니다. '이성'의 시대다. 우리 시대의 많은 이들은 종교(신)를 비합리적이고 비논리적이어서

낡은 것으로 여긴다. 이런 태도는 우리에게 정말 유익할까? 아니다. '종교(신)'와 '종교성(믿음)'은 다르다. '종교(신)'를 부정하느라 '종교성(믿음)'까지 부정하는 것은 어리석은 일이다. 인간은 결국 무엇인가를 믿으면서 살아갈 수밖에 없기 때문이다. 이것은 유한한 인간이 처한 실존적 조건이다. 하지만 '이성'은 합리와 논리를 내세워 '신'에 대한 믿음뿐만 아니라, '한 사람'에 대한 믿음마저 제거하려 한다.

이것이 합리와 논리가 지배하는 이성의 시대에 삶이 더 외롭고 허무해지는 이유다. 믿을 것이 없는(의심뿐인) 인간이 도착하는 곳은 깊은 불안, 외로움과 공허 속이다. 믿음이 없다면 사랑도 없는 까닭이다. '종교'와 '종교성'을 구분하지 못하고 모든 믿음을 제거하려는 이성은 어설픈 이성일지도 모르겠다. 모든 것을 의심하는 자신이 이성적이라고 믿는 이들은 헛똑똑이들이다. 진정한 '이성'은 결국 '신앙적 믿음'에 가닿는다. 누구보다 '이성'적이었던 천재 철학자 비트겐슈타인이 이를 잘 보여준다.

> 내가 규칙을 따를 때, 나는 선택하지 않는다. 나는 규칙을 맹목적으로 따른다. … "그가 행한 그 모든 것에도 불구하고, 나는 …라는 믿음을 고수했다." 여기에서 생각이 이루어진다.
>
> ― 비트겐슈타인, 《철학적 탐구》

비트겐슈타인은 누군가와 진정한 대화를 하기 위해서는 자신의 언어 규칙을 내려놓고 타자의 언어 규칙을 맹목적으로 따라야 한다고 말했다. 여기서 언어 규칙은 믿음과 관련된 문제다. 우리는 저마다 자신의 언어 규칙이 옳다고 믿는다. 바로 이것이 상대와 대화하지 못하는 이유다. '한 사람'과 대화(사랑)하기 위해서는 먼저 나의 언어 규칙을 내려놓고 상대의 규칙을 맹목적(신앙적)으로 따라야(믿어야)만 한다. 이것이 온갖 논리와 명제로 언어 문제를 해결하려 했던, 역사상 최고의 '이성'이라 인정받는 비트겐슈타인이 끝내 도착한 지점이었다. 결국 '한 사람'과 진정한 '대화(사랑)'를 하기 위해서는 '이성적 믿음'을 내려놓고 '신앙적 믿음'으로 나아가야 한다는 것. 이것이 이성의 사다리를 끝까지 오른 비트겐슈타인이 도착한 곳 아니었을까.

'이성'의 시대에 우리는 역설적으로 (종교가 아닌!) '종교성'에 눈을 돌려야 한다. '한 사람'을 향한 신앙적 믿음! 그것만이 진정한 사랑을 가능하게 해줄 것이기 때문이다. '신'을 향한 '이성적 믿음'이 불경한 일이라면, '한 사람'을 향한 '이성적 믿음'은 허망한 일이다. '신'을 향한 '신앙적 믿음'이 공포와 죄책감으로 가는 슬픔의 문이라면, '한 사람'을 향한 '신앙적 믿음'은 사랑과 유쾌함으로 가는 기쁨의 문이다. 사랑을 어떻게 해야 할지 모르겠다면, 안셀무스의 이야기를 가슴에 새겨둘 일이다. "나는 믿기 위해 알려고 하지 않는다. 알기 위해서 믿는다."

안셀무스는 스콜라schola 철학의 아버지라고 불린다. 스콜라 철학은 중세의 학문적인 신학을 의미한다. '스콜라'는 '스쿨 school'의 어원인데, 이는 중세 시대에는 교회에서 일종의 학교를 만들어 기독교 신앙을 체계적으로 정리하고 이를 이성적 사유를 통하여 논증하려고 했기 때문이다. 안셀무스는 어떤 권위(성서·성직자)의 도움 없이 순수하게 이성적인 근거를 통해 기독교의 가르침을 이끌어내려고 했다. 이런 그의 노력으로 스콜라철학의 토대가 마련되었다. 그의 스콜라철학적인 면은 '신神 증명'에서 분명하게 드러난다. 안셀무스는 신을 어떻게 증명했을까?

우리는 신이 〈그보다 더 큰 것이 아무것도 생각될 수 없는 어떤 것〉임을 믿습니다. … 아무리 어리석은 자도 〈그보다 더 큰 것이 생각될 수 없는 어떤 것〉이 적어도 지성 속에 존재하는 것을 확신하게 됩니다. 그는 이것을 들을 때 이해하고, 이해된 것은 무엇이든지 지성 안에 존재하기 때문입니다. 그런데 확실히 〈그보다 더 큰 것이 생각될 수 없는 어떤 것〉은 단지 지성 속에만 존재할 수 없습니다. 왜냐하면 만일 그것이 지성 속에만 존재한다면, 실제로도 존재하는 것이 생각될 수 있고, 이것은 지성 속에만 존재하는 것보다 더 큰 것이기 때문입니다. 그렇다면 〈그보다 더 큰 것이 생각될 수 없는 어떤 것〉보다 더욱 큰 것을 생각할 수 있게 됩니다. 하지만 이는 불가능한 일입니다. 따라서 〈그보다 더 큰 것이 생각될 수 없는 어떤 것〉은 지성 안에 뿐만 아니라 실제로도 존재한다는 사실을 아무 의심 없이 받아들이게 됩니다.

— 안셀무스, 《프로슬로기온》

안셀무스는 신을 순수하게 논리적으로 증명한다. 신이 있는지 없는지 모르지만, 만약 신이 있다면 "그보다 더 큰 것이 생각될 수 없는 어떤 것"이다. 이는 자명하다. 그보다 더 큰 것이 있다면 그것은 신이 아닐 테니까. 신을 믿지 않는 이도 이런 신(그보다 더 큰 것이 생각될 수 없는 어떤 것)이 "지성 속에(머릿속에) 존재"한다는 것은 확신할 수 있다. 여기까지 오면 안셀무스의 기획에 걸려든 셈이다. 이제 신은 존재할 수밖에 없다. 왜 그런가?

'신'과 '꽃'이 있다고 해보자. 둘 중 무엇이 더 큰가? 당연히 '신'이다. 신은 "그보다 더 큰 것이 생각될 수 없는 어떤 것"이니까. 여기서 문제가 발생한다. '꽃'은 '지성(머릿속의 꽃)'에도 있고, '현실(들판의 꽃)'에도 있다. 하지만 만약 '신'이 '지성'에만 있고 '현실'에는 없다면 어떻게 되는가? 그러면 '꽃'이 '신'보다 더 큰 것이 된다. '꽃'은 2(지성+현실)고 '신'은 1(지성)이니까. 이것은 불합리하다. 그러므로 '신'은 지성뿐만 아니라 현실에도 존재할 수밖에 없다.

안셀무스의 논증은 간명하다. '신'이 '지성'에 존재한다면 '현실'에도 존재할 수밖에 없다는 것이다. 물론 모든 존재가 그렇지는 않다. 예컨대, 황금산은 '지성'에는 있지만 '현실'에는 없을 수 있다. 그것은 "그보다 더 큰 것이 생각될 수 없는 어떤 것"이 아니기 때문이다. 황금산보다 더 큰 것은 상상할 수 있지 않은가. 하지만 "그보다 더 큰 것이 생각될 수 없는 어떤 것(신)"은 '지성'에 존재한다면 '현실'에도 존재할 수밖에 없다. 만약 그것(신)이 '현실'에 없다면, 그것은 가장 큰 것이 아닌 것이 되므로 논리적 모순이다. 이처럼 순수하게 이성(논리)적으로만 본다면, 신은 존재할 수밖에 없다.

이제 우리는 하나의 실존적 고민에 빠지게 된다. "신은 정말 존재하는가?" 이 질문은 중요하다. 인간이 자유인이 될지, 노예가 될지를 가름하는 질문이기 때문이다. 전능한 신이 있다면 우리는 신의 뜻에 따라 살아야만 하는 노예가 될 것이고, 신이 없다면 우리는 누구의 눈치도 볼 필요 없는 자유인이 될 수 있다. 이에 대한 답은 안셀무스로부터 약 500년 후에 등장하는 번뜩이는 철학자, 스피노자에게 들어보자. 그는 안셀무스와 유사한 방식으로 '신'은 반드시 존재할 수밖에 없다는 논리적 증명을 통해 신의 정체를 다음과 같이 규정한다.

신은 모든 것의 내재적 원인이지 초월적 원인은 아니다.
— 스피노자, 《에티카》

스피노자는 신은 존재한다고 말한다. 하지만 그 신은 인간의 형상을 하고 있으며, 세상 너머에 있는 초월적 존재가 아니다. 그런 '신'은 논리적으로 있을 수 없다. 안셀무스가 말한 '신', 즉 어떤 것보다 가장 큰 것은 무한無限 아닌가? 신은 가장 큰 존재, 즉 무한이다. 무한은 말 그대로 외부外部가 없다無는 말이다. 외부가 없다는 것은 형상(테두리)이 없다는 말이다. 그러니 그런 존재는 인간과 유사한 형상을 갖고 있을 수 없다. 또한 신은 무한(외부 없음)이므로 신이 있다면 그는 세상 너머(외부)

에 있을 수 없다. 무한에는 외부 자체가 있을 수 없으니까 말이다. 그렇다면 스피노자가 말한 '신'은 도대체 어떤 존재인가? 스피노자에 따르면, '신'은 세상 그 자체이다. 달리 말해, '신'은 내재적 원인, 즉 세상 전체 안에 이미 존재하고 있으면서 세상 만물을 만들어내는 존재다.

스피노자의 신은 무엇일까? 바로 '자연'이다. 정확히는 자연 그 자체다. '자연'이 '자연'되게, '자연'을 '자연'스럽게 하는 어떤 힘. 그것이 바로 신이다. 스피노자에 따르면, 세상의 외부에 있는 초월적인 존재가 계절을 바꾸고, 꽃·눈·바람·파도·인간을 만드는 것이 아니다. 세상 안에 있는 자연 그 자체가 바로 자연 현상(계절변화·바람·파도) 혹은 자연물(꽃·눈·인간)들을 만든다. 스피노자의 신은 우리를 노예로 만들지 않는다. 스피노자의 신은 자연이다. 자연은 자연스러울 뿐, 아무것도 심판하지 않는다. 또 자연(신)을 따른다는 것은 저마다의 자연스러운 삶을 자유롭게 살아간다는 것을 의미한다. 세계 밖에 있는 초월적인 신 앞에서 우리는 노예가 되지만, 세계 안에 있는 스피노자의 신 앞에서 우리는 자유인이 된다.

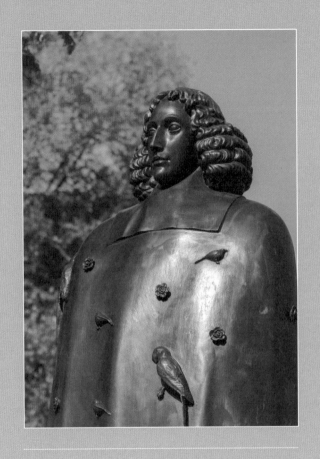

스피노자는 논리적 증명을 통해 신의 정체를 규정한다.
스피노자의 신은 세상 안에 이미 존재하고 있으면서
세상 만물을 만들어 내는 존재, 바로 '자연'이다.

# 14

## 일하지 않고
## 돈 벌고 싶은가요?

## 토마스 아퀴나스의
## '실재론'

# 공부를 강요하는 이유

"아버지처럼 노가다 하면서 살래? 먹고살 길은 공부밖에 없다." 악착같이 공부해서 의사가 된 이를 알고 있다. 그의 어머니가 입버릇처럼 했던 말이다. 막노동을 하며 밥벌이를 하는 남편이 못마땅했을 테고, 그런 남편에게 의지해서 살아야 하는 자신이 불쌍했을 테다. 당연히 자신의 아이만은 그런 못마땅하고 불쌍한 삶에서 벗어나기를 간절히 바랐을 테다. 비단 그 의사만의 이야기일까? 어린 시절부터 '열심히 공부하라'는 이야기를 한 번도 듣지 않고 자란 아이는 없다.

 부모·선생·사회는 왜 그리 공부를 강조했던 걸까? 학문의 즐거움을 위해서? 지혜로운 삶을 위해서? 코웃음을 칠 일이다. 모두 그 어머니와 같은 마음이었을 테다. 열심히 공부해서 더 나은 삶을 살기를 바라는 마음. 그네들이 바랐던 '더 나은 삶'은 무엇일까? 간단하다. 돈도 잘 벌면서 남들에게 인정도 받는 삶이다. 하지만 의아하지 않은가? 돈도 잘 벌면서 남들에게 인정도 받는 삶이 꼭 공부를 잘해야만 가능한 것은 아니지 않은가?

## 정신노동 VS 육체노동

일찍 기술을 배워 한 분야의 장인이 되거나 어린 시절부터 장사를 해서 번듯한 상인이 되는 것은 어떤가? 한 분야의 장인과 번듯한 상인 역시 돈도 잘 벌고 남들에게 인정도 받는다. 즉, 기술과 장사로도 '더 나은 삶'에 이를 수 있다는 말이다. 하지만 우리 사회에서 '공부'와 '기술·장사'는 같은 위상이 아니다. "열심히 기술 배워라!" 혹은 "열심히 장사 배워라!"라는 말에서 묘한 비하와 폄하의 정서가 느껴지지 않은가? 이는 "열심히 공부해라!"라는 말에서는 결코 느낄 수 없는 정서다.

　왜 이런 현상이 발생하는 걸까? 이는 일, 즉 노동을 '육체노동'과 '정신노동'으로 구분하고, '육체노동'보다 '정신노동'을 더 훌륭하고 고결한 것으로 여기기 때문이다. 우리는 기름때 묻은 기술자나 땀 흘리는 장사꾼보다 펜대 굴리는 사무직을 선호하는 것을 당연하다고 생각한다. 하지만 이는 정말 당연한 것일까? 혹여 우리는 너무 성급하게 육체노동을 부정하고 정신노동을 긍정해버린 것 아닐까? 그래서 저마다의 개성과 기질에 어울리는 직업적 가능성을 놓쳐버린 것은 아닐까? 처음부터 다시 물어볼 필요가 있다. "왜 머리 쓰는 직업을 원할까요?"


## 토마스 아퀴나스의 '실재론'

이 질문에 대한 답은 토마스 아퀴나스Thomas Aquinas를 통해 알아보자. 아퀴나스는 중세 기독교를 대표하는 신학자이자 철학자이다. 그는 스콜라학파의 왕이라고 불렸는데, 이는 당대 그의 위상을 잘 드러내는 말이다.

"왜 머리 쓰는 직업을 원할까요?" 사실 이는 현대의 우리에게는 너무 당연해서 딱히 물을 필요도 없는 질문이다. 몸 쓰는 일(육체노동)은 대체로 더럽고 힘들고 위험하지만, 머리 쓰는 일(정신노동)은 대체로 쾌적하고 편안하고 안전하기 때문이다. 하지만 중세의 아퀴나스는 조금 다른 답을 해줄 것 같다. "왜 머리 쓰는 직업을 원할까요?" 이 질문에 아퀴나스는 이렇게 답할지도 모르겠다. "진리는 사유와 존재의 일치이기 때문이다!" 아퀴나스의 난해한 답을 이해하기 위해서는 먼저 '실재론'이라는 개념을 파악해야 한다.

장인은 그가 바라보는 모형 혹은 원형이 있음으로 해서 질료 안에 특정한 형상을 산출한다. 마찬가지로 자연(본성)적으로 발생하는 것들은 (각기) 특정한 형상을 따라 형성되는 것이 명백하다.

― 토마스 아퀴나스,《신학대전》

바위를 깎아 호랑이 석상을 만드는 장인을 생각해보자. 장인은 "질료(바위) 안에서 특정한 형상(호랑이)을 산출"한 것이다. 이는 장인의 머릿속에 이미 호랑이의 "모형 혹은 원형(관념)"이 있었기 때문에 가능한 일이다. 장인은 머릿속에 일종의 설계도처럼 호랑이의 '원형(관념)'을 가지고 있었고, 그에 따라 바위를 깎아 호랑이 석상을 만든 것이다. 아퀴나스는 세계 역시 이렇게 만들어졌을 것이라고 본다. "자연적으로 발생하는 것(파도·바람·나무·새…)"들이 있다면 그것들은 저마다의 "특정한 형상을 따라 형성"되는 것이다. 이것이 아퀴나스의 '실재론實在論'이다.

'실재론'은 말 그대로 무엇인가 실재한다는 의미다. 여기서 오해하지 말아야 할 것이 있다. 우리는 실재론이라고 하면 물질적인 것(컵·나무·사람…)이 '실재'한다고 여긴다. 하지만 아퀴나스의 실재론에서 실재하는 것은 물질적인 것(개별자)이 아니라 관념적인 것(보편자)이다. 예를 들어보자. 살과 뼈가 있

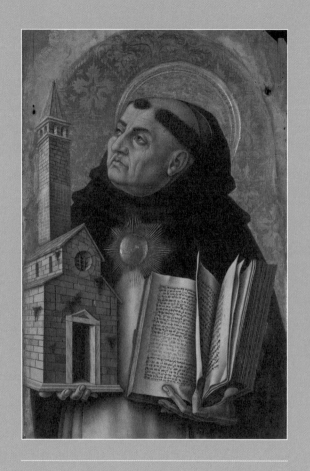

스콜라학파의 왕, 토마스 아퀴나스.
아퀴나스는 장인이 석조상을 만드는 과정을 비유로 들어
신이 세계를 '실재론'적으로 창조했다고 주장했다.

는(물질적인) '민철·수애·희선·인수'와 관념적인 '인간'을 생각해보자. '민철·수애·희선·인수'는 '개별자'이고, 이들은 모두 '인간'이라는 '보편자'에 속한다.

## 유명론과 실재론

이 개별자-보편자 관계를 바라보는 두 가지 관점이 있다. 첫 번째는 '개별자(민철·수애·희선·인수)'가 먼저 있기 때문에 '보편자(인간)'가 있다는 관점이다. 즉, 다수의 '개별'적인 민철·수애·희선·인수의 특징(두 팔·직립보행·공감능력…)을 통해서 '보편'적인 인간이 만들어진다는 것이다. 이것을 '유명론唯名論'이라고 한다. 유명론에 따르면, 관념적인 '보편자(필기구)'는 오직唯 이름名만 있을 뿐, 실재하는 것은 물질적인 '개별자(연필·볼펜·지우개…)'다. 아퀴나스의 실재론은 그 반대다. 그의 이야기를 직접 들어보자.

> 지성이 지성의 관념을 통하여 직접 파악하는 것은 보편자이다. 하지만 간접적으로 지성은 상상에 속하는 개별자들도 파악한다. 그리고 바로 지성이 '소크라테스는 인간이다'라는 명제를 형성하는 방법이다.

아퀴나스는 인간의 지성이 직접(1차)적으로 파악하는 것은 보편자이고, 개별자는 간접(2차)적으로 파악한다고 말한다. "소크라테스는 인간이다."라고 말할 수 있는 이유가 무엇인가? 우리는 개별자인 '소크라테스'를 모르지만 "소크라테스는 인간이다."라고 말할 수 있다. 아퀴나스에 따르면, 이는 우리가 '보편자(인간)'를 직접 파악할 수 있고 그에 따라 간접적으로 '개별자(소크라테스)'를 파악하기 때문이다.

실재론적 관점에서 보면, '인간'이라는 보편자(형상·관념)가 먼저 있기 때문에 '민철·수애·희선·인철·소크라테스'라는 개별자가 존재하게 된다. 장인의 머릿속에 호랑이의 관념·형상(보편자)이 있기 때문에 호랑이 석상(개별자)이 만들어질 수 있었던 것처럼 말이다. 실재론에서 실재하는 것은 물질적인 '개별자'가 아니라 관념적인 '보편자'다. 그러니 실재론은 엄밀히 말해, '관념실재론'이라 할 수 있다.


## 개별자는 보편자가 만들고, 보편자는 신이 만든다

아퀴나스는 세계를 실재론적 관점으로 본다. 파도·나무·새

등등 자연에는 개별자들이 존재한다. 아퀴나스는 이 개별적인 자연물들을 모두 저마다의 보편자(형상)에 의해 만들어진 것으로 본다. 즉, 보편자에 따라서 개별자들이 만들어진다는 것이다. 예를 들어, 개별적(물질적)인 파도·나무·새가 있다면, 그것들은 모두 보편적(형상·관념적)인 파도·나무·새에 의해서 만들어진 것이다. 바로 여기서 아퀴나스는 자신의 기획을 드러낸다. 모든 '개별자(민철·수애·희선·인수)'들이 이미 존재하는 '보편자(인간)'에 의해서 만들어진 것이라면, 그 '보편자'는 누가 만드는가? 바로 신이다. 아퀴나스의 이야기를 직접 들어보자.

> 존재자들 중 존재 전체의 보편적 원인인 신으로부터 존재하게 되지 않는 것이란 아무것도 존재하지 않는다.
>
> — 토마스 아퀴나스, 《신학대전》

아퀴나스는 존재 전체의 보편적 원인은 신으로부터 나온다고 말한다. 즉, 보편자를 결정하는 것은 신이다. '개별자(민철·수애·희선·인철)'들은 신의 정신 안에 존재하는 모형적(혹은 원형적) 형상인 '보편자(인간)'로부터 오고, 그 '보편자'는 신의 정신 안에 있다. 아퀴나스에 따르면, 신은 자신의 정신 안에 이미 있는 저마다의 '보편자(형상)'에 따라 '개별자'들의 세계를 만들었다. 하지만 여기서 우리는 하나의 의문을 제기할 수 있다.


## 신은 생각과 물질의 일치다

아퀴나스는 장인이 석조상을 만드는 과정을 비유로 들어 신이 세계를 '실재론'적으로 창조했다고 설명한다. 그런데 여기에는 심각한 문제가 하나 도사리고 있다. 제 아무리 뛰어난 장인이라도 바위(질료)와 노동이 없으면 석조상을 만들 수는 없다. 이 비유대로라면, 신 역시 질료와 노동 없이는 세계를 창조할 수 없다는 의미다. 만약 그렇다면 전능한 신과 한낱 장인이 무엇이 다르단 말인가? 철학자이기 이전에 신학자였던 아퀴나스에게 이는 결코 용납할 수 없는 일이었다. 이 문제를 해결하기 위해 아퀴나스는 그의 '진리론'을 꺼내 든다.

> 진리란 사유와 존재의 일치다.
>
> — 토마스 아퀴나스,《신학대전》

아퀴나스뿐만 아니라 대부분의 중세 스콜라철학자들은 진리를 "사유와 존재의 일치"로 정의한다. 진리가 무엇인가? 언제든 어디서든 누구든 참이라고 인정하는 어떤 것이다. 쉽게 말해, 언제 어디서든 결코 틀리지 않는 정답 같은 것이다. 스콜라철학자들에게 그런 진리는 무엇이었을까? 당연히 신이다. 그런 신을 아퀴나스는 "사유와 존재의 일치"라고 정의한다. 이 난해한 말은 어떤 의미일까? '사유'는 생각이고 '존재'는 물질이다. 그러니 아퀴나스의 말은 이렇게 바꿔도 좋다. '신은 생각과 물질의 일치다.' 이는 사실 전혀 어려운 말이 아니다. 그가 말한 신은, 호랑이 형상을 '생각(사유)'하기만 하면 바로 호랑이 석상이라는 '물질(존재)'을 '뿅'하고 나타나게 하는 존재다.

인간이 신이 아닌 이유는 무엇인가? 사유(생각)와 존재(물질)가 일치하지 않기 때문이다. 장인(인간)은 호랑이 형상을 '생각'한다고 해서 '물질'적인 호랑이 석상을 '뿅'하고 나타나게 하지 못한다. 즉, 인간은 사유(생각)와 존재(물질)의 불일치다. 장인이 머릿속에 있는 호랑이의 형상을 존재하게 하기 위해서는 바위와 노동이 필요하다. 바위와 노동이 있어야 '사유(호랑이 형상)'와 '존재(호랑이 석상)'를 일치시킬 수 있다. 하지만 진리인 신은 다르다. 신은 전능하기 때문에 질료와 노동이 필요 없다. 그래서 신(진리)은 "사유와 존재의 일치"인 것이다.

# 인간은 노동의 존재다

이제 우리의 이야기로 돌아가자. 왜 머리 쓰는 직업을 원할까? 아퀴나스라면 "진리는 사유와 존재의 일치"이기 때문이라고 답할 테다. 이제 이 난해한 답의 의미를 알 수 있다. 인간은 노동의 존재다. 밥을 생각한다고 해서 밥이 나오지 않는다. '진리(사유와 존재의 일치)'는 오직 노동을 통해서만 이뤄진다. 사유(생각) 속에 있는 밥을 존재(물질)하게 하려면 쌀을 씻어서 밥을 지어야만 한다. 사유(생각)를 존재(물질)하게 하려면 노동이 필요하다. 이것이 인간의 실존적 조건이다.

하지만 아퀴나스를 비롯한 대부분의 중세철학자들은 모든 인간은 진리를 지향해야 한다고 말했다. 즉, 노동을 해야 하는 불완전한 인간일지라도 신, 즉 진리(사유와 존재의 일치)에 대한 열망을 놓아서는 안 된다고 말했다. 실제로 아퀴나스는 '노동보다 명상을 통해서 신을 온전히 알 수 있기 때문에 노동보다 명상이 더 가치 있는 일'이라고 말한 바 있다. 아퀴나스가 노동(육체)보다 명상(정신)을 더 가치 있는 일로 치부한 것은 당연하다. 인간은 진리(사유와 존재의 일치)를 따라야 하기 때문이다.

인간에게는 진리(신)에 다가서려는 욕망이 있다. 달리 말해, 인간에게는 사유와 존재를 일치시킬 수 있는 전능한 신이 되고 싶은 욕망이 있다. 왜 머리 쓰는 직업을 원할까? 신이 밥을 생각만 하면 밥이 '뿅'하고 나타나는 것처럼, 인간도 그런 신적 역량을 지향하고 있는 것은 아닐까? 사람들이 육체노동보다 정신노동을 원하는 이유는 '진리(사유와 존재의 일치)'를 향한 신적 욕망 때문이다. 이는 과도한 종교적 해석일까? 지금은 중세를 훌쩍 넘어 신을 믿지 않는 시대이니까 말이다. 하지만 실상은 그렇지 않다.

## 정신노동을 향한 열망의 극한치는 일하지 않고 돈 벌고 싶은 욕망이다

아퀴나스의 진단은 우리 시대에도 여전히 유효하다. 우리가 육체노동보다 정신노동을 원하는 이유가 무엇일까? 단순히 육체노동은 더럽고 힘들고 위험하지만 정신노동은 쾌적하고 편안하고 안전하기 때문일까? 그건 표면적인 이유일 뿐이다. 육체노동과 정신노동의 구분 자체가 허구다. 순수하게 정신만 사용하는 노동은 없다. 모든 노동은 육체노동이다. 기술자와 상인만이 육체노동자인가? 아니다. 의사·변호사·음악가·작가 같은, 흔히 정신노동자라고 분류되는 이들 역시 모두 육체노동자다. 빈도와 강도의 차이는 있겠지만 모든 노동은 몸을 움직여야 하는 육체노동이다. 누구나 이 사실을 알고 있다.

그런데 왜 사람들은 정신노동을 그토록 원할까? 역설적이게도 모든 노동이 결국 육체노동이라는 사실을 알고 있기 때문이다. 정신노동에 대한 과도한 집착은 '몸을 써서 노동해야 하는 존재'라는 인간에게 주어진 실존적인 조건을 초월하고 싶은 욕망이다. 정신노동에 대한 열망의 가장 근본에는 '신'이 되고 싶다는 욕망이 도사리고 있다. 노동하지 않은 존재. 생각만으로 물질을 만들 수 있는 존재. 그런 신적 존재가 되고 싶다는 욕망이 정신노동을 추구하게 만드는 근본 동력이라고 할 수 있다.

이는 결코 과도한 해석이 아니다. 정신노동에 대한 열망의 극한치는 어디를 향하는가? 일하지 않고 돈 벌고 싶은 욕망이다. 정신노동을 원하는 마음의 끝에는 일하지 않고 돈 벌고 싶다는 욕망이 도사리고 있다. 막노동꾼(육체노동)은 기술자(작은 육체노동)가 되고 싶고, 기술자는 사무직(더 작은 육체노동)이 되고 싶고, 사무직은 건물주(육체노동 없음)가 되고 싶다. 결국은 일(육체노동)하지 않고 돈을 벌고 싶은 것이다.

토마스 아퀴나스의 '실재론'

# 자본주의는 종교다

지금 우리네 삶을 돌아보라. 부동산, 주식, 암호화폐 등등 요즘 사람들이 추구하는 정신노동의 형태를 보라. 이는 궁극적으로 일하지 않고 돈을 벌고 싶다는 욕망의 발현 아닌가? 이 욕망이 사유(생각)만으로 물질(돈)을 만들고 싶다는 신적 욕망과 무엇이 다른가? 자본주의는 종교(기독교)적이며, 종교(기독교)는 그 자체로 자본주의적이다. 누구보다 자본주의에 대해 깊이 성찰했던 철학자, 벤야민은 이런 사실을 잘 알고 있었다. 벤야민은 자본주의를 이렇게 진단한다.

> 자본주의에서 일종의 종교를 볼 수 있다. … 기독교는 자본주의가 흥했던 시기에 유리한 여건을 마련했다기보다, 기독교 자체가 자본주의로 변형했다.
>
> — 발터 벤야민,《종교로서의 자본주의》

자본주의와 기독교는 인간의 내면에서 정확히 같은 메커니즘으로 작동한다. 이는 두 종교(!)의 구조를 살펴보면 여실히 드러난다. 기독교의 구조는 '신-예수-인간'이고, 자본주의의 구조는 '자본-화폐-상품'이다. 이 둘은 정확히 같다. '신=자본'은 영원하며 전능하다. 동시에 그것은 직접적으로 인식

자본주의에 대해 깊이 성찰했던 철학자, 발터 벤야민.
벤야민에 따르면, 자본주의는 기독교 자체가 변형된 것이다.

할 수 없다. 오직 '인간=상품'은 '예수=화폐'를 통해 '신=자본'을 직감한다. 영원하고 전능하기에 보이지 않는 '신'은, '예수'를 통해서 '인간'을 통제하는 것처럼, 영원하고 전능하기에 보이지 않는 '자본'은 '화폐'를 통해 '상품'을 통제한다. 이것이 '신=자본'이 눈에 보이지 않는 곳(피안彼岸)에서 눈에 보이는 것들(차안此岸)을 지배하는 내적 논리다.

그뿐인가? '예수'가 '신'의 힘을 '인간'에게 보여주듯, '화폐'는 '자본'의 힘을 '상품'을 통해 보여준다. 십자가에 못 박힌 '예수'를 보며 '인간'들이 즐비한 교회에서 삶의 용기를 얻는 것은 '신'의 힘을 느끼기 때문이다. 마찬가지로 통장에 못 박힌 '돈(화폐)'을 보며 비싼 '명품(상품)'이 즐비한 백화점에서 당당해지는 것은 '자본'의 힘을 느끼기 때문 아닌가? 이렇듯 기독교와 자본주의는 그 구조와 작동 원리의 측면에서 정확히 같다.

벤야민의 말처럼 "기독교 자체가 자본주의로 변형"된 것이다. 그러니 '기독교'적 열망과 '자본교'적 열망이 놀랄 만큼 닮은 것은 당연한 일이다. 우리가 돈이 있으면 마음의 평안을 얻고, 돈이 없으면 불안한 이유가 무엇인가? 그것은 '자본'이라는 '신'을 신실하게 믿기 때문이다. 그래서 보이지 않는 '신=자본'을 보증해줄 '예수=화폐'와 함께할 때 평안을 얻고, 함께하지 않을 때 극심한 불안에 시달리는 것이다. 기독교인들이

'신과 예수'만 있으면 모든 문제가 다 해결된다고 확신하는 것처럼, 자본주의자들은 '자본과 화폐(돈)'만 있으면 모든 문제가 다 해결될 것이라고 믿는다. 그러니 그들이 모두 초월적 대상(신 혹은 자본)을 경외하며, 그에게 가닿으려는 것은 지극히 당연한 일이다.

## 가장 기쁜 삶에 이르는 법

중세의 기독교인들은 왜 노동보다 명상을 더 추구했을까? 생각(사유)만으로 물질(존재)을 만드는 초월적 '신'에 가닿으려는 허망한 욕망 때문이다. 현대의 자본주의교인들은 왜 육체노동보다 정신노동을 더 추구할까? 생각(정신)만으로 물질(돈)을 만들 수 있는 초월적 '자본'에 가닿으려는 허망한 욕망 때문이다. 중세의 기독교인들과 현대의 자본주의자들. 이 둘은 마치 일란성 쌍둥이처럼 닮아 있지 않은가.

　　기독교든 자본주의든 초월적 대상을 욕망하는 모든 종교는 필연적으로 우리를 허무와 공허로 내몬다. 우리가 사는 세상을 초월한 곳에는 아무것도 없기 때문이다. 인간에게 주어진 실존적 조건을 초월하려는 모든 신적 욕망의 끝에는 지독한 슬픔이 있을 뿐이다. 기쁨은 삶 '밖'이 아니라 삶 '안'에 있다. 우리에게 주어진 삶의 조건을 긍정해야 한다. 아퀴나스는 틀렸다. 진리는 사유와 존재의 일치가 아니다. 진정한 진리란 사유와 존재의 불일치다. 생각만으로 이뤄질 수 있는 것은 없다.

순수한 정신노동은 없다. 정신노동을 향한 열망은 우리가 사는 세계를 초월하려는 헛된 욕망일 뿐이다. 노동 없는 삶을 추구하지 말라. 그것은 몸이 없는 삶을 추구하는 것처럼 헛되고 위험한 일이다. 우리는 거꾸로 안다. 노동 없는 삶이 기쁜 삶이 아니다. 노동하는 삶이 기쁜 삶이다. 다만 우리가 기쁜 노동을 마주치지 못했을 뿐이다. 초월적 존재가 되려고 하지 말고, 두 발을 땅에 꼭 붙이고 한 걸음씩 나아가야 한다. 우리네 삶을 유쾌하고 명랑하게 만들어줄 직업은 그렇게 찾을 수 있다. 가장 기쁜 삶은 죽기 전날에도 하고 싶은 노동을 찾은 삶이다.

아퀴나스를 비롯한 중세의 많은 스콜라철학자들의 가장 중요한 화두는 신의 증명이었다. 즉, 현실과 자연 속에서 신의 존재를 어떻게 증명할 것인가? 이것이 많은 스콜라철학자들에게 주어졌던 과제였다. 아퀴나스는 많은 선배 철학자들보다 과감하게 나아가려 했다. 아퀴나스의 선배인 안셀무스는 신 증명을 논하면서 "이해하기 위해서는 믿어야 한다."라고 말했다. 하지만 아퀴나스는 "믿기 위해서 이해해야만 한다."라고 말하며 선배의 입장에 반대했다. 아퀴나스는 선배들보다 더 철저하게 이성·논리적인 태도로 신을 증명하려고 했다.

　　아퀴나스의 철학은 많은 부분 아리스토텔레스에게 영향을 받았고, 자신의 신 증명 역시 아리스토텔레스의 사유에 의지

하고 있다. 그것이 유명한 '부동의 동자Unmoved Mover'라는 개념
이다.

> 영원적인 운동을 일으키는 영원적인 동자動者는 전적인 현실
> 태entelecheia이기 때문에 그 자체는 전적으로 변하지 않고 움직
> 이지 않는 실체로서, 마치 사유대상이나 욕구의 대상이 사유
> 자나 욕구자들(또는 애인이 사랑하는 사람들)을 움직이듯이, 자
> 신은 움직이지 않고 다른 모든 사물들을 움직인다. 이 제1의
> 움직이지 않는 동자에게 세계의 모든 존재들은 의존한다. 이
> 것은 선이며, 생명이며, 끊임없이 자신을 사유·관조하는 순수
> 이성이며, 이것은 신이다.
>
> — 아리스토텔레스,《형이상학》

아리스토텔레스의 '부동不動의 동자動者'는 말 그대로 움직
이지 않는 운동자라는 뜻이다. 이는 전혀 어렵지 않은 개념이
다. '철수'가 있다. '철수'는 어디서 왔을까? 부모로부터 왔다.
그 부모는 어디서 왔을까? 조부모로부터 왔다. 그 조부모들은
어디서 왔을까? 그들의 부모로부터 왔다. 다른 모든 존재들도
마찬가지다. 움직이는 어떤 대상(동자)이 있다면 반드시 그것
을 움직이게 하는 대상이 있게 마련이다.

철수→부모→조부모→조부모의 부모→… 이런 식으로

논리적으로 끊임없이 거슬러 올라갈 수 있다. 그렇다면 그 끝에는 무엇이 있겠는가? 모든 것을 움직이게 한 하나의 원인이 있을 수밖에 없다. 즉, 스스로는 움직이지 않지만, 다른 것을 움직이게 한 최초의 원인이 있을 수밖에 없다. 그 자신은 움직이지 않지만 다른 것을 움직이게 하는 '부동의 동자'. 아리스토텔레스는 이 최초의 원인으로서의 '부동의 동자'를 세계의 창조주, 즉 신이라고 말한다.

아퀴나스는 바로 아리스토텔레스의 '부동의 동자' 개념을 빌려 현실세계에서 논리적으로 신을 증명하려 했다. '부동의 동자'를 통한 신 증명은 논리적으로만 보면 전혀 빈틈이 없어 보인다. 움직이는 대상이 있으면 그것을 움직이게 할 또 다른 대상이 있어야 하고, 그렇게 끝없이 거슬러 올라가면 하나의 최초의 점(원인)에 도달할 수밖에 없지 않은가? 그렇다면 세계를 창조한 창조주인 신은 정말 있는가? 아니, '부동의 동자'의 논리에는 정말 어떤 모순도 없을까? 논리의 과정 속에는 어떤 모순도 없다. 하지만 여기에는 치명적인 문제가 있다.

그 문제는 이 질문으로 드러낼 수 있다. '세계의 시작은 무無인가, 유有인가?' '부동의 동자'의 논리가 정합성을 가지려면 하나의 전제가 필요하다. '태초(세계의 처음)는 무無'라는 전제. 세계의 처음은 아무것도 없는 상태라는 것을 전제해야만 모든 존재를 거슬러 올라가서 하나의 원인이 있다는 도식이 완성될 수 있다. 이것이 바로 아퀴나스가 '무로부터의 창조론creatio ex nihilo'을 논증하려고 그리도 애를 썼던 이유다.

> "신이 무無로부터 사물들을 존재로 산출해내는 것은 필연적이다."
>
> — 토마스 아퀴나스,《신학대전》

'부동의 동자'의 논리는 '무로부터의 창조론'의 전제로부터 출발해야만 정합적이다. 하지만 만약 세계의 시작이 '무'가 아니라 '유'라면 '부동의 동자'의 논리는 시작조차 될 수 없다. 세계의 시작이 무(없음)가 아니라 유(있음)였다면, '지금 존재하는 대상을 거슬러 올라가면 단 하나의 원인이 있다'는 논리 자체가 성립될 수 없다. 애초에 많은 것들이 있었으니까 말이다. 세계의 시작이 무가 아니라 유라고 명확히 밝힌 고대철학자가 있다. 루크레티우스다.

> 첫 원리는 다음과 같은 것에서 우리를 위한 시작점을 얻어야 한다. 즉, 그 어떤 것도 신들의 뜻에 의해 무로부터 생겨나지 않는다. … 물체(원자)들은 사물들의 기원이고 일부는 시초적 존재(원자)들의 결합으로 이루어져 있다.
>
> — 루크레티우스,《사물의 본성에 관하여》

루크레티우스는 "어떤 것도 신의 뜻에 따라 무로부터 생겨나지 않는다."라고 분명히 말한다. 그리고 세계는 이미 존재하는 원자들과 그 원자들의 마주침(결합)에 의해 시작되었다고 말한다. 루크레티우스가 옳다면, 아리스토텔레스부터 이어졌던 스콜라철학의 신 증명 기획은 애초부터 부당한 것이 된다. 세계의 시작이 이미 존재하는 다수의 원자와 원자들의 마주침에 의해서 탄생했다면, '부동의 동자' 따위의 논리는 애초부터 성립할 수 없게 되니까 말이다.

"믿기 위해서는 이해해야 한다!" 단언하며 자신만만했던 아퀴나스다. 하지만 그런 그는 말년에 저술 활동을 중단하며, 자신의 비서에게 다음과 같이 고백했다. "나는 더 이상 글을 쓸 수가 없다. 내가 본 것에 비하면 내가 쓴 것은 모두 형편없는 지푸라기처럼 보인다." 이는 젊은 시절 도시(이성)에서 자신만만하다가 말년에 고향(신앙)으로 돌아간 어느 노인의 마음이지 않았을까. 결국 그는 이성으로 신앙을 증명하려 했던 자신의 노력이 얼마나 허망한 것이었는지 말년이 되어서야 깨달았던 것은 아니었을까.

세계는 무로부터 생겨나지 않았다. 세계는 이미 존재하는 수많은 원자들과 그 원자들의 마주침으로 발생한 것이다. 고로 최초의 원인으로서 조물주나 신 같은 것은 없다. 그런 초월적 신을 믿을 때 우리는 세계를 있는 그대로 볼 수 없다. 원자

(타자)들과 원자(타자)들과의 마주침을 긍정하며 살아가기보다
최초의 원인이 무엇인지를 집요하게 물으며 퇴행적으로 살아
갈 수밖에 없다. 기쁜 삶은 타자와 그 타자와의 마주침을 긍정
하는 삶이다. 이런 기쁜 삶에 이르기 위해서는 있는 그대로의
삶을 제대로 볼 수 있어야 한다. 기쁜 삶을 위해 우리는 루크레
티우스의 말을 잊지 않아야 한다.

우리가 어떤 것도 무로부터 생성될 수 없다는 것을 알고 나면,
그때는 이 사실로부터 우리가 좇는 것을 더 제대로 보게 될 것
이다.

— 루크레티우스, 《사물의 본성에 관하여》

# 15

# 변덕스러운 마음을
# 어떻게 해야 할까요?

둔스 스코투스의
'헥시어티'

# 변덕스러운 마음

"나, 영화 안 볼래."

"왜? 오늘 영화 보자며?"

"그냥 갑자기 영화 보기 싫어졌어."


변덕이 죽 끓듯 하는 사람들이 있다. 세상 사람들은 이런 사람들을 좋아하지 않는다. 갑자기 영화가 보기 싫다는 연인. 오늘은 만날 기분이 아니라며 일방적으로 약속을 취소하는 친구. 평소처럼 업무를 하다가 갑자기 짜증을 내는 직장 동료. 이런 변덕스러운 이들과 함께 지내는 것은 피곤하고 지치는 일이다. 세상 사람들이 변덕스러운 이들을 좋아하지 않는 것은 당연하다.

그런데 이보다 더욱 심각한 문제가 있다. 변덕스러운 이는 결국 자신마저 싫어하게 된다는 점이다. 멀쩡히 다니던 직장을 그만두고 갑자기 말 사육사로 직업을 바꾼 이를 알고 있다. 그에게 이유를 물었다. "그냥 아침에 눈을 떴는데 회사는 가기 싫고 말을 키워보고 싶더라고요." 그렇게 시작한 말 사육사는 한 달쯤 하다가 그만뒀다. 그리고 다시 이런저런 일을 떠돌았다. 그사이에 그는 생계가 유지되지 않을 만큼 가난해졌고 끝내는 다시 평범한 직장으로 돌아가게 되었다. 그는 그 모든 일을 후회하고 있다. 정확히는 변덕스러운 자신을 싫어하게 되었다.

## 변덕과 일관성 사이에서

이것이 세상 사람들이 우리에게 일관성을 요구하는 이유다. 변덕스러운 이들에게 세상 사람들은 말한다. "영화를 보기로 했으면 봐야지." "약속을 했으면 지켜야지." "사람이 한결같아야지 갑자기 짜증을 내면 되나." "직장은 진득하게 다녀야지." 우리는 이런 이야기에 고개를 끄덕이게 된다. 일관성을 유지하면 세상 사람들에게 미움받을 일도 없고, 나 자신을 스스로 미워할 일도 없을 것 같으니까 말이다. 하지만 그런 수긍 뒤에는 묘한 찝찝함이 따라붙는다.

변덕스러운 이들도 변덕스럽고 싶어서 변덕스러운 게 아니다. 그냥 마음이 그렇게 수시로 변하는 것을 어쩌란 말인가?

세상과 자신이 변덕스러운 마음을 싫어한다고 해서, 그 마음을 마냥 부정할 수 있을까? 수시로 변하는 내 마음을 외면한 채, 일관성에 따라 강압적으로 맞추고 살면 행복해질 수 있을까? 이는 쉽게 답할 수 있는 문제가 아니다. 변덕스러운 마음과 일관성 사이에서 방황하는 이들은 이 질문부터 해야 한다. "변덕스러운 마음을 어떻게 해야 할까요?"

## 예리한 박사, 스코투스

이 질문에 대한 답은 둔스 스코투스Duns Scotus에게 들어보자. 그는 중세철학 황혼기를 대표하는 스코틀랜드 출신의 철학자이다. 그는 '예리한 박사Doctor Subtilis'라고 불렸는데, 이는 그의 사유가 마치 예리한 칼처럼 섬세하고 정교했기 때문이다. "변덕스러운 마음을 어떻게 해야 할까요?" 이 질문에 '예리한 박사'는 이렇게 답할지도 모르겠다. "네 자신이 '헥시어티'라는 사실을 깨달아야 한다."

스코투스의 난해한 답을 이해하기 위해서 먼저 해야 할 질문이 있다. '존재들은 어떻게 구별되는가?' 쉽게 말해, 꽃·돌·새·나무·인간 등등 세상에 존재하는 수많은 대상들을 어떻게 구별할 수 있냐는 것이다. 스코투스 이전의 철학자들은 '형상'과 '질료'를 통해 존재를 구분할 수 있다고 보았다. '형상'은 무엇인가? 많은 존재들이 공통적으로 지니고 있는 본성(본질·보편성) 같은 것이다. '질료'는 무엇인가? 그 '형상'을 형상화시키는 재료(물질)라고 말할 수 있다. 어려운 이야기일 수 있으니 예를 들어보자.

## 똑같이 생긴 두 꽃을 어떻게 구분할 수 있을까

꽃과 돌이라는 두 존재를 생각해보자. 이 존재들을 서로 어떻게 구별할 수 있을까? 꽃의 '형상'은 향기·빛깔·뿌리·줄기·꽃잎으로 구성된 어떤 것이고, 꽃의 '질료'는 토양·물·햇빛 등등이다. 돌의 '형상'은 둥글고 딱딱한 어떤 것이고, 돌의 '질료'는 모래·흙·자갈 등등이다. 스코투스 이전의 철학자들은 바로 이 '형상'과 '질료'를 통해 존재들을 구분할 수 있다고 말했다.

'꽃-돌'은 '형상'으로 구분할 수 있다. 꽃의 '형상(향기·빛깔·뿌리·줄기·꽃잎으로 구성된 것)'과 돌의 '형상(둥글고 딱딱한 것)'은 분명히 다르니까 말이다. 하지만 하나의 문제가 더 남았다. '꽃-꽃'(혹은 '돌-돌')은 어떻게 구분할 수 있을까? 달리 말해, 거의 똑같이 생긴 두 장미꽃 A와 B는 어떻게 구분할 것인가? 스코투스 이전의 중세철학자들은 이는 '질료'를 통해 구분

중세철학 황혼기를 대표하는 '예리한 박사', 둔스 스코투스.
그는 '형상'도 '질료'도 아닌 '헥시어티'로 인해
존재들을 구별할 수 있다고 말했다.

가능하다고 생각했다. 즉, '이 꽃(A)'과 '저 꽃(B)'이 구분 가능한 것은 각각의 '질료(토양·물·햇빛)' 차이 때문이라는 것이다. 하지만 스코투스는 이런 선배 철학자들의 의견은 그릇된 것이라 말한다. 그의 이야기를 직접 들어보자.

> 질료나 형상 또는 이들의 결합 중 어느 것이라도 본성에 해당한다면 실재성은 이들 중 어떤 것도 아니다. 이는 질료, 형상, 또는 이들의 결합으로 이루어지는 존재의 궁극적인 실재성을 의미한다.
>
> — 둔스 스코투스, 《오르디나티오》

스코투스가 말한 '실재성'은 지금 바로 내 눈 앞에 있는 실재적인 장미꽃 A와 B의 특성을 의미한다. 그는 그 '실재성'은 "질료(토양·물·햇빛)나 형상(향기·빛깔·뿌리·줄기·꽃잎) 또는 이들의 결합" 중 어떤 것도 아니라고 말한다. 정말 그렇지 않은가? 지금 내 눈 앞에 있는 '이 꽃(A)'과 '저 꽃(B)'을 보며 그것들의 '질료'를 구분할 수 있을까? 그렇지 않다. '질료(토양·물·햇빛)'는 어떤 방식으로도 명확히 규정될 수 없기에 인식 불가능하다.

이는 조금만 깊게 생각해보면 알 수 있다. '이 꽃(A)'과 '저 꽃(B)'을 보며 그 꽃을 구성한 토양·물·햇빛이 어떤 것인지 인식할 수 있는 사람은 없다. 토양·물·햇빛은 결국 입자 혹은 파동 단위의 질료 아닌가? 이런 질료를 인식할 수 있는 사람은 존재하지 않는다. 즉, '형상'과 '질료'를 통해 세상의 다양한 대상들을 구별하고 규정할 수는 없다. 누구보다 섬세했던 스코투스는 이러한 사실을 날카롭게 포착했다.

## 스코투스의 '헥시어티'

그렇다면 어떻게 A와 B를 구분할 수 있을까? 달리 말해, A와 B의 "존재의 궁극적인 실재성"은 어디서 찾을 수 있을까? 스코투스에 따르면, 모든 개체에는 세 가지 요소가 있다. '형상'과 '질료', 그리고 '헥시어티haecceity'다. 그는 신은 '형상'과 '질료'뿐만 아니라 '헥시어티'도 창조했다고 말한다. 장미꽃 한 송이가 있다면, 신은 그 꽃의 '형상'과 '질료'뿐만 아니라, '헥시어티'까지 창조했다는 것이다. 스코투스에게 "존재의 궁극적인 실재성"을 가름하는 것은 '형상'도 '질료'도 아닌 바로 이 '헥시어티'다.

　스코투스는 이 '헥시어티'로 '이 꽃(A)'과 '저 꽃(B)'을 구분할 수 있다고 말한다. 그렇다면 '헥시어티'는 무엇일까? '헥시어티haecceity'는 라틴어 '하이세이타스haecceitas'에서 나온 것으로, '이것임this-ness'를 의미한다. '이것임'은 지금 내 눈 앞에 있는 '이것'이 '이것'이 될 수 있도록 하는 특성을 뜻한다. 스코투스는 '헥시어티'라는 개념을 이렇게 설명하고 있다.

> 확실히 그것은 특정 종(형상)에 속한 어떤 것이 수적으로 하나라고 말할 수 있게 하는 비규정적인 단일성이 아니다. 차라리 그 단일성을 '이것this'이라고 지목된 단일성이라고 생각한다.
>
> — 둔스 스코투스,《오르디나티오》

　　장미라는 '종(형상)'과 지금 내 눈 앞에 있는 '이 장미꽃'을 생각해보자. 이때 '이 장미꽃'은 장미라는 '종'에 속한 어느 '하나'가 아니다. '이 장미꽃'의 실재성은 지금 이 시간과 이 공간에 있는, 다른 어떤 것으로도 환원되지 않는 바로 '이것this'이다. 즉, '저것(저 꽃)'도 아니고 '그것(그 꽃)'도 아닌, 바로 '이것(이 꽃)'이다. 이는 어려운 이야기가 아니다. A와 B는 거의 똑같이 생긴 장미꽃이다. 이 둘을 어떻게 구분하는가? 빛깔과 향기의 미묘한 차이. 바람이 불 때 흔들림의 차이. 이러한 차이가 '저 꽃'도 '그 꽃'도 아닌, 바로 '이 꽃'을 규정한다.

　　'헥시어티'는 세상 너머에 있는 '형상'으로서의 '저 꽃(저 것)'이나 세상 속에 있는 수많은 '그 꽃(그것)'에 대한 것이 아니다. 바로 지금 내 앞에서 순간순간 달라지는 미묘한 빛깔, 향기,

움직임. 바로 이것이 다른 어떤 꽃과도 구별되는 '이 꽃(이것!)'에 관계된 것이다. 더 정확히 말해, '이것(이 꽃)'이 '이것(이 꽃)'일 수 있게 해주는 단독성(개별성)이 바로 헥시어티다. 바로 지금 여기에서 고혹적인 자태를 뽐내고 있는 이 꽃의 단독성(개별성)이 바로 헥시어티다.

## '내'가 '나'일 수 있는 특성, 헥시어티

이제 우리의 이야기로 돌아가자. 변덕스러운 마음을 어떻게 해야 할까? 스코투스라면 우리 자신이 '헥시어티'라는 사실을 깨닫는 것이 중요하다고 말할 것이다. 하지만 여전히 의아하다. 변덕스러운 마음과 헥시어티 사이에는 어떤 관계가 있는 걸까? 인간에게 헥시어티는 무엇일까? 우리를 '그 인간'도 '저인간'도 아닌, 오직 '나(이것!)'이게 하는 헥시어티는 무엇일까? 학자들 사이에서만 알려져 있던 스코투스라는 보석을 세상 밖으로 꺼낸 이가 들뢰즈다. 그는 이 헥시어티에 대해 이렇게 말한다.

'헥시어티(이것임)'가 단순히 주체들을 위치시키는 장식이나 배경에 있다고 믿어서도, 사물들과 사람들을 땅과 맺어주는 부

속물들에 있다고 믿어서도 안 된다. '헥시어티(이것임)'라는 것
은 개체화된 배치물 전체다. 다른 초월성의 땅에 속하는 것일
뿐인 형식들이나 주체들과는 무관하게 경도와 위도, 속도들과
변용태들에 의해 규정되는 것이 바로 '이것임'이기 때문이다.
— 질 들뢰즈 & 펠릭스 가타리,《천 개의 고원》

헥시어티는 어떤 존재를 다른 존재들과 구별되게 해주는
특성(단독성·개체성)이다. 이 헥시어티는 들뢰즈의 말처럼, "주
체(나)들을 위치시키는 장식이나 배경"에 있는 것이 아니다.
쉽게 말해, '나'의 학교, 직장, 직업, 재산 등은 '헥시어티'가 아
니다. 그런 것들로 고유하고 유일하며 단독적인 한 사람을 파
악하는 것은 불가능하다. 그런 "장식이나 배경"은 '저 인간'에
게도 '그 인간'에게도 유사하게 있으니까 말이다.

## 헥시어티, 시간과 공간에 따른 몸과 마음의 순간변화율

들뢰즈에 따르면, 헥시어티는 "개체화된 배치물 전체"이고, 이
는 "경도와 위도, 속도들과 변용태들에 의해 규정"된다. 이는
어려운 말이 아니다. '저 인간(저것)'과도 '그 인간(그것)'과도
구별되는 '나(이것)'의 헥시어티(단독성·개체성)는 무엇인가?

그것은 '내'가 '나'일 수 있게(개체화) 해준 배치물 전체(내가 만난 음식·가족·친구·영화·책·음악·운동·직업·사랑…)다. 들뢰즈에 따르면, 이런 헥시어티는 내가 서 있는 공간(경도와 위도)과 시간(속도)에 따라 매 순간 변하는 어떤 것(변용태)이다.

우리는 똑같이 생긴 쌍둥이를 구별할 수 있다. 이는 둘이 갖고 있는 "장식과 배경" 때문이 아니다. 만약 그렇다면, 같은 "장식과 배경"을 갖고 있는 일란성 쌍둥이는 구별할 수 없을 테니 말이다. 그렇다면 쌍둥이는 어떻게 구별할 수 있는 것일까? 농담을 할 때 눈썹의 실룩거림, 눈물을 참을 때 목소리의 떨림, 기분이 좋을 때 독특한 걸음걸이. 이처럼 상황과 조건에 따라 미묘하게 목소리, 표정, 걸음걸이 등이 다르기 때문이다. 즉, 똑같이 생긴 쌍둥이라 하더라도, 각자만의 개별적이고 단독적인 성질인 '이것임(헥시어티)'을 갖고 있다.

이 헥시어티는 쌍둥이라도 다를 수밖에 없다. 아무리 비슷하게 생기고 비슷한 환경에서 자란 쌍둥이라 하더라도, 각자를 있게 해준 "배치물 전체"가 완전히 같을 수는 없기 때문이다. 그것이 다르기에 둘은 각자가 서 있는 공간(경도와 위도)과 시간(속도)에 따라 목소리, 표정, 걸음걸이 등이 미묘하게 달라질 수밖에 없다(변용태). 이 '헥시어티'는 다른 누구와도 구별되는 한 사람의 '단독성singularity'을 규정한다.

'진규'가 다른 인간들과 구별되는 이유는 무엇인가? 카페에서 다른 사람은 신나게 듣는 댄스곡에 눈시울이 붉어지기 때문이다. 이는 '진규'의 "배치물 전체"에 '이 댄스곡이 흘러나왔던 카페에서의 이별'이 포함되어 있기 때문이다. 이것이 헥시어티다. '진규'의 헥시어티는 "경도와 위도, 속도들과 변용태에 의해 규정"된다. 노을이 지는(속도) 카페(경도와 위도)가 아니었다면, 진규는 눈시울이 붉어지지(변용태) 않았을 테니까 말이다. 그러니 헥시어티는 이렇게 정의할 수 있다. 시간과 공간에 따른 몸과 마음의 순간변화율.

## 헥시어티는 변덕이다

'문주'는 아침에 길가에 핀 꽃을 그저 무심히 지나친다. 하지만 햇살이 비치는 정오에는 걷는 속도를 줄여 꽃을 보며 옅은 미소를 짓는다. 그리고 노을이 지는 초저녁에는 꽃 앞에 멈춰 서서 함박웃음을 짓는다. 이처럼 '문주'는 시간과 공간에 따라 몸과 마음의 변화율이 달라진다. 이것이 '문주'의 '헥시어티', 즉 '문주'가 다른 누가 아닌 '문주'일 수 있게 해주는 단독성이다.

헥시어티는 변덕이라고 할 수 있다. 같은 음악이라도, 정신없는 오전에 직장에서 들으면 아무렇지 않다가 노을 지는 카페에서는 눈시울이 붉어지는 것. 마찬가지로, 어제까지는 직장이 만족스러웠지만 오늘은 말 사육사가 되고 싶은 것. 아침까지 보고 싶었던 친구가 오후에는 보고 싶지 않은 것. 예매하기 전까지 영화가 보고 싶었지만 예매하고 난 뒤에는 영화가 보고 싶지 않은 것. 이런 변덕스러움이 바로 헥시어티다. 변덕스러움은 시간과 공간에 따른 몸과 마음의 순간변화율이니까 말이다.

변덕스러움은 부정적인 것이 아니다. 그것은 한 사람을 다른 사람과 근본적으로 구별 짓는 단독성이기 때문이다. 순간순간 변덕 없이 늘 일관성을 유지한다면, 우리는 어떻게 '저 사람'도 '그 사람'도 아닌, 지금 내 눈 앞에 있는 바로 '이 사람'을 알아볼 수 있단 말인가. 아침이든 정오든 저녁이든, 늘 꽃을 무심히 지나치거나, 늘 옅은 미소만 짓거나, 늘 함박웃음만 짓는다면, 달리 말해 시간과 공간의 차이에도 불구하고 늘 한결같은 일관성을 유지한다면, 그녀는 '문주'가 아니다.

## '헥시어티'가 바로 '나'다

당신이 '헥시어티(이것임)'의 존재를 인정하게 되면, 당신은 자신이 '헥시어티(이것임)'이고 그 외의 어떤 것도 아니라는 것을 알아채게 된다.

들뢰즈는 단호하게 말한다. '헥시어티'가 바로 우리 자신이라고. 우리가 '헥시어티'의 존재를 알게 되면, 우리 "자신이 '헥시어티(이것임)'이고 그 외의 어떤 것도 아니라는 것"을 깨닫게 될 것이라고. 들뢰즈의 이야기는 이렇게 바꾸어도 좋다. 변덕스러움이 바로 '나'라고. 시간과 공간에 따라 순간순간 변화하는 몸과 마음이 바로 '나'다. 이것이 어떤 의미인가? 우리가 갖고 있는 변덕스러움을 부정한다는 것은 '나' 자신을 부정한다는 것과 같다는 의미다.

"변덕스러운 마음을 어떻게 해야 할까요?" 이제 우리는 이 질문에 답할 수 있다. 변덕스러움이 바로 '나'라는 사실을 깨닫고 그것을 긍정해야 한다. 이는 거칠게 말해, 변덕을 부리지 않으려 애쓰지 말고 변덕을 부리며 살라는 이야기다. 그것이 바로 '나'를 긍정하는 일이다. 순간순간 변화하는 나의 몸과 마음, 즉 헥시어티가 바로 '나'이니까 말이다. 하지만 이런 이야기에 반발심이 생길지도 모르겠다. 현실적인 문제가 여전히 남아 있기 때문이다.

무작정 변덕을 부리다가는 모든 것이 엉망이 될 것 같다. 인간관계에서 매번 변덕스럽게 행동하다가는 인간관계가 모두 파탄 날 것 같다. 또 직장이나 직업에서 변덕이 죽 끓듯 하다가는 정말 죽도 밥도 안 되어서 최소한의 밥벌이도 못할 것 같다. 이것이 세상 사람들이 '일관성'을 '진중함'으로 찬양하고 '변덕스러움'을 '경박함'으로 비난하는 이유일 테다. 하지만 이는 삶의 진실을 뒤집어 보는 어리석음이다.


## 진정한 일관성은 변덕스러움의 일관성이다

놀랍게도 삶의 진실은 반대다. '일관성'에서 '경박함'이 자라고, '변덕스러움'에서 '진중함'이 싹튼다. '헥시어티'를 부정하는 사람, 즉 어떤 변덕스러움도 용납하지 않고 늘 일관성을 유지하는 사람이 있다. 비가 오나 눈이 오나 출근을 하고, 아름다운 햇살과 노을 앞에서도 항상 업무 생각만 하는 사람이 있다. 그는 진중한 사람인가? 아니다. 그는 '저 인간'과도 '그 인간'과도 구별되지 않는 무색무취의 로봇 같은 존재일 뿐이다. 그보다 더 가벼운(경박한) 사람이 또 어디 있단 말인가? 무색무취의 로봇은 언제든 대체가능하기에 가볍기(경박하기) 이를 데 없는 존재다.

누가 변덕스러움을 경박함이라 하는가. 물론 변덕스러움이 경박해질 때가 있다. 그것은 변덕스러움의 일관성을 지키지 못했을 때다. 즉, 변덕스러움 앞에서 변덕을 부렸기에 경박해진 것이다. 쉽게 말해, 변덕을 부리다가 안 부리다가를 반복하기 때문에 우리네 삶이 경박해진 것이다. 어느 시간 어느 공간에서는 변덕을 따르고, 또 어느 시간 어느 공간에서는 변덕을 참으면 경박스러운 사람이 된다. 하지만 변덕스러움의 일관성을 유지하는 이는 진중한 사람이 된다. 진정한 일관성은 변덕스러움의 일관성이다. 이 낯선 이야기는 결코 궤변이 아니다.

변덕의 일관성을 유지해본 이들은 안다. 자신의 변덕에 일정한 파형 혹은 리듬이 있다는 사실을. 변덕을 지속하다 보면, 어느 순간 변덕이 일정한 경향성을 갖고 반복(파형·리듬)된다. 반복(일관성)할 삶의 파형까지 변덕을 부리지 못했을 때 삶이 경박해진다. 우리네 삶이 이를 이미 말해주고 있지 않은가. 변덕스럽게 영화를 보다 보면, 진짜 기쁨을 주는 영화를 만나게 된다. 변덕스럽게 약속을 취소하다 보면 진짜 기쁨을 주는 관계를 만나게 된다. 변덕스럽게 직장을 바꾸다 보면 진짜 기쁨을 주는 일을 만나게 된다.

변덕을 부리다 보면 내게 진짜 기쁨을 주는 것이 무엇인지 발견하게 되고, 그 진짜 기쁨의 반복으로 생긴 삶의 파형 혹은 리듬이 진정한 일관성이라 할 수 있다. 변덕을 통해 진짜 기쁨을 주는 것을 만나고, 그것들을 통해 반복되는 삶의 파형과 리듬을 찾아가는 것. 이것보다 더 진중한 삶이 어디 있을까.

시간과 공간에 따라 순간순간 변화하는 몸과 마음을 긍정하는 과정에서 발견하는 경향성. 변덕스러움의 일관성으로 발견하게 되는 경향성. 바로 그 삶의 파형과 리듬, 그것이 진짜 '나'이다. 그리고 그런 '나'를 긍정하며 살아가는 것이 진정한 진중함이다. 이것이 들뢰즈가 우리 자신이 바로 '핵시어티'라고 힘주어 말한 이유일 테다. 우리가 경계해야 할 변덕은 변덕스러움 앞에서의 변덕뿐이다. 우리가 어떤 경우에도 한결같이 유지해야 할 일관성은 변덕스러움의 일관성뿐이다. 변덕 부리자! 우리를 기쁜 삶으로 인도할, 삶의 파형과 리듬을 찾을 때까지!

'존재의 일의성Univocity of Being'. 스코투스의 철학에서 빼놓을 수 없는 개념이다. 중세철학의 주된 화두는 '이성'과 '신앙'의 중재와 조화였다. 즉, '신앙(신)'을 '이성'적으로 증명하려는 것이 중세철학 전반의 흐름이었다. 하지만 스코투스는 자신의 예리한 사유를 통해 중세철학, 즉 이성과 신앙을 연결하려던 일련의 시도들을 정교하게 베어버린다. 안셀무스의 "알기(이성) 위해 믿어야(신앙) 한다."는 말도, 아퀴나스의 "믿기(신앙) 위해 알아야(이성) 한다."는 말도 베어버린다.

　　이는 스코투스에게 당연한 일이었다. 그에게 신학(신앙)은 철학(이성)보다 더 심오하고 넓은 학문이었기 때문이다. 그러니 그는 '신앙'을 '이성'으로 논증하려는 모든 시도들을 작은 그릇(이성)에 큰 그릇(신앙)을 포개려는 어리석은 시도로 여겼다. 그의 이런 철학은 '존재의 일의성'이라는 개념을 통해 더욱 분명하게 드러난다. 들뢰즈는 '존재의 일의성'에 대해 이렇게 말한다.

"존재의 일의성은 존재가 목소리라는 것, 그리고 존재가 말해진다는 것, 모든 대상의 하나의 유일하고 동일한 '의미'에 있어 말해진다는 것을 의미한다."

— 질 들뢰즈,《의미의 논리》

'존재의 일의성'은 무엇일까? '존재'는 '있음'이고, '일의성'은 '유일한 하나'라는 의미다. 그러니까 '존재의 일의성'은 '세상에 있는 것들은 모두 유일하다'는 뜻이라고 말할 수 있다. 들뢰즈는 "존재의 일의성은 존재가 목소리"라는 의미를 담고 있다고 말한다. 즉, 세상의 모든 존재들은 저마다의 독특한 목소리처럼 하나뿐인 유일성을 가진 존재라는 것이다. 여기서 하나의 문제가 발생한다. 세상의 모든 존재가 목소리처럼 모두 유일하다면 '신'과 '나' 역시 동등한 위치가 되는 것 아닌가? '신'도 존재하고, '나'도 존재하니까 말이다.

그렇다면 스코투스는 신의 초월성을 부정하고 있는 것일까? 전혀 그렇지 않다. '존재의 일의성'은 신을 중심으로 하는 중세철학에서 기묘한 의미를 지닌다. 스코투스는 '존재의 일의성'이라는 개념으로 신의 초월성을 더욱 강화한다. 인간 ·새·나무·꽃 등등 세상에 존재하는 모든 것들이 저마다 유일하다면 그 모든 존재들을 관통하는 본질 같은 것은 없는 것 아닌가?

중세철학 일반은 '신-본질-존재자'의 도식으로 구성된다. 즉, 신이 본질(이데아)을 만들고, 그 본질에 따라 인간·새·나무·꽃 같은 존재자들이 존재하게 된다는 도식이다. 이런 관점이라면, 신(신앙)은 얼마든지 이성(철학)적으로 논증할 수 있다. 이성(철학)으로 신이 만든 본질을 찾으면 신을 증명하게 되는 것이니까 말이다. 하지만 스코투스는 모든 존재자들을 가로지르는 보편적인 본질 같은 것은 없다고 말한다.

스코투스의 도식은 '신-존재자'다. 즉, 신과 존재자는 직접적으로 연결된다. 신은 본질에 따라 존재자를 만드는 것이 아니다. 다시 말해, 신은 '인간'이라는 본질을 만들고, 그에 따라 '진규', '선빈', '유미', '영순', '동환'을 만드는 것이 아니다. 신은 저마다 유일한 존재들을 직접적으로 만든다. 신은 어떤 본질로도 환원되지 않는 일의적인(유일한) 존재인 '진규', '선빈', '유미', '영순', '동환'을 직접 만든다. 그러니 아무리 '이성'적인 인간이라도 신의 뜻을 파악할 수는 없다.

스코투스 이전의 철학자들은 세계가 '형상'과 '질료'에 의해 만들어졌다고 본다. 빨간 장미가 한 송이 피었다면, 이는 신이 만든 필연적 '형상(빨간 장미)'에 따라 '질료(흙, 물 등등)'가 조합되었기 때문이다. 이 장미꽃은 민들레나 새와 같은 존재가 될 수 없다. 필연적으로 빨간 장미가 될 수밖에 없다. 신이 그렇게 '형상'을 정했고 그에 따라 '질료'가 조직되었기 때문이다. 하지만 스코투스의 관점은 다르다.

스코투스는 신이 '우연성'에 따라 세계를 만들었다고 본다. 즉, 그 꽃이 빨간 장미인 이유는 우연이다. 그에 따르면, 신은 전능하기에 '형상'과 '질료'라는 필연적 법칙마저 초월해 있다. 스코투스는 '존재의 일의성'으로 '철학(형이상학)'의 한계를 선언했고, 동시에 그 한계는 '신학'의 폭과 깊이를 더욱 크게 해주었다. 쉽게 말해, '형상·질료'를 논하는 형이상학적인 '철학'으로는 아무리 발버둥을 쳐도 '신'을 논하는 '신학'에 다다를 수 없다는 것이다.

신은 우연히 이 세계를 만들었기에 얼마든지 다른 세계도 만들 수 있었다. 흥미로운 지점은 이런 스코투스의 관점이 근대의 라이프니츠Gottfried Wilhelm Leibniz의 철학에서 이어진 현대의 '가능세계론'과 맞닿아 있다는 사실이다. '가능세계론'은 '지금 우리가 사는 이 세계는 존재할 수도 있었던 다양한 세계들 중 하나'라는 이론이다. '철학'의 한계를 선언하고, '신학'으로 선회하려 했던 예리한 박사의 시도는 다시 현대철학으로 되돌아오게 된다. 어찌 보면 이는 너무나 당연한 귀결이었는지도 모른다. 세계의 모든 존재가 시간과 공간에 따라 순간적으로 변화하는 '헥시어티'라면 고정된 하나의 필연적 세계는 존재할 수 없다. 지금 우리가 살고 있는 이 세계는 얼마든지 변덕스럽게 존재할 수 있었던 세계들 중 하나의 세계일뿐이다.

# 16

# 어떻게 단순하게
# 살 수 있을까요?

오컴의
'오컴의 면도날'

## '정리정돈 전문가'라는 기이한 직업

한때 정리정돈 전문가라는 직업이 있었다. 어지럽혀진 방을 정리해주거나 그런 기술을 알려주는 직업이다. 생각해보면 이는 참 기이한 직업이다. 집안 정리에 딱히 정교한 기술이 필요한 것도 아니고, 그런 일 정도는 스스로 하면 되는 것 아닌가. 그런데 이것을 대신 해주거나 혹은 그런 기술을 알려주는 직업이 있다는 것은 기이한 일이다. 하지만 원인 없는 결과는 없는 법이다. 그 기이한 직업이 생긴 이유가 있을 테다.

정리정돈 전문가라는 직업은 왜 생겼을까? 일차적으로는 스스로 정리할 수 없을 만큼 어지럽혀진 집안이 많아졌기 때문일 테다. 그렇다면 그런 집안들은 왜 많아진 것일까? 그것은 단순히 청소를 안 하는 차원의 문제가 아닐 테다. 불필요한 것들을 끊임없이 사다 모으고, 그것들을 적절할 때 버리지 못하기 때문일 테다. 우리 시대의 정리정돈은 청소의 문제가 아니다. '미니멀리즘'의 문제다.

# 미니멀리즘 부재의 시대

미니멀리즘은 무엇인가? 단순함과 간결함을 추구하는 사회 문화적인 흐름이다. 이는 더 적은 것을 소유함으로써 단순하고 간결한 삶을 지향하는 태도라고 말할 수 있다. 정리정돈 전문가가 등장한 이유는 우리 시대에 이 미니멀리즘이 부재하거나 부족하기 때문일 테다. 하지만 미니멀리즘의 부재·부족을 단순히 주거 공간의 문제로만 볼 수는 없다. 발 디딜 틈 없이 어지러운 집안은 지금 우리네 삶을 보여주는 상징일 뿐이기 때문이다.

왜 집안이 스스로 정리정돈할 수 없을 만큼 엉망이 되었을까? 지금 우리네 삶이 너무 복잡하기 때문이다. 우리네 삶은 정말 머리가 터질 것처럼 복잡하지 않은가? 지금 하고 있는 업무가 채 끝나지도 않았는데 또 다른 업무가 쏟아진다. 그뿐인가? 회사에서 살아남기 위한 영어 공부, 부업으로 하는 주식, 챙겨야 할 경조사와 집안일 등등 각가지 해야 할 일들로 머리가 터질 것 같다는 말은 결코 과장이 아니다.

그렇다. 우리는 과부하가 걸린 삶을 산다. 그러니 어떻게 미니멀리즘을 실현할 수 있단 말인가? 우리에게 미니멀리즘은 책 속에만 있는 아름답지만 공허한 이야기가 되어버렸다. 발 디딜 틈 없이 엉망이 된 방은 과부하가 걸린 복잡한 삶의 단

면일 뿐이다. 어지럽혀진 방을 정리정돈하기 전에, 정리정돈 전문가를 부르기 전에 해야 할 질문이 있다. "어떻게 단순하게 살 수 있을까요?"

## 유명론과 실재론의 싸움, 보편논쟁

이 질문은 오컴William of Ockham을 통해 알아보자. 서양 중세철학의 시작이 아우구스티누스였다면, 그 마지막은 오컴이라고 할 수 있다. 오컴은 '이성(철학)'으로 '신앙(종교)'을 설명하려 했던 선배 철학자들의 사유들을 '낡은 길via antiqua'로 규정하며, '새로운 길via moderna'을 가려고 했다. 오컴은 자신의 '새로운 길'을 따라 중세철학을 매듭짓고 근대철학의 문을 연다.

"어떻게 단순하게 살 수 있을까요?" 오컴의 철학을 빌려 이렇게 답할 수 있다. "'오컴의 면도날'로 불필요한 것들을 베어버려라!" 그렇다면 '오컴의 면도날'은 무엇일까? 이를 답하기 위해서는 먼저 중세의 '보편논쟁'을 설명할 필요가 있다.

보편논쟁은 '실재론'과 '유명론'의 사이의 논쟁이다. 이 논쟁의 쟁점은 '개별자-보편자' 관계를 바라보는 관점의 차이다. 연필·지우개·볼펜·필통이 있다고 해보자. 이것들은 모두 물질적인 '개별자'다. 그리고 이 모든 개별자들을 아우르는

'필기구'라는 개념이 있다. 이 관념적인 개념이 '보편자'다.

'실재론'은 보편자(필기구)가 개별자(연필·지우개·볼펜·필통)에 앞선다ante res는 관점이다. 반면, '유명론'은 보편자(필기구)가 개별자(연필·지우개·볼펜·필통)를 뒤따른다post res는 관점이다. 즉, '실재론'은 '보편'적인 개념(필기구)이 먼저 있기 때문에 '개별'적인 연필·지우개·볼펜·필통이 있을 수 있다고 보는 반면, '유명론'은 '개별'적인 연필·지우개·볼펜·필통이 있기 때문에 '보편'적인 개념(필기구)이 있을 수 있다고 본다. 보편 논쟁은 이런 '실재론'과 '유명론' 사이의 논쟁이었다.

## 오컴의 '유명론'

오컴은 다음과 같이 말하며 '유명론'의 관점을 견지했다.

> 보편자는 산출되는 것이 아니라 일종의 허구에 지나지 않는 추상 작용에 의해서 생겨난다.
>
> — 오컴, 《명제집 주해》

오컴에 따르면, 보편자는 단지 인간의 머릿속에만 존재한다. '꽃', '필기구', '인간'과 같은 어떤 공통적인 형식이나 본질

오컴은 '이성'으로 '신앙'을 설명하려 했던 선배 철학자들의 사유를
'낡은 길'로 규정하며, '새로운 길'로 가려고 했다.
오컴은 자신의 '새로운 길'을 따라 중세철학을 매듭짓고 근대철학의 문을 연다

(보편자)은, '장미·민들레·백합·해바라기…', '연필·지우개· 볼펜·필통…', '민혜·문주·진규·수철…' 같은 개별자들을 보고 인간이 만들어낸 산물이라는 것이다. 오컴은 실제로 존재하는 것은 보고 만질 수 있는 개별자뿐이며, 보편자는 실제로 존재하지 않는다고 보았다. 그에 따르면, 모든 보편자(꽃)는 다수의 개별자(장미·민들레·백합…)들을 통한 추상적 작용에 의해 생겨난 일종의 허구일 뿐이다.

'유명론唯名論'은 보편자는 (실제로는 존재하지 않고) 단지唯 이름名뿐이라고 보는 관점이다. 물론 그렇다고 신학자였던 오컴이 최고의 보편자인 '신'마저 부정하는 것은 아니었다. 여느 중세철학자들은 '실재론'자에 가까웠다. 그들은 신이 보편자인 '형상(인간다움)'을 만든 뒤 그 형상에 따라 개별자인 '인간'을 만들었다고 보았기 때문이다. 즉, '보편자'가 '개별자'에 앞선다고 보았다. 하지만 오컴은 '유명론'의 입장에서 이를 비판하며 신의 역능을 강화하려 했다.

> 신은 자신의 제2 원인을 수단으로 만들어내는 모든 것을 직접적으로 그리고 그것들 없이도 만들어낼 수 있다. … 시공간적으로 다른 독자적인 대상과 구별되는 독자적인 대상은 오직 신적인 전능을 통해서만 현존한다.
>
> — 오컴,《일곱 가지 자유토론》

오컴이 말한 "제2 원인"은 관념적인 보편자(형상)다. 오컴은 '신은 그 제2 원인 없이도 직접적으로 개별자를 만들어낼 수 있다'고 말한다. 교회에는 '하느님 아버지'라는 표현이 있다. 이 표현이 오컴의 유명론을 잘 보여준다. 오컴은 세상에 존재하는 모든 개별자들은 '아버지(신)'가 '직접' 창조한 것이라고 보았다. 관념적인 보편자(인간다움)는 신이 개별자(민혜·문주·진규·수철⋯)들을 창조하는 데 어떠한 영향도 미칠 수 없다는 것이다. '아버지'가 어떤 설계도를 보고 '나'를 낳은 것이 아니듯, '하느님 아버지' 역시 보편자(형상)를 통해 '인간'을 창조한 것이 아니라는 것이다.

모든 "독자적인 대상"들, 예컨대 들판에 핀 꽃도, 바다의 파도도, 하늘 위의 구름도, 뛰노는 개들도, 수많은 사람들도 오직 "신적인 전능을 통해서만 현존"할 수 있다. 오컴에게 실제로 존재하는 것은 신이 직접 창조한 개별자(민혜·문주·진규·수철⋯)들뿐이다. 중세의 실재론자들의 도식이 '신→형상→인간'이라면, 오컴의 도식은 '신→인간'인 셈이다. 오컴에게 '인간다움'이라는 보편자는 인간의 의식이 만들어낸 허구일 뿐이다. 그래서 신은 보편자 따위에 영향받지 않는다. 신은 전능하기에 보편자 너머에 있다. 신은 얼마든지 새로운 유형의 '인간다운 인간'을 만들 수 있다. 이렇게 오컴은 '유명론'으로 신의 전능을 더욱 강화한다.

# 오컴의 면도날

중세의 거의 모든 철학자들이 '실재론'을 따를 때 오컴은 어떻게 '유명론'을 견지할 수 있었을까? 바로 '오컴의 면도날' 덕분이다. 오컴은 자신만의 면도날을 가지고 있었기 때문에 유명론을 견지할 수 있었다. '오컴의 면도날'은 무엇일까? 이에 대해 오컴은 이렇게 말한다. "다수는 필요하지 않다면 결코 가정해서는 안 된다Numquam ponenda est pluralitas sine necessitate." 난해하다. '오컴의 면도날'에 대해 조금 더 친절하게 설명하고 있는 러셀의 이야기를 들어보자.

> 오컴은 정작 그의 저작에서는 발견되지 않지만, '오컴의 면도날'이란 격률로 유명하다. 격률에 따르면, "존재들은 필요 없이 늘어나서는 안 된다." 오컴은 이 격률을 말하지는 않았지만 똑같은 효과를 내는 말을 했다. "더 작은 수로 할 수 있는 일을 더 큰 수로 하는 짓은 헛수고에 지나지 않는다."
>
> ― 버트런드 러셀, 《서양철학사》

오컴의 면도날은 흔히 '단순성의 원리Principle of Parsimony'라고도 불린다. 이는 삶의 진실은 '단순성parsimony'에 있다는 것이다. 단순한 것과 복잡한 것이 있다면 단순한 것이 삶의 진실에 가깝다. 예를 들어보자. 어떤 사람이 질병에 걸려 시름시름 앓고 있다. 이때 주술사는 그 원인을 악귀 때문이라고 하고, 의사는 벌레 때문이라고 한다. 둘 중 누구의 말이 삶의 진실에 가까울까? 오컴이라면 의사라고 말할 테다. 하지만 이는 의학적이거나 과학적인 사실에 근거한 결론이 아니다.

이는 순수하게 '오컴의 면도날'에 근거한 결론이다. "다수는 필요하지 않다면 결코 가정해서는 안 되기" 때문에 의사의 진단이 참이다. 즉, 주술사는 자신의 결론에 이르기 위해 두 번 이상의 가정을 해야 하고, 의사는 한 번만 하면 충분하기 때문이다. 의사는 질병의 원인을 벌레라고 가정했다. 이 결론에는 더 이상의 가정이 필요 없다. 벌레는 지금 내 눈 앞에 있으니까 말이다. 하지만 주술사는 다르다. 주술사는 질병의 원인을 악귀라고 가정했다. 하지만 악귀는 지금 내 눈 앞에 없으니 악귀가 무엇인지 한 번 더 가정해야 한다. 그래서 오컴에게 이는 삶의 진실이 아니다.

## 중세의 '실재론-유명론'에서
## 근대의 '관념론-경험론'으로

두 번(다수)의 가정으로 설명할 수 있는 명제보다 한 번의 가정으로 설명할 수 있는 명제가 삶의 진실에 가깝다는 것. 이것이 '오컴의 면도날'이다. 즉, '오컴의 면도날'은 불필요한 다수의 가정으로 설명하는 명제들을 모조리 잘라버리는 면도날인 셈이다. '오컴의 면도날'은 '실재론'이 아니라 '유명론'적일 수밖에 없다.

중세철학의 '실재론'과 '유명론'은 각각 근대철학의 '관념론'과 '경험론'으로 이어진다. '관념론'은 경험보다 정신(생각)이 더 근본적이라고 보는 철학적 입장이고, '경험론'은 정신(생각)보다 경험이 더 근본적이라고 보는 철학적 입장이다. 그러니 '실재론'은 보편자를 우선하기에 '관념론'적이고, '유명론'은 개별자를 우선하기에 '경험론'적이다. 그렇다면 '오컴의 면도날'은 '실재론(관념론)'과 '유명론(경험론)' 중 어느 쪽을 향할까? '인간다움'이라는 보편자는 '관념론'적이다. 그래서 이것이 무엇인지에 대해서 알려면 다수의 가정이 필요하다. 하지만 '민혜·문주·진규·수철…' 같은 개별자들을 '경험론'적으로 아는 데는 불필요한 가정이 필요 없다. 그들은 지금 내 눈앞에 있기에 보고 만질 수 있으니까 말이다. 그러니 '실재론(관념론)'과 '유명론(경험론)' 중 '오컴의 면도날'이 어디를 향했는지는 너무도 분명하다.

오컴의 '유명론'이 근대의 '경험론'의 토대가 되었다는 사실은 철학사적으로 흥미로운 대목이다. 오컴의 '유명론'은 신의 전능을 강화하려는, 철저히 신학적인 작업이었다. 그런데 이 신학적인 작업이 근대 '경험론'의 문을 연 셈이다. '경험론'이 무엇인가? 인간의 앎(인식·지식)은 오직 경험을 통해서만 가능하다는 관점 아닌가. 이는 세상에는 경험할 수 있는 '개별자'들만 존재할 뿐, 관념적인 '보편자(신)'는 존재하지 않는다는 입장이다. 흥미롭게도, 오컴이 '유명론'으로 신의 역능을 강화하려다 도착한 곳이 신을 부정하는 근대의 '경험론'인 것이다.

## 미니멀리즘을 위해 필요한 칼, '오컴의 면도날'

이제 우리의 이야기로 돌아가자. "어떻게 단순하게 살 수 있을까요?" 미니멀리즘, 즉 최소한의 것만 가지려는 태도를 가지면 된다. 하지만 이는 말처럼 쉽지가 않다. 왜 그런가? 우리는 자신에게 진정으로 필요한 것과 불필요한 것을 명확하게 구분하지 못하기 때문이다. 미니멀리즘의 성패 여부는 필요한 것과 불필요한 것을 구분하는 역량에 달려 있다. 바로 이것이 지금 우리에게 '오컴의 면도날'이 필요한 이유다.

'오컴의 면도날'은 우리에게 진정으로 필요한 것과 불필요한 것을 구분하게 해준다. '오컴의 면도날'은 더 많은 가정을 필요로 하는 대상을 베어버려서, 더 적은 가정을 해야 하는 대상을 남기는 면도날이다. 더 많은 가정을 필요로 하는 대상은 불필요한 것이고, 더 적은 가정을 필요로 하는 대상은 필요한 것이다. '오컴의 면도날'을 통해 필요한 것들과 불필요한 것들을 구분해 미니멀리즘에 도달할 수 있다.

조금 구체적으로 말해보자. 정리정돈은 엄두도 내지 못할 만큼 엉망이 되어버린 집안을 어떻게 단순하게 만들 것인가? 간명하다. 필요한 것들만 사고 불필요한 것들은 사지 않으면 된다. 또 필요한 것들만 남기고 불필요한 것들은 버리면 된다. 그렇다면 필요한 것들과 불필요한 것들은 어떻게 구분할 수 있을까? '오컴의 면도날'로 그 경계를 그을 수 있다.

집안의 옷들을 정리한다고 해보자. 이때 옷들을 두 가지 기준으로 나눌 수 있다. '관념'적인 옷과 '경험'적인 옷. 전자는 '저 옷을 입으면 관심받고 인정받을 수 있을 거야.'라는 생각이 드는 옷이다. 후자는 '저 옷을 입으면 편안하고 시원할(따뜻할) 거야.'라는 생각이 드는 옷이다. '오컴의 면도날'은 어느 옷을 베어버릴까? '관념'적인 옷이다. 왜냐하면 그것은 '관심·인정'이 무엇인지 한 번 더 가정해야 하는 옷이기 때문이다. 하지만 '경험'적인 옷은 다수의 가정이 필요 없다. '편안함·시원함(따뜻함)'은 직접 '경험'할 수 있기 때문이다.

관심받고 인정받을 수 있을 것 같은 옷은 사지 말아야 할 옷이자 버려야 할 옷이다. 반면, 편안하고 시원한(따뜻한) 옷은 사야 할 옷이자 남겨야 할 옷이다. 거부감이 들지도 모르겠다. '사람들에게 관심받고 인정받기 위한 옷을 사거나 남겨두는 것이 뭐 그리 잘못된 일이란 말인가?' '요즘 같은 세상에 어떻게 기능적인 옷만 입고 살 수 있단 말인가?' 하지만 복잡한 집안에 질식해가고 있다면 날카로운 면도날이 필요하다.

생각해보라. 집안은 왜 복잡해졌을까? 우리가 관념에 빠져 허우적대고 있기 때문이다. 생각은 무한히 할 수 있다. 즉, 관념은 무한히 확장된다. '저 옷을 사면 관심받을 수 있을 거야. 저 옷도 사면 인정받을 수 있을 거야.' 이렇게 무한히 확장된 관념으로 사 모은 물건들이 쌓이고 쌓여서 집안이 복잡해진 것 아닌가. 즉, 관념이 확장되어 집안이 복잡해진 것이다. 그러니 집안을 정리하려면 정리정돈 전문가를 부를 것이 아니라 '관념(적인 옷)'을 버리고 '경험(적인 옷)'을 남기는 단호함이 필요하다.


## 신체로 경험할 수 있는 것들만 남겨라


'경험(편안함·시원함·따뜻함)'은 무한히 확장되지 않는다. '경험'은 '신체'로 하는 것이고, 신체는 정신과 달리 무한히 확장

될 수 없다. 신체는 유한한 까닭이다. 중요한 것은 '정신(관념)'이 아니라 '신체(경험)'다. 단순한 삶에 이르기 위해서는 관념을 베어버리고, 오감으로 경험되는 '신체'에 집중해야 한다. 오컴이 중세를 마감한 자리에 등장한 탁월했던 근대철학자, 스피노자는 이렇게 말한다.

> 우리 정신의 대상은 존재하고 있는 신체이며, 그 외 다른 아무것도 아니다. … 누구든지 먼저 우리의 신체의 본성을 충분하게 인식하지 못한다면, (정신과 신체) 이 합일을 충분하게 또는 명확하게 이해할 수 없을 것이다.
>
> — 스피노자, 《에티카》

스피노자는 신체의 중요성을 누구보다 잘 아는 철학자였다. 그는 신체와 정신은 평행하며 동시적이지만 신체가 더 근본적이라고 말했다. 이것이 스피노자가 "신체의 본성을 충분하게 인식하지 못한다면, 정신과 신체의 합일을 명확하게 이해할 수 없을 것"이라고 말한 이유다(이를 스피노자의 '심신평행론'이라고 한다). 스피노자는 "우리 정신의 대상은 존재하고 있는 신체"라고 말한다. 쉽게 말해, 우리의 정신이 옷이라는 대상을 생각할 때, 그 대상은 우리의 신체가 직접 경험한 옷이라는 의미다. 이는 신체가 직접적으로 경험(편안함·시원함·따뜻함)한 옷이 진정한 옷이며, 정신 속에만 있는 관념(인정·관심)적인 옷은 허구라는 말이기도 하다.

'오컴의 면도날', 그리고 스피노자의 '심신평행론'은 우리에게 매우 소중하다. 복잡한 세상에서 단순하게 살아갈 수 있는 힘을 주기 때문이다. 쏟아지는 업무, 영어 공부, 주식, 경조사, 집안일 등등 우리는 과부하가 걸린 삶을 산다. 그 복잡한 것들 중 일부를 베어내야 단순하게 살아갈 수 있다. 어떤 것들을 베어낼 것인가? 정신(관념)에 관계된 것들을 베어내야 한다. 그렇게 신체(경험)에 관계된 것들에 집중해야 한다. 이것이 미니멀리즘에 이르는 길이다.

우리네 삶이 복잡해진 이유가 무엇인가? '이렇게 하면 희망찬 미래가 있을 거야.' '이렇게 하지 않으면 절망적인 미래가 있을 거야.' 이런 관념과 그 관념의 확장에 잠식당했기 때문이다. 신체에 집중하고 그 신체로 경험되는 일들을 긍정해나가야 한다. '이 일을 하면 저녁에 여자친구에게 맛있는 것을 사줄 수 있겠구나.'라는 마음으로 필요한 일을 하고, '이 일까지 하면 저녁에 아이들을 웃으며 안아줄 수 없겠구나.'라는 생각으로 불필요한 일을 덜어내야 한다. 연인과의 즐거운 식사나 아이들의 웃음은 관념이 아니라, 오감으로 경험되는 신체적인 것이니까 말이다.

세상 사람들이 그토록 바라는 미니멀리즘은 결코 낭만적

이지 않다. '세련된 옷을 입으면 관심받을 수 있을 거야.' '안정적인 삶이 행복한 삶이야.' '돈이 많으면 즐거울 거야.' '명예만 있으면 행복할 거야.' 이런 관념들이 우리의 무의식 깊은 곳까지 뿌리 내리고 있기 때문이다. 이것이 우리가 단순한 삶을 그토록 바라면서도 복잡한 삶에 너무 쉽게 휩쓸려버리는 이유다. 우리는 단순한 삶의 편안함을 바라지만 동시에 허황된 관념들의 족쇄를 베어버리지 못하니까 말이다. 복잡한 세상에서 단순해지는 방법은 간명하다. 오감으로 경험되는 신체에 집중할 것! 삶은 원래 단순하다. 다만 단순해지는 것이 복잡할 뿐이다.

오컴의 '새로운 길via moderna'에 대해서 조금 더 알아보자. 아우
구스티누스부터 안셀무스, 아퀴나스에 이르기까지 거의 모든
중세철학자들이 바랐던 것이 있다. 바로 '이성(철학)'과 '신앙
(종교)'의 조화였다. 정확히는 '신앙(신·종교)'을 '이성(철학·논
리)'으로 명확하게 규명하려는 바람이었다. 하지만 오컴은 선
배 철학자들의 이런 노력들을 '낡은 길via antiqua'로 규정하며
'새로운 길via moderna'로 나아가려고 했다.

　　그 '새로운 길'은 무엇일까? '이성'과 '신앙'의 조화는 불
가능하며, 어떤 경우에도 '신앙(신·종교)'을 '이성(철학·논리)'으
로 완전히 이해할 수는 없다고 천명하는 길이었다. 오컴의 '새
로운 길'은 '이성'과 '신앙'이 공존하던 중세철학에서 '이성'을

제거하고 순수하게 '신앙'만을 남기려는 길이었던 셈이다. 신앙이 힘을 잃은 시대를 사는 우리에게는 전혀 '모던(새로움)'하지 않은 길이 오컴에게는 '모던한moderna 길'이었던 셈이다.

오컴은 어떻게 그리 과감하게 '이성'을 잘라낼 수 있었을까? 선배 철학자들의 공로 덕분이다. 유럽에 처음 기독교가 전파된 시기는 플라톤과 아리스토텔레스로 상징되는 이성적이고 논리적인 그리스철학이 보편적인 시대였다. 그러니 중세 초기 신학자들은 이성적인 그리스철학을 통해 기독교를 전파할 수밖에 없었다. 그렇게 시간이 흘러 기독교가 유럽인들에게 충분히 익숙해질 무렵 오컴이 등장했던 것이다. 오컴에 이르러서는 더 이상 이성적인 그리스철학을 통하지 않아도 충분히 기독교를 전파할 수 있는 사회 문화적 조건이 형성되었다. 이것이 오컴이 과감하게 '이성'을 잘라내고 오직 '신앙'만을 논하는 '새로운 길'로 나아갈 수 있는 토대가 된 것이다.

이러한 유럽의 기독교 역사를 보며 한국의 기독교를 생각해본다. 한국의 기독교는 굉장히 자본주의적이다. 신도들이 신에게 부자가 되게 해달라고 기도하고, 교회가 돈을 벌 수 있는 효과적인 커뮤니티로 기능하는 것은 공공연한 비밀이다. 심지어 전도를 위해 '주님을 믿으라, 그리하면 구원을 얻으리라!'라는 문구가 인쇄된 지폐를 나눠줄 정도이니까 말이다. 하지만 이것을 비판적으로만 볼 일일까? 우리는 자본주의에 익숙한 시대에 산다. 그러니 하나의 방편으로서 자본주의를 통해 기독교를 전도할 수 있다. 중세 초기 신학자들이 그리스철학을 통해 기독교를 전파하려고 했던 것처럼 말이다.

신이 없는 세상보다 신이 있는 세상이 조금 더 인간다운 세상이라면, 그러지 않을 이유가 어디 있단 말인가. 신을 믿음으로써 조금 더 인간다운 사회가 가능하다면, 그리스철학이든 자본주의든 그것을 하나의 방편으로서 사용하지 않을 이유는 없다. 주사를 맞기 싫어하는 아이에게 사탕이라도 쥐어주어 주사를 맞게 하려는 부모의 마음을 잘못되었다고 말할 수 없는 노릇이다. 하지만 주객이 전도되어서는 안 된다. 방편은 방편일 뿐이다. 방편이 효과를 다하면 본령으로 돌아가야 한다.

여기에 오컴의 진정성이 있다. 그에게 '이성'적인 그리스철학은 하나의 방편이었을 뿐이었다. 그는 때가 되자 '신앙의 본령'으로 돌아가려 했다. 이것이 오컴이 당대 권력으로부터 살해 위협에 시달렸던 이유이기도 하다. 그는 사유재산제를 철저히 거부하며 사회적 약자의 편에 서서 기득권을 비판했다. 이는 오컴이 생각한 '신앙의 본령'이 바로 '하느님 아버지'이기 때문이었을 테다. 기독교가 세계 종교로 자리매김할 수 있었던 이유도 바로 이 때문이다. 기독교는 세계인 모두를 '하느님 아버지'의 동등한 자식으로 보기에, 국가와 문화를 넘어 세계인의 종교가 될 수 있었다.

신앙의 본령은, 우리는 모두 '하느님 아버지'의 동등한 자식이라는 데 있다. 그러니 누군가가 더 많은 재산을 가지는 것은 신앙의 본령에 어긋난다. 또한, '아버지'가 가장 약한 자식에게 더 큰 사랑을 주듯, '하느님 아버지' 역시 사회적 약자를 더 큰 사랑으로 보살피는 것이 당연하다. 그래야 '하느님 아버지'의 자식으로 우리 모두가 동등해질 수 있으니까 말이다. '이성'을 제거하고 '신앙의 본령'을 바로 세우려는 오컴의 진정성은 당대 기득권들에게 눈엣가시였을 수밖에 없었을 테다.

우리 시대 한국의 기독교는 어떤가? 어딜 가나 교회가 없는 곳이 없다. 그만큼이나 한국에서 기독교는 가장 보편적인 종교다. 이 정도면, 우리 사회는 기독교에 익숙해질 만큼 익숙해진 것 아닐까? 하지만 여전히 한국의 일부 기독교는 자본주의를 방편으로 삼고 있다. 그네들에게 오컴의 진정성이 있을까? '방편(자본주의)'을 과감하게 베어내고 '신앙의 본령(하느님 아버지!)'을 바로 세울 진정성 말이다. 그들은 자본주의적 방편을 버리고, 모두가 '하느님 아버지'의 동등한 자식으로 존재하는 '신앙의 본령'으로 돌아갈 준비가 되어 있을까? 어쩌면 일부 교인들에게는 신이 방편이고 자본주의가 본령인 것은 아닐까? 신을 믿지 않는 이들에게 오컴의 '면도날'이 필요하다면, 신을 믿는 이들에게는 오컴의 '진정성'이 필요하다. 결국 중요한 것은 '신'이 아니라 '인간'이니까 말이다.

# 17

# 반복되는 삶이
# 지겨운가요?

키르케고르의
'반복'

## 잘하는 일이 없는 이유

"뭐 새로운 거 없어?" 흔한 말이다. 이 흔한 말보다 우리 시대를 더 잘 설명할 수 있는 말도 없다. 새로운 영상, 새로운 음악, 새로운 차, 새로운 옷, 새로운 장소 등등 지금은 새로운 것들을 찾는 시대다. 우리는 이제 새롭지 않은 것에는 흥미를 잘 느끼지 못하게 되었다. 몇 주 전에 나온 영상과 음악은 금방 식상한 영상과 음악이 된다. 몇 달 전에 산 차와 옷은 곧 지루한 차와 옷이 된다. 저번 주에 간 여행지는 이제 흥미가 떨어진 낡은 장소가 된다.

우리의 삶은 새로운 것들을 찾는 삶이라고 해도 과언이 아니다. 이런 삶에는 심각한 문제가 하나 도사리고 있다. 그것은 어떤 일을 잘할 수 있는 가능성이 점점 줄어든다는 사실이다. 생각해보라. 어떤 일을 잘하기 위해서는 그 일을 어느 정도 반복해야 한다. 하지만 늘 새로운 것만 찾으면 반복할 수 없게 된다. 그러니 늘 새로운 것을 찾는다는 것은 어떤 일을 잘할 수 있는 가능성으로부터 점점 멀어진다는 말과 다르지 않다.

## 반복되는 삶이 지겨워질 때

누구나 어느 정도 잘하는 일이 있어야 한다. 왜 그래야 하는가? 누구나 스스로 밥벌이를 해야 하기 때문이다. 어느 정도 잘하지 않는 일로는 밥벌이가 어렵다. 늘 새로운 것만 쫓아다니는 이들은 밥벌이가 위태로울 수밖에 없다. 밥벌이를 할 만큼 어떤 일을 잘하기 위해서는 새로운 것에 대한 탐닉을 멈추고 어떤 일을 반복해야 하니까 말이다. 하지만 역설적이게도, 어쩌면 이것이 우리가 새로운 것들에 과도하게 집착하게 된 이유일지도 모르겠다.

우리는 다들 밥벌이를 위해 다람쥐 쳇바퀴 돌듯 지루하고 지겨운 일상(공부·업무·장사·기술…)을 반복하며 산다. 그사이에 우리네 삶은 무의미한 일상의 연속이 되어버린다. 그러니 어찌 새로운 것들을 찾지 않을 수 있겠는가. 무언가 새로운 것들을 찾아 생기 잃은 삶에 활력을 불어넣고 싶다. 하지만 새로운 것을 통해 지루하고 지겨운, 그래서 무의미한 일상에서 벗어나고 싶다는 간절한 바람은 이루어질 수 있을까?

우리는 새로운 것들을 찾아 헤맬 때 분명 즐거움을 느낀다. 하지만 그 즐거움은 삶의 활력은커녕 기묘한 공허감을 불러일으키는 즐거움이다. 그렇다면 우리는 어떻게 살아야 할까? 먹고살기 위해서 반복되는 지겨운 삶을 감당하며 살아갈 수밖에 없을까? 아니면 그런 지겨운 삶에 질식하지 않기 위해 새로운 것들을 탐닉하며 공허함에 시달릴 수밖에 없는 걸까? 섣불리 결론 내지 말고 처음부터 다시 묻자. "왜 반복은 지겨운 것일까요?"

## 키르케고르의 '반복'

이 질문에 대한 답은 키르케고르Søren Kierkegaard를 통해 들어보자. 키르케고르는 중세철학이 저물고 근대철학이 펼쳐진 이후, 다시 종교(신)의 중요성을 부각하려 했던 덴마크의 종교철학자이다. "왜 반복은 지겨운 것일까요?" 이 질문에 키르케고르는 이렇게 답해줄지도 모르겠다. "반복은 전혀 지겨운 것이 아니다. 반복은 새로운 것이다." 키르케고르의 대답은 의아스러움을 넘어 황당하기까지 하다.

　반복이 전혀 지루한 것이 아니라니! 심지어 새로운 것이라니! 키르케고르는 직장 생활을 안 해본 것이 분명하다. 우리는 키르케고르에게 따져 묻고 싶다. 같은 영화를 백 번 반복해서 보아도 전혀 지루하지 않고 새롭게 느껴진다는 말인가? 매일 같이 반복되는 업무, 장사, 공부, 운동이 지루하지 않다는 말인가? 심지어 그것에서 새로움을 느낄 수 있다는 말인가? 당황스러운 마음을 잠시 뒤로하고 키르케고르의 이야기를 들어보자.

> 그리스 사람들은 모든 인식은 기억想起이라고 가르쳤지만, 새로운 철학은 인생 전체는 반복이라고 가르칠 것이다. … 반복과 기억想起는 동일한 운동이다. 단지 방향이 반대라고 하는 점이 다를 뿐이다. 즉, 기억되는 것은 이미 있었던 것이고, 따라서 그것은 뒤를 향하여 반복된다. 하지만 진정한 반복은 앞을 향하여 반복된다.
>
> — 키르케고르, 《반복》

## '반복'과 '기억'

키르케고르는 '반복Gjentagelsen'이라는 개념을 '기억'에 대비시켜 설명한다. '반복'과 '기억'은 어떻게 다를까? 거칠게 비유하자면, '반복'은 '연극'이고 '기억'은 '영화'다. 같은 '연극'과 '영화'를 서너 번씩 본다고 해보자. '연극'과 '영화'에는 각각의 서

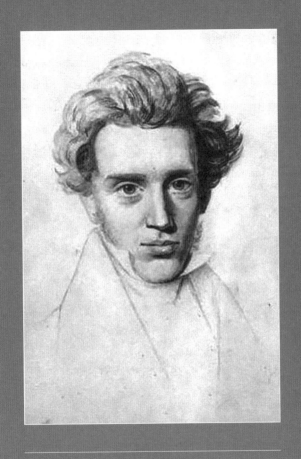

덴마크의 종교철학자, 키르케고르.
키르케고르는 세계 자체가 '반복'을 통해 존재한다고 말했다.

사가 있다. 그리고 같은 '연극'과 '영화'를 다시 볼 때 그 서사
는 되풀이된다. 그런 측면에서 '연극(반복)'과 '영화(기억)'는
"동일한 운동"이라고 말할 수 있다. 하지만 '연극'과 '영화'가
되풀이되는 양상은 근본적으로 다르다.

먼저 '영화'가 되풀이될 때를 생각해보자. 같은 영화를 다
시 볼 때, 우리는 어제 영화를 보았던 '기억'을 떠올리게 된다.
키르케고르의 말처럼, "기억되는 것은 이미 있었던 것"이니까
말이다. 같은 영화를 다시 볼 때, 우리는 어제 보았던 영화의
'기억'을 되풀이한다. "따라서 그것은 뒤(어제)를 향하여 반복"
하는 것이다. 즉, '기억(영화)'은 뒤를 향한 되풀이다.

'연극'의 반복은 이와 다르다. 같은 '연극'을 다시 볼 때도
우리는 분명 어제 본 그 연극을 '기억'한다. 하지만 '연극'은 단
순히 '기억'만을 되풀이하지 않는다. '연극'은 매번 같지만 동
시에 매번 미묘하게 다르기 때문이다. 서사는 같지만, 되풀이
되는 서사 사이에 배우들의 호흡·대사·몸짓 등이 미묘하게 달
라진다. 그래서 저번 연극과 이번 연극의 차이를 발견하고 또
기대하며 보게 된다. 달리 말해, '영화'가 "뒤를 향하여 반복"
하는 것이라면, '연극'은 "앞을 향하여 반복"하는 것이다. 즉,
'반복(연극)'은 앞을 향한 되풀이다.

# '반복'은 새롭다

이것이 '반복'과 '기억'의 차이다. 둘은 분명 동일한 되풀이 운동이지만, '기억'은 뒤를 향한 퇴행적 되풀이고, '반복'은 앞을 향한 진행적 되풀이다. 이것이 키르케고르가 "진정한 반복은 앞을 향하여 반복된다."라고 말한 이유다. 조금 더 명료하게 말하자면, '기억(영화)'은 '차이 없는 반복'이고, '반복(연극)'은 '차이의 반복'이라고 말할 수 있다. 키르케고르는 '반복'에 대해 조금 더 자세히 설명한다.

> 반복의 변증법은 쉽다. 반복되는 것은 전에 존재하였기 때문이다. 존재하지 않았다면 반복될 수 없다. 그러나 존재하였다는 것, 바로 그것이 반복을 새로운 것으로 만든다.
>
> — 키르케고르, 《반복》

'반복은 새롭다!' 키르케고르의 이 생경한 이야기를 이제 이해할 수 있다. 새로움은 어디서 오는가? 차이에서 온다. 그렇다면 차이는 어디서 오는가? 너무 당연하지만 동시에 놀랍게도, "전에 존재"했던 것에서 온다. 즉, 전에 존재했던 것이 다시 '반복'되지 않으면 새로움은 애초에 있을 수 없다. 태어나서 처음 영화를 보는 이는 흥미를 느낄 수는 있겠으나, 영화의 새로움을 느낄 수는 없지 않겠는가. 이는 반대로 말해, (전에 존재했던 것에서의) '반복'을 통해 새로운 것이 만들어진다는 의미다.

오직 반복으로만 새로움이 가능하다. 정말 그렇지 않은가? 신형 스마트폰에서 새로움을 느끼는 이유는 무엇인가? 그것은 구형 스마트폰이 이미 존재했고, 그것이 다시 신형 스마트폰으로 '반복'되었기 때문이다. 그 '반복' 때문에 발생한, 두 스마트폰 사이의 차이 때문에 새로움을 느낄 수 있는 것이다. 다른 새로움도 마찬가지다. '반복'되었던 사랑의 경험이 없다면, '새로운' 사랑은 애초에 가능하지 않다. '반복'되었던 훈련이 없다면, '새로운' 경지에 이르는 것은 애초에 가능하지 않다. 즉, 반복하기에 새로울 수 있다.

## '반복'은 삶의 진실이다

세계는 반복이라고 하는 사실을 통하여 존립하고 있다. 바로 이것이야말로 현실이고, 인간 세상의 엄숙성인 것이다.

— 키르케고르,《반복》

더 나아가 키르케고르는 세계 자체가 '반복'을 통해 존재한다고 말한다. 생각해보면, 이는 분명한 삶의 진실이다. 강아지가 새끼를 낳는 반복. 떨어지는 폭포의 반복. 해가 뜨고 지는 반복. 보름달에서 초승달이 되는 반복. 봄이 되어 꽃이 피는 반복. 여름이 되어 숲이 푸르러 지는 반복. 가을이 되어 낙엽이 지는 반복. 겨울이 되어 눈이 오는 반복. 그 사계절의 반복. 이런 반복을 통해 우리가 사는 세상이 존재할 수 있다. 그 반복이 멈춘다면, 우리가 사는 세상은 더 이상 존재할 수 없다.

여기서 놓치지 말아야 할 중요한 사실이 있다. 키르케고르가 말한 '반복'은 '차이의 반복'이지, '기억(차이 없는 반복)'이 아니라는 사실이다. 작년에 핀 민들레와 올해 핀 민들레는 다르다. 어제의 떨어졌던 폭포와 오늘의 폭포는 다르다. 어제의 해와 달은 오늘의 해와 달과 미묘하게 다르다. 작년의 봄·여름·가을·겨울은 올해의 그것과 다르다. 바로 이 '차이의 반복'을 통해 세계는 존재할 수 있다. 키르케고르에게 '반복'은 우리네 삶에서 피할 수 없는 진실인 셈이다.

## 삶이 지겨워진 진짜 이유

이제 우리의 이야기로 돌아가자. 우리네 삶은 왜 지겨워졌을까? '반복' 때문일까? 아니다. '반복'은 아무 잘못이 없다. 단지 우리가 진정한 반복이 무엇인지 모르기 때문이다. 달리 말해,

우리가 하는 반복들은 진정한 '반복'이 아니라 '기억'의 반복이기 때문이다. 이것이 우리네 삶이 지루하고 지겨워진 이유다. 즉, '차이의 반복'이 아니라 '차이 없는 반복'을 되풀이했기 때문에 우리네 삶은 시들어버린 것이다.

지루하고 지겨운 삶은 똑같은 '영화'를 되풀이해서 보는 것과 다르지 않다. 우리네 삶의 되풀이가 그렇지 않은가? 직장·가정·데이트·운동·공부 등등 우리가 되풀이하는 대상들은 많다. 하지만 그 되풀이들이 정말 '차이의 반복'일까? 그저 어제의 '기억'을 되풀이하고 있는 것은 아닐까? 어제 직장을 다녔던 '기억'으로 오늘을 되풀이하고 있지 않은가? 어제 집에 들어갔던 '기억'으로 오늘을 되풀이하고 있지 않은가? 어제 데이트했던 '기억'으로 오늘을 되풀이하고 있지 않은가? 어제 운동했던 '기억'으로 오늘을 되풀이하고 있지 않은가?

만약 직장도, 가정도, 데이트도, 운동도, 공부도 어느 순간 다 지루하고 지겨워졌다면, 그것은 '진정한 반복'이 아니라 '기억의 반복'을 했기 때문일 테다. '차이 없는 반복'은 필연적으로 한 사람의 삶을 지루하고 지겨운, 그래서 무의미한 것으로 만든다. 이것이 우리가 그토록 집요하게 새로운 것들을 찾는 이유다. 우리는 늘 새로운 것들을 찾는다. 이는 지루하고 지겨운 삶에 질식하지 않으려는 발버둥이다. 어찌 그 마음을 모를까? 하지만 이는 헛된 발버둥이다.

# '더 새로운 것'의 끝은 공허와 허무다

새로운 영상·음악·옷·여행지를 끊임없이 찾으면 우리는 지루하고 지겨운 삶에서 벗어날 수 있을까? 아니다. 이는 모두 허무함과 공허함을 주는 새로움일 뿐이다. 더 새로운 것, 더 새로운 것을 찾아 헤매는 사이에 우리네 삶은 더 큰 허무와 공허 속으로 휩쓸려 들어갈 수밖에 없다. 마치 한 사람과 오래 사랑을 나누지 못하고, 늘 새로운 상대와 사랑을 나누려는 이들이 허무와 공허에 시달리게 되는 것처럼 말이다. 새로움에 대한 끝없는 탐닉으로 지루하고 지겨운 삶을 피하려 할 때, 우리가 마주하는 것은 허무와 공허다. 그렇다면 어떻게 해야 할까? 키르케고르의 이야기를 직접 들어보자.

> 반복을 원하는 자는 참된 인간이다. 그리고 반복이라는 것을 근본적으로 이해하고 그것을 분명히 의식하면 할수록, 그는 그만큼 깊이 있는 인간이 된다. 그러나 인생이 반복이고, 반복이야말로 인생의 아름다움이라는 사실을 이해하지 못하는 자는 자기 자신에게 유죄판결을 내린 자이고, 어차피 면할 길 없는 운명 속에서 자멸할 수밖에 없다.
>
> — 키르케고르,《반복》

삶에 활력을 줄 새로움은 '반복'에 있다. 키르케고르의 말처럼, "반복을 원하는 자는 참된 인간"이며, '반복'이라는 것을 진정으로 이해하는 사람은 "그만큼 깊이 있는 인간이 된다." 왜냐하면 인생 자체가 '반복'이고, '반복'이야말로 인생의 아름다움이기 때문이다. 삶의 활력은 새로움에 대한 탐닉에 있지 않다. 삶의 활력은 '반복'에 있다. 그것을 아는 사람이 지혜로운 사람이다. 그리고 그것을 모르는 사람은 '차이 없는 반복'을 계속하느라, '차이의 반복'을 피하느라, 혹은 새로운 것만 탐닉하느라, "피할 길 없는 운명 속에서 자멸할 수밖에 없다."

## '반복'의 두 가지 장애물

반복되는 일상에 삶이 시들어가고 있는가? 그렇다면 '반복'해야 할 시간이다. 차이의 반복, 진정한 반복을 말이다. 그런 반복을 하기 위해서는 먼저 두 가지 장애물을 제거해야 한다. '새로움'과 '기억'이다. '새로움'과 '기억'은 '반복'의 장애물이다. '새로움'은 '반복 없음'이고, '기억'은 '차이 없는 반복'이기 때문이다. 늘 '새로운' 음악·영상·옷·여행지만 찾는 사람을 생각해보자. 그는 '반복'할 수 없다. 새로운 것에만 집착하는 삶은 기묘한 공허감에 의해 자멸할 수밖에 없다.

또 반복하더라도, 어제의 '기억'만으로 반복하는 것 역시 마찬가지다. 직장·가정·운동·공부 등등 매일 똑같은 일상을 반복하는 사람을 생각해보자. 그 역시 '반복'할 수 없다. 그가 하는 반복은 '기억'의 되풀이일 뿐, 진정한 '반복'이 아니기 때문이다. 이런 '차이 없는 반복'을 계속하는 삶은 무의미에 의해 자멸할 수밖에 없다. 그렇다면, 시들어가는 우리네 삶에 활력을 줄 '반복'은 어떤 것일까? 키르케고르의 탁월함을 누구보다 잘 알았던, 우리 시대의 철학자 들뢰즈의 이야기를 들어보자.

(본질을) 반복하지 않는다면, 궁극적 차이인 본질을 가지고 무엇을 만들 수 있을 것인가? 위대한 음악은 오로지 반복되는 연주를 통해서만 존재할 수 있고, 시를 외워서 암송할 수밖에 없는 것도 바로 이 때문이다. 차이와 반복은 겉으로만 대립될 뿐이다. 우리가 '이 작품은 같으면서도 다른 것이다.'라고 인식하게끔 하지 않는 작품은 위대한 예술가의 작품이 아니다.

— 질 들뢰즈,《프루스트와 기호들》

## 삶을 꽃피울 활력은 '반복'에 있다

들뢰즈는 음악과 시를 통해 진정한 '반복'을 설명한다. 위대한 음악이 우리네 삶에 활력을 주는 이유가 무엇인가? 그것은 음악이 '반복'되기 때문이다. 일정하게 반복되는 선율이 만들어 내는 미묘한 차이, 거기서 위대한 음악은 탄생한다. 그 미묘하게 다른 선율의 반복이 시들어가는 우리네 삶에 활력을 주는 것이다. 시도 마찬가지다. 시를 통해 삶의 활력(위안과 치유)을 얻는 이들이 있다. 이는 외워서 암송할 수 있을 만큼 그 시를 읽고 또 읽었기 때문이다. 그 '반복'을 통해 발생한 차이에서 그들은 삶의 위안과 치유를 발견하는 것이다.

위대한 음악이나 시처럼 거창한 것이 아니라도 상관없다. 진정한 '반복'은 멀리 있지 않다. 정신없는 일상을 사는 우리도 진정한 '반복'을 할 수 있다. '반복'은 세계 그 자체이니까 말이다. 들뢰즈의 말처럼, "같으면서도 다른 것"들을 반복하면 된다. 아무리 사소한 것이라도, 같은 것을 반복하는데 매번 미묘한 차이를 느끼는 일들을 반복하면 된다. 조금 더 구체적으로 말해보자.

매번 새로운 책과 음악, 영상을 찾아 헤매지 말고, 같은 책과 음악, 영상을 반복하면 된다. 하지만 그 책과 음악, 영상이 매번 같은 느낌을 주는 것들이어서는 안 된다. 매번 반복할 때마다 "같으면서도 다른" 느낌을 주는 책과 음악, 영상이어야 한다. 매번 새로운 여행지와 운동을 찾아 헤매지 말고, 같은 여행지와 운동을 반복하면 된다. 하지만 그 장소와 운동이 매번 같은 느낌을 주는 것들이어서는 안 된다. 매번 반복할 때마다 "같으면서도 다른" 느낌을 주는 장소와 운동이어야 한다.

　사람도 마찬가지다. 우리에게 활력을 주는 사람은 새로운 사람이 아니다. 반복된 사람이다. 그러니 지겨움에 삶이 시들어간다고 해서 매번 새로운 사람을 찾아 헤매서는 안 된다. 같은 사람을 반복적으로 만나야 한다. 하지만 그 사람이 매번 같은 느낌을 주는 사람이어서는 안 된다. 매번 만날 때마다 "같으면서도 다른" 느낌을 주는 사람이어야 한다. 책·음악·영상이든, 여행지·운동이든, 아니면 한 사람이든, 이 "같으면서도 다른 것"들의 반복이 중요하다. 이것이 바로 키르케고르가 말한 진정한 '반복'이며, 무의미한 삶에 활력을 줄 '반복'이기 때문이다.

　진정한 '반복'을 찾는 일은 쉬운 일이 아니다. 우리는 '새로움(반복 없음)'과 '기억(차이 없는 반복)'에 익숙해져 있으니까 말이다. 하지만 진정한 '반복'은 선택 사항이 아니다. 우리는 '반복'을 결코 피할 수 없다. 보조국사 지눌의 말처럼, "우리는 넘어진 곳에서만 일어날 수 있기 때문이다." 우리는 '반복'해야만 한다. 서럽게도, 우리가 넘어진 곳이 '반복'이기 때문이다. 우리의 삶이 시들어가는 이유가 무엇인가?

　그것은 '반복' 때문 아닌가? '기억'의 반복. 차이 없는 반복. 그 무의미한 일상(직장·가정·운동·공부)의 반복이 우리네 삶을 무의미하게 만든 근본적인 원인이다. 바로 그렇기 때문에 우리는 지금 다시 '반복'해야 한다. 진정한 반복. 차이의 반복. 거기에 우리 삶의 구원과 치유가 있다. 새로움의 탐닉으로 삶이 공허해질 때, 기억의 반복으로 삶이 무의미해질 때, 들뢰즈의 이야기를 '반복'할 수 있었으면 좋겠다.

> 어쩌면 반복이라는 자체가 이미 속박인지도 모른다. 그러나 만약 반복이 죽음을 가져온다면, 구원과 치유를 가져오는 것, 또 무엇보다 다른 반복을 치유하는 것도 역시 반복이다.
>
> — 질 들뢰즈, 《차이와 반복》

키르케고르는 흔히 '실존주의의 아버지'라고 불린다. 이는 철학사적으로 흥미로운 일이다. '실존주의existentialism'가 무엇인가? 인간의 자유를 극한까지 긍정하려는 철학이다. 그런데 키르케고르는 근대철학의 시대에 다시 신(종교)의 중요성을 확립하려고 했던 종교철학자 아닌가? 키르케고르에게는 '인간'이 아니라 '신'이 중요하다. 그러니 어찌 보면, 실존주의와 키르케고르의 사상은 결코 조화될 수 없을 것처럼 보인다.

　　하지만 둘 사이에는 기묘한 연결 고리가 있다. 바로 '신 앞에 선 단독자'라는 개념이다. 키르케고르는 인간을 '신 앞에 선 단독자'라고 보았다. 키르케고르(1813~1855년)가 살았던 근대철학의 시대는 신에 대한 믿음이 사라진 시대였다. 이 시대에 다시 신의 믿음을 불러올 방법은 무엇이었을까? 인간의 실존적 단독성(개체성)을 강조하는 것이었다. 쉽게 말해, (근대에 들어서서) 우리에게 신을 믿지 못할 조건들(예컨대 과학)이 수도 없이 주어져 있다고 할지라도, 우리에게는 신을 믿을 자유가 주어져 있다는 것이다. 즉, 키르케고르는 우리 스스로가 신에 대한 믿음을 가질 수 있는 단독적인 존재라고 보았다.

신을 믿지 못하는 이들에게 키르케고르는 이렇게 말하고 싶은 것이다. "신을 믿지 못할 다른 조건들에 책임을 돌리지 말고 스스로 자유롭게 결단하여 신을 믿으라!" 이렇게 신을 긍정하려 했던 키르케고르의 종교철학은 인간의 자유를 극한까지 긍정하려 했던 '실존주의("주어진 조건들에 책임을 돌리지 말고 스스로 자유롭게 결단하여 살아가라!")'의 근간이 되었다. 하지만 '이성'의 시대에 '신앙'을 재건하려는 키르케고르의 기획에는 심각한 문제가 하나 있었다. 근대철학의 시대는 이성적으로 이해되지 않는 것은 받아들이지 않는 시대였다. 그러니 스스로 자유롭게 결단하여 신을 믿으라는 키르케고르의 외침에 서양의 근대인들은 되물을 수밖에 없었다. "왜요?"

바로 여기서 키르케고르의 유명한 개념, '목숨을 건 도약 salto mortale'이 나오게 된다. 이는, 신은 책을 수백 권 읽고 깊이 생각한다고 파악할 수 있는 존재가 아니라, '목숨을 건 도약'을 통해 다가갈 수 있는 존재라는 의미다. 서구의 근대인들에게

'이성("왜요?")'은 목숨만큼이나 소중한 것이었다. 바로 그 이성을 내려놓는 '목숨을 건 도약'을 할 열의가 있어야만 신에게 겨우 다가설 수 있다는 것이다. 그렇게 키르케고르는 신이 죽은 시대에 다시 신을 살려내려 했다.

키르케고르의 이 통찰은 소중하다. '목숨을 건 도약'의 대상이 '신'이 아닌 '다른 것'들이 될 때 우리네 삶은 비로소 변화를 맞이할 수 있기 때문이다. 근대의 서구인들에게 목숨만큼 중요한 것이 '이성'이었다면, 현대의 우리에게는 '돈'이다. 우리에게도 '목숨을 건 도약'이 필요하다. 돈보다 소중한 것들을 위해 뛰어내릴 도약. 하지만 돈, 돈, 돈 거리는 세상에서 그것은 정말이지 어려운 일이다. 그것은 정말 '목숨을 건 도약'일지도 모른다. 하지만 바로 그 도약이 없다면, 우리는 진정한 반복을 할 수 없다. 들뢰즈는 진정한 반복에 대해 이렇게 말한다.

> 시를 마음으로 새겨야 하는 것은 결코 우연이 아니다. 머리는 교환의 신체기관이지만, 심장은 반복을 사랑하는 기관이다.
>
> — 질 들뢰즈, 《차이와 반복》

들뢰즈는 시를 반복해서 읽으면서 마음으로 새기는 것이 진정한 반복이라고 말한다. 진정한 반복은 심장을 따르는 일이다. 진정한 반복은 '머리'가 아니라 '심장'에 있기 때문이다.

들뢰즈의 말처럼, "심장은 반복을 사랑하는 기관이다." 하지만 '심장'을 따르는 일이 어디 쉽던가? 우리는 "교환의 신체기관" 인 '머리(이성)'에 익숙하다. 이것이 우리가 시를 반복하지 못하는 이유다. 시는 머리를 아무리 굴려 봐도 돈이 안 되니까.

'시'를 '사랑'으로 바꿔 읽어도 좋다. '사랑' 역시 진정한 반복이다. 진정한 사랑은 마음으로 새겨야 하고, 그것은 '머리'를 굴리는 일이 아닌 '심장'이 두근거리는 일이니까 말이다. '차이 없는 반복(직장)'에 질식하면서 '새로움에 대한 탐닉(쇼핑)'을 할 뿐, '차이의 반복(시·사랑)'에 쉽사리 눈길을 돌리지 못하는 이유가 무엇인가? 목숨만큼 소중한 돈 때문 아닌가? 돈을 벌고 쓰는 삶이 가장 중요하기에 '진정한 반복(차이의 반복)'은 외면했던 것 아닌가?

우리 시대 너머에 있는 철학자, 들뢰즈가 낡아 보이는 종교 철학자 키르케고르를 주목했던 이유를 이제는 알 수 있다. '진정한 반복'에 대한 열의를 잃어버린 우리를 구원할 수 있는 것은 바로 '목숨을 건 도약'이기 때문이다. '신'이 아닌, '이성'이 아닌, '자본'이 아닌, 바로 '타자'를 향한 목숨을 건 도약! 이 도약이 공허함과 무의미를 넘어 활력과 유쾌함이 넘치는 땅으로 나아가게 해줄 테다. 우리를 기쁨으로 인도할 반복은 바로 여기에 있다.

"여기가 로도스다. 뛰어내려라 Hic Rhodus, hic salta!"

Dani Karavan, Passages – Homage to Walter Benjamin,
detail of the environmental sculpture,1990–1994, Portbou, Spain, (c) Jaume Blassi

새로운 문화를 창조한다는 것은 단지 한 개인 자신만의 '독창적'인 발견만을 의미하는 것은 아니다. 그것은 특별하게 비판적 형태로 이미 발견된 진리가 확산됨을 의미하고, 마찬가지로 그것들의 '사회화됨'을 의미한다. 이는 더 나아가 역동적 행위의 기초, 통합의 토대가 된다는 것. 즉, 지적이고 도덕적인 질서가 된다는 것을 의미한다. 대중들이 체계적으로 생각하게 된다는 것, 즉 정합적으로 동일한 방식으로 실재 세계에 대해 생각하게 된다는 것은, 소수 지성인들의 전유물이 되고 마는 몇몇 '천재적' 철학자들에 의해 발견된 진리보다 훨씬 더 중요하고 '독창적'인 '철학적' 사건이라 할 수 있다.

— 안토니오 그람시, 《옥중수고》

"당신 뭐하는 사람이오?" 세상 사람들이 묻습니다. 묻는 이에게 별 관심이 없으면 답합니다. "백수요." 묻는 이에게 관심이 있을 때면 답합니다. "글 쓰는 사람이요." 저는 한때 골방에 앉아서 책을 읽고 글을 쓰는 삶을 온전히 긍정하지 못했습니다. 시간이 지나 저의 삶을 조금 더 긍정하게 되었을 때, "나 백수요.", "나 글쟁이요."라고 당당하게 이야기할 수 있게 되었지요. 하지만 어느 순간, 저 두 가지 답변 모두 진정으로 제가 하고 싶었던 답이 아니라는 사실을 깨달았습니다. "당신 뭐하는 사람이오?" 이 물음에 당당하게 이렇게 답하고 싶었습니다.

"철학자요." 철학을 공부한 이후, 긴 시간 동안 이렇게 당당하고 말하고 싶었습니다. 하지만 그러지 못했습니다. 누군가 저를 '철학자'로 불러주는 것도 민망하고, 제 자신을 스스로 '철학자'로 명명하는 것은 더욱 부끄러웠습니다. 저는 왜 저를 철학자라고 인정하지 못했을까요? 제가 만난 그 빌어먹을 위대한 철학자들 때문이었습니다. 철학을 공부하며 만났던 철학자들은 정말이지 반짝거렸습니다. 새로운 이론(진리)을 발견하는 천재성, 그 반짝이는 천재성이 만들어내는 독창적 사유, 그리고 그 사유가 만들어낸 깊이와 체계를 매일 마주했지요.

그것은 매혹적이고 경이로운 경험이었습니다. 마치 어느 여행지에서 언덕을 올라가자마자 끝없이 펼쳐진 쪽빛 바다를 만나게 되는 경험과 같았습니다. 그 매혹과 경이로움을 느낄 때마다 저는 쪼그라들었습니다. 저를 매혹시켰던 철학자들을 만날 때마다 제 사유의 깊이와 체계는 너무나 조악해 보잘 것 없다는 것 역시 느껴왔습니다. 그러니 어찌 제가 언감생심, '철학자'라는 같은 이름으로 그들 곁에 나란히 설 수 있었을까요. 불행인지 다행인지 저는 그 정도로 주제넘은 인간은 아니었습니다. 그래서 저는 오랜 시간 동안, 저를 '철학자'라고 당당하게 말하지 못했습니다.

긴 집필도 끝이 났습니다. 이 책을 쓰기 전과 쓴 후의 저는 무엇인가 달라졌는데, 무엇이 달라졌는지 알지 못했습니다. 그렇게 잠시 쉬고 있을 때였습니다. 우연히 그람시의 글을 읽게 되었습니다. "새로운 문화를 창조한다는 것은 단지 한 개인 자신만의 독창적인 발견만을 의미하는 것은 아니다. 그것은 … 이미 발견된 진리들의 확산됨을 의미하고, 마찬가지로 그것들의 '사회화됨'을 의미한다. … (그것은) 소수 지성인들의 전유물이 되고 마는 몇몇 '천재적' 철학자들에 의해 발견된 진리보다 훨씬 더 중요하고 '독창적'인 '철학적' 사건이라 할 수 있다."

코끝이 시큰해졌습니다. 그 글을 읽은 곳이 사람들이 많은 홍대 어느 카페여서 얼마나 다행이었는지 모릅니다. 하마터면 눈물이 터져 나올 뻔했습니다. 위대한 철학자들이 있죠. 그들은 새로운 이론(진리)을 발견하고, 그것을 독창적인 사유 체계로 조직해냅니다. 이는 분명 소수의 지성인들의 천재성으로서 가능하지요. 하지만 그것만으로 새로운 문화(삶)는 창조되지 않습니다. 그람시의 말처럼, 새로운 문화를 창조한다는 것은 단지 한 개인 자신만의 독창적인 발견만을 의미하는 것이 아닌 까닭이지요. '진리(독창적인 이론)의 발견'만큼이나 '진리들의 확산'과 '진리들의 사회화' 역시 중요합니다. '진리들의 확산'과 '진리들의 사회화'가 없다면, '진리의 발견'은 무의미하니까 말입니다. 삶을 바꾸지 못하는 철학이 무슨 쓸모가 있을까요.

그람시는 말합니다. 진리들을 확산하고 사회화하는 것은 소수 지성인들의 전유물로 남아 있는 진리, 즉 과거 몇몇 '천재'들이 발견한 진리보다 훨씬 더 중요하고 독창적인 철학적 사건이라고. 그람시의 진단은 정당합니다. 진리를 발견한 위대한 철학자가 기억된다면, 그것은 그 발견된 진리를 확산하고 사회화하려고 했던 '철학자'들 덕분이니까요. 저는 위대한 철학자가 아닙니다. 새로운 이론(진리)을 발견하고, 그것을 독창적인 사유체계로 조직해낼 역량이 없습니다. 앞으로도 그런 역량이 생길지 모르겠습니다. 하지만 그렇다고 할지라도 저는 이제 더 이상 쪼그라들지 않을 겁니다.

철학을 시작한 이래 지금까지, '진리의 확산', '진리의 사회화'를 해보려고 누구보다 애를 써 왔습니다. 강단 대신 저잣거리에서 일상의 언어로, 대중의 언어로 복잡하고 난해한 철학을 전달하고자 애를 써 왔습니다. 그람시의 이야기에 왜 코끝이 시큰해졌는지 알겠습니다. 그람시가 늘 쪼그라들어 있는 제 옆에서 이렇게 말해주는 것처럼 느껴졌기 때문입니다. "당신이 진리를 발견하는 소수의 천재 철학자가 아니라 할지라도, 당신 역시 독창적인 철학적 사건을 불러일으키는 철학자요." 그람시는 제게 철학자라는 호칭을 선물해주었습니다.

긴 시간 씨름했던 이 책의 마지막 글을 쓰며, 이 책을 쓰기 전의 나와 쓴 후의 나는 어떻게 달라졌는지 알겠습니다. 이 책을 집필하며 행복했습니다. 이 책을 쓰며 철학을 막 시작하며 공부했던 책들을 다시 펼쳤습니다. 여기저기 그어진 밑줄들. 간간히 적힌 해석과 고민의 글씨들. 멋모르고 철학을 시작했던 과거의 제가 있었습니다. 그 과거의 저를 만날 수 있어 행복했습니다. 그 행복했던 시간들을 지나 그람시를 만나서 알게 되었습니다. 제가 이 글을 쓰며 무엇이 변했는지 말입니다.

"당신은 뭐하는 사람이오?" 세상 사람들의 질문에 당당하게 답할 수 있게 되었습니다. "철학자요." 저는 이제 비로소 '철학자'가 되었습니다. 비록 제가 천재적인 철학자가 아니라 할지라도, 철학자로서 저의 자리가 있다는 것을 진짜로 알게 되었습니다. 진리를 확산하고 사회화하려고 애쓰는 사람 역시 철학자이니까요. 이제 진짜로 저의 '철학'을 시작할 수 있을 것 같습니다. 저는 이제 '철학자'가 되었으니까 말입니다. 이제 겨우 점(끝) 하나를 찍었으니, 다시 긴 선(시작)으로 나아가려 합니다. 이제 겨우 '철학자'가 되었으니, 다시 '철학자'의 삶을 처음부터 시작해야겠습니다. 기쁜 마음으로, 다시 처음부터.

2021년 12월에
"진리들의 확산"과 "진리들의 사회화"의 철학자, 황진규 쓰다.

# 참고 문헌

김현태, 《둔스 스코투스의 철학 사상》, 가톨릭 대학교 출판부, 1994.

김현태, 《명민한 박사 둔스 스코투스의 삶과 사상》, 철학과 현실사 2006.

프리드리히 니체, 《니체 자서전: 나의 여동생과 나》, 김성균 옮김, 까만양, 2013.

프리드리히 니체, 《니체 전집(전21권)》, 정동호 외 옮김, 책세상, 2005.

질 들뢰즈, 《들뢰즈가 만든 철학사》, 박정태 옮김, 이학사, 2007.

질 들뢰즈, 《스피노자의 철학》, 박기순 옮김, 민음사, 2001.

질 들뢰즈, 《의미의 논리》, 이정우 옮김, 한길사, 1999.

질 들뢰즈, 《차이와 반복》, 김상환 옮김, 민음사, 2004.

질 들뢰즈, 펠릭스 가타리, 《천 개의 고원》, 김재인 옮김, 새물결, 2001.

질 들뢰즈, 《프루스트와 기호들》, 서동욱, 이충민 옮김, 민음사, 2020.

디오게네스 라에르티오스, 《그리스철학자열전》, 전양범 옮김, 동서출판사, 2008.

자크 랑시에르, 《정치적인 것의 가장자리에서》, 양창렬 옮김, 길, 2016.

버트런드 러셀, 《러셀 서양철학사》, 서상복 옮김, 을유문화사, 2020.

루크레티우스, 《사물의 본성에 대하여》, 강대진 옮김, 아카넷, 2020.

움베르또 마뚜라나, 프란시스코 바렐라, 《앎의 나무》, 최호영 옮김, 갈무리, 2007.

발터 벤야민, 《발터 벤야민 선집 5 : 역사 개념에 대하여, 폭력비판을 위하여, 초현실주의
    외》, 최성만 옮김, 길, 2015.

루트비히 비트겐슈타인, 《문화와 가치》, 이영철 옮김, 책세상, 2006.

루트비히 비트겐슈타인, 《철학적 탐구》, 이영철 옮김, 책세상, 2006.

B. 스피노자,《에티카》, 황태연 옮김, 비홍출판사, 2015.

B. 스피노자,《에티카》, 강영계 옮김, 서광사, 2016.

아리스토텔레스,《수사학》, 박문재 옮김, 현대지성, 2021.

아리스토텔레스,《수사학》, 이종오 옮김, 휴북스, 2016.

아리스토텔레스,《정치학》, 천병희 옮김, 숲, 2020.

아리스토텔레스,《형이상학》, 이종훈 옮김, 동서문화사, 2016. 인용

아우구스티누스,《고백록》, 최민순 옮김, 바오로딸, 2001.

아우구스티누스,《삼위일체론》, 성염 옮김, 분도출판사, 2015.

마르쿠스 아우렐리우스,《명상록》, 천병희 옮김, 숲, 2007.

마르쿠스 아우렐리우스,《아우렐리우스 명상록》, 김소영 옮김, 동서문화사, 2007.

토마스 아퀴나스,《신학대전(전 21권)》, 정의채 외 옮김, 바오로딸, 2008.

안셀무스,《모놀로기온 프로슬로기온》, 박승찬 옮김, 아카넷, 2018.

에피쿠로스,《쾌락》, 오유석 옮김, 문학과지성사, 2015.

에픽테토스,《엥케이리디온》, 아리아노스 엮음, 김재홍 옮김, 까치, 2010.

원효,《대승기신론 소·별기》, 은정희 옮김, 일지사, 2006

에티엔느 질송,《중세철학사》, 김기찬 옮김, 현대지성사, 2013.

임마누엘 칸트,《판단력 비판》, 백종현 옮김, 아카넷, 2009.

앤서니 케니,《고대철학》, 김성호 옮김, 서광사, 2015.

앤서니 케니,《중세철학》, 김성호 옮김, 서광사, 2015.

F. 코플스톤《중세철학사》, 박영도 옮김, 서광사, 2016.

페터 쿤츠만, 프란츠 페터 부르카트르, 프란츠 비트만,《철학도해사전》, 여상훈 옮김, 들
    녘, 2016.

피에르 클라스트르,《국가에 대항하는 사회》, 홍성흡 옮김, 이학사, 2005.

쇠렌 키르케고르,《반복》, 임춘갑 옮김, 2015.

플라톤,《국가》, 박종현 옮김, 서광사, 2011.

플라톤,《소크라테스의 변론, 크리톤, 파이돈, 향연》, 박문재 옮김, 현대지성, 2020.

플라톤,《소크라테스의 변명, 크리톤·파이돈·향연》, 황문수 옮김, 문예출판사, 2013.

플라톤,《에우티프론, 소크라테스의 변론, 크리톤, 파이돈》, 박종현 옮김, 서광사, 2008.

플라톤,《티마이오스》, 박종현·김영균 옮김, 서광사, 2005.

플라톤,《파이돈》, 최현 옮김, 범우사, 2021.

요한네스 힐쉬베르거,《서양철학사(상·하)》, 강성위 옮김, 이문출판사, 1996.

Thomas Aquinas, Summa Theologica, Thomas More Publishing, 1981.

Aristotle, Aristotle's Art of Rhetoric, University of Chicago Press, 2019.

Augustine, Confessions, Oxford University Press, 2009.

Augustine, On the Trinity, Cambridge University Press, 2002.

Marcus Aurelius, Meditations: The Annotated Edition, Basic Books, 2021.

Pierre Clastres, La Société contre L'État, Les Éditions de Minuit, 1974.

Gilles Deleuze, Différence et Répétition, Presses Universitaires de France, 1968.

Gilles Deleuze, Logique du sens, Les Éditions de Minuit, 1969.

Gilles Deleuze & Feliz Guattari, Mille Plateaux: Capitalisme et Schizophrénie, Les Édi-
tions de Minuit, 1980.

Gilles Deleuze, Spinoza – Philosophie pratique, Les Éditions de Minuit, 1981.

Epictetus, Selected Discourses of Epictetus, and the Enchiridion

Heraclitus, The Cosmic Fragments, Cambridge University Press, 2010.

Johannes Hirschberger, Geschichte der Philosophie, Komet, 1965.

Immanuel Kant, Kritik der Urteilskraft, Felix Meiner Verlag, 2006.

Søren Kierkegaard, Fear and Trembling/Repetition, Princeton University Press, 1983.

Ockham, Quodlibetal Questions: Quodlibets 1-7, Yale University Press, 1998.

Ockham, Scriptum super Libros Sententiarum, Franciscan Inst Pubs, 1979.

Plato, Plato: Euthyphro, Apology, Crito, Phaedo, Harvard University Press, 2017.

Jacques Rancière, Aux Bords du Politique, Gallimard, 2004.

Betrand Russell, A History of Western Philosophy, Simon & Schuster, 1967.

John Duns Scotus, Ordinatio, Fordham University Press, 2016.

Benedictus de Spinoza, Ethica, ordine geometrico demonstrata, 1677.

Ludwig Wittgenstein, Philosophische Untersuchungen, Oxford: Basil Blackwell, 1953.

Ludwig Wittgenstein, Vermischte Bemerkungen, Oxford: Basil Blackwell, 1977.

# 도판 출처

29쪽 ⓒ World History Archive / Alamy Stock Photo

51쪽 ⓒ Chris Hellier / Alamy Stock Photo

72쪽 ⓒ Granger Historical Picture Archive / Alamy Stock Photo

91쪽 Public Domain / Wikimedia commons

121쪽 ⓒ Helene Bamberger/Opale / Bridgeman Images

135쪽 ⓒ William T. Walters, 1872 / Wikimedia Commons

155쪽 Public Domain / Wikimedia Commons

202쪽 Public Domain / Wikimedia Commons

221쪽 Public Domain / Wikimedia Commons

243쪽 ⓒ Flickr's The Commons / Wikimedia Commons

265쪽 ⓒ Sandro Botticelli / Wikimedia Commons

285쪽 Public Domain / Wikimedia Commons

301쪽 ⓒ Claudine Klodien / Alamy Stock Photo

309쪽 Public Domain / Wikimedia Commons

319쪽 Public Domain / Wikimedia Common

335쪽 ⓒ PRISMA ARCHIVO / Alamy Stock Photo

359쪽 Public Domain / Wikimedia Commons

381쪽 Public Domain / Wikimedia Commons

397쪽 ⓒ Jaume Blassi

# 어쩌다 마주친 철학

ⓒ황진규, 2022

| | |
|---|---|
| 초판 1쇄 인쇄 2022년 4월 11일 | 펴낸이 김병준 |
| 초판 1쇄 발행 2022년 4월 15일 | 펴낸곳 ㈜지경사 |
| | 출판등록 제10-98호(1978년 11월 12일) |
| 지은이 황진규 | 주소 서울특별시 강남구 논현로71길 12 |
| 엮은이 김혜원 | 전화 010-9495-9980(편집) 02-557-6351(영업) |
| 디자인 이지선 | 팩스 02-557-6352 |
| | 이메일 jigyungsa@gmail.com |

ISBN 978-89-319-3397-0 (03100)